新しい視点から見た 教職入門 第3版

中田 正浩 編著

大学教育出版

ま え が き

　今回、第 1 版を出版してから 6 年が経過し、その間には平成 29 年（2017）告示の学習指導要領も年次（2018 ～ 2022）をおって全面実施へと進行した。

　また教員養成課程を受講する学生諸君にとっては、最近驚きのニュースが飛び込んできた。その一つが、教員免許更新制の廃止の決定である。教育公務員特例法と教育職員免許法の一部改正の法律案が、2022 年 5 月に成立した。これによって現行の教員免許更新制は解消されることになった。

　二つ目は文部科学省が能力ある教員の確保のため、教員採用試験の早期化について都道府県教育委員会などと検討する協議会を新設するということである。その詳細は、現在の教員採用試験は 7・8 月に多いが、6 月に内々定を出す民間企業に流れる教員希望者もおり、文科省は採用試験の前倒しを、2024 年度に行う採用試験から新日程の導入を目指している。

　しかし、上記の施策が 2024 年度から施行されることになれば、教育実習や受験勉強の前倒し等が生じてくることになるだろう。

　そこで、新たな法規や政策等が相次いで提出されている状況もあり、執筆者一同の協力を得て、改訂版を作成・出版することとした。

　さて「教育」を『広辞苑』で引いてみると、“人間に他から意図をもって働きかけ、望ましい姿に変化させ、価値を実現させる活動” と記されている。それだけでは、分かりづらい。次に『大辞泉』を引いてみると、“ある人間を望ましい姿に変化させるために、心身両面にわたって、意図的、計画的に働きかけること。知識の啓発、技能の教授、人間関係の慣用などを図り、その人の持つ能力を伸ばそうと試みること” とある。そして二つ目の意味として、“学校教育によって身に付けた成果” というのがあり、教育の類義語として訓育・薫育・教化・教授などが挙げられている。この内容ならば、少しは「教育」について理解することができた。

　そこで、さしあたり「教育」とは、辞書的な意味では “第三者が、ある人物に対して知識や技能を授け、人間としてあるべき姿へ形成していこうとする一連の活動” と解釈することができる。教員という職業は、まさに園児・児童・生徒・学生に前述の行為をつかさどる職業であり、最も人間的な職業の一つである。

　しかし、教育現場に目を向けてみると相も変わらず不登校・いじめやいじめを

苦にしての自殺・保護者による虐待などに関する問題が生起している。一方、保護者や地域の人々は、教員への期待や要求を多様化・複雑化させるために、教員は様々な困難な場面に直面している。最近では、教育現場をブラック産業とも揶揄しているマスコミもある。

各大学において「教職課程」を担当する教員は、激動する社会や急変する教育界の中で、次世代の社会を担い、自立して問題解決能力を持つ子どもを育成することのできる資質・能力を培い、地球的視野から持続可能な社会の発展と構築へ貢献する保育者・教育者・指導者の養成を日々めざさねばならない。

そこで、本書の執筆者一同は、幼稚園・小学校・中学校・高校の教諭から管理職（教頭・園長・校長）まで勤め、教育行政でも学校指導課や教育研究所の指導主事等を経験してきており、執筆者の大半が教職系大学院で修士号を取得し、実践と理論の往還を経験した実務家教員で書かれでき上がったものである。それだけに、編著者としては、説得力のある内容に仕上がっていると自負している。

本書は、特に次の点に配慮した。教職をめざす学生が最初に学ぶ教職科目が『教職入門』や『教職論』であるので、各章のはじめには要約を、各章末には学習課題や参考文献を付記した。また、評判の良かった"ミニ教育用語辞典"を今回も採用することにした。各章単元の最後に、教員採用試験に頻繁に出題される教育用語を新たに選択して、各章末に付記した。

本書の内容は、できる限り平易な文言で具体的に執筆することを、各執筆者の先生方には編著者の方からお願いをしたところでもある。

執筆者の先生方もそれぞれの大学で重責を担っておられる方々ばかりなので、執筆及び校正段階で時間がなく至らぬ点が多々あると思うのだが、それは、編著者へご叱声とご教示をお願いする次第である。

最後になりましたが、（株）大学教育出版編集部の方々をはじめ代表取締社長佐藤守氏には「教職入門」に関する書の改訂版を執筆させていただき感謝あるのみである。

また本書は、各執筆者の先生方のご協力がなければ、刊行に至ることは非常に難しかったと思います。この場を借りて感謝の意をお伝えしたい。

令和 4 年 12 月吉日

書斉にて

中田正浩

新しい視点から見た教職入門 第3版

目　次

第Ⅱ部　実践編

第Ⅰ部　理　論　編

第 1 章

教職への視座

　将来は、幼稚園・小学校・中学校・高等学校・特別支援学校等の教員をめざそうと決意し、そして教育職員の免許状取得のため「教職課程」を受講すると決めた学生諸君が、最初に学ぶ科目がこの『教職論』または『教職入門』である。

　そこでは、「教職とは何か」から学び、学年を追いながら教員に必要な資質・能力を身に付けるため、多様な"教職科目"を4年間で習得し、その間に『介護等の体験』・『教育実習事前事後指導』・『教育実習』を経て、4年後期の『教育実践演習』に合格すれば、残りは都道府県教育委員会に"教育職員免許状の交付"を申請することになる。この間に、自分は教員という職業への適性や資質能力について自問自答しながら、4年間を送ってほしい。

　大学においては、ただ単なる理論的学修だけでなく、教員として必要な体験・経験ができ、なおかつ指導力のステップアップを図る「学校支援ボランティア」・「教育サポーター制度」にも積極的に参加し、園児・児童・生徒と直に触れ合いながら、教育実践力を十分に身に付けて学校現場に出て行くことを望みたい。

　この単元では、『教職課程』を受講する学生諸君が"教育職員免許状取得"までを、4年間の実践に沿った内容で紹介をするものである。ただし、毎年7月から8月ごろの時期に各都道府県・政令指定都市の教育委員会が実施する教員採用試験については、第Ⅱ部の第6章『教員採用試験』で詳細に述べており、そちらを見てほしい。

1.　はじめに

　最初から教職をめざす学生諸君に、下記のように暗くて夢のない話から始めて申し訳ないと思うのだが、やはり教育現場の現実を直視してほしい。

　学校を取り巻く環境が厳しさを増すなか、教員（学校園には、教員以外に職員も存在するが、ここでは教員で統一する）の業務時間が急激に増加している実態がある。今や教員の世界は、ブラック産業と揶揄されるほど多忙感に満ちた職場ともいえる。また時間外業務（残業や休日出勤）に対する割増賃金は支払われていない。代替措置として"教職調整額"（その者の給与月額の 100 分の 4 に相当する額を基準）が支払われている。このように教員の仕事は、勤務時間の非常に長い職種でもある。

　筆者は、大学を卒業して故郷で、中学校の教員として 37 年間勤務し、市・府の指導主事、小・中学校の校長を経験してきた。その間には、"Ｏ－157 事件"や"刃物振り回し事件"など疲労感・失望感・挫折感・虚無感を味わうような出来事もあった。一方、使命感・愛情・やりがい・誇り・責任感・信頼などを入学式から卒業式や同窓会における児童・生徒の成長の姿を通して目の当たりにできる喜びも存在した。その 37 年間の時間経過とともにいろいろな形として思い出されてくるのが、教育に携わった者＝（教員）の特権であろう。

　そして、ここ 15 年余り自らの経験・体験を理論化したものを、"教職科目"の『教職論』や『教育原理』などに生かしながら学生に講じている。

2.　「教育」とは何か

　「教育」という文言を広辞苑で引いてみると、「人間に他から意図をもって働きかけ、望ましい姿に変化させ、価値を実現させる活動」と記されている。「教職」は、まさに園児・児童・生徒・学生に前述の行為をつかさどる職業であると言えよう。

　「教育」は、「成長過程で自立した人間に育成し、人間の諸能力と人格を最大限に伸ばすとともに、国家社会の形成者である国民を育成する役割を担っている」

のである。確かに「教育」は、家庭や地域社会においても行われているのだが、やはり教育の中心的な役割を果たすのは「学校教育」である。「学校教育」は、教育を受ける者の発達段階に即して、教育内容を系統的に編成して教育を行うことを基本としている。

　「学校教育」における義務教育は、その果たす役割としてすべての国民に地域格差なく一定水準以上の教育を保証し、格差の拡大や階層化の進行を防止する役割も存在している。

　以上の点から、「学校教育」は現代社会において必要不可欠なものであるといえよう。

　しかしながら、教育とはこのような子どもの内部にある生命力や素質、可能性を養ったり引き出したり、あるいは端的に育てるだけにはとどまらないのである。人間は社会的な動物であり、社会的・文化的生活を営まなければならない。したがって教育には必然的に、人間を社会化し、文化やそこに内在する価値を伝達していくことも求められる。つまり単なる養育にとどまらない教育が必要となってくるのだ。具体的には、子どもが社会の成員として、自立的な主体となるためには、コミュニケーションのための言語を習得し、社会生活の行動や方法、また規範を覚えていくこと、人間関係を円滑なものにするための礼儀作法や道徳、日常生活や労働生活において必須となってくる知識や技術など、多くのことを学ばなければならない。別様に言えば、子どもを社会化し、文化を伝達していくためには、親がしつけをし、教え、訓練する必要があるのだ。これが一つの側面である。

　そして、最後に、子どもは、親によって教育されるのみではない。学校へと進む。そこでは、教師から体系化された知識や技術を教えられることになるが、この段階において、教育の中心的な形式である教授が成立するのだ。

　このように、**教育とは、養育すること、社会化し、しつけをすること、知識や技術を教授することという多義的な概念であり、それらを統括する語として広義に用いられるのである。**

　しかし、その学校教育の現場において、最近悲しい出来事が生起しているのである。2017（平成29）年3月に福井県池田町の町立池田中学校で2年生の男子生徒が校舎から転落して死亡するという事件が起こった。その後の"第三者委

員会”の調査報告によれば、「男子生徒の担任と副担任が激しい叱責を繰り返し、精神的に追い詰められて自殺に至った」と発表した。

この二人の教員は、大学時代の教職課程を受講する過程において、児童生徒を理解する科目である『生徒指導論』や『教育心理学』などを、学んできたと推測するのだが、いったい何を学んできたのかと怒りを覚える。

かって2012（平成24）年に大阪市立桜宮高等学校で、バスケットボール部顧問から体罰を受けた男子生徒（当時17歳）が自殺した事件があった。それ以後、教育現場において肉体的苦痛を与える体罰が影を潜め、教員らからの“言葉による陰湿な体罰”が横行しだしたのではないかと筆者は強く感じている。今回の事件でも、「お前（生徒会の役員を）辞めてもいいよ」と大声で言うとか、「（国語の宿題を）やる気のないものは出さなくてもいい」と教員側が、投げやりな生徒指導に終始していることが、新聞記事から読み取ることができた。

ゆえに、教員の発する言葉の一つひとつによって、命を絶つ児童生徒もいれば、教員の発する言葉一つひとつによって、前向きに取り組む児童生徒も存在することから、「教職」という職務内容は、人の一生を左右する仕事と言っても過言ではない。

また、平成18年の中央教育審議会（以後、中教審と略す）答申「今後の教員養成・免許制度の在り方について」では「**教員の職務は、人間の心身の発達にかかわっており、その活動は、子供たちの人格形成に大きな影響を与えるものである**」とあり、続けて「『**教育は人なり**』と言われるように、学校教育の成否は教員の資質能力におうところがきわめて大きい」とある。まさしく、教育の成否は教員の資質能力に負うところは大である。

その教員の資質能力について述べることにする（但し、平成10年以前の“教員の資質能力”に関する中教審答申については、第2章（2）「21世紀の教育を担う教員養成」で述べているので、参照してください）。

2005（平成17）年10月に中央教育審議会（以後、中教審と略す）が「**新しい時代の義務教育を創造する**」を答申した。その中で、「2. 教育の専門家としての確かな力量」として、「**教師は授業で勝負する**」といわれるように、この力量が「教師のプロ」のプロたる所以である。この力量は、具体的には、子どもの理解力、児童・生徒指導力、集団指導の力から、学級作りの力、学習指導・授業作り

の力、教材解釈の力などからなると述べている。その他に、当然ながらも「教職に対する強い情熱」と「総合的な人間力」も求められている。

さらに21世紀の教育を担うべき教員に必要な資質能力については、次のような答申が出されている。

表1-1 「教員の資質能力」に関して出された答申

年月	審議会名	答申名称
2005（平成17）年	中央教育審議会	「新しい時代の義務教育を創造する」【答申】
2006（平成18）年	中央教育審議会	「今後の教員養成・免許制度の在り方について」【答申】
2007（平成24）年	中央教育審議会	「教職生活の全体を通じた教員の資質能力の総合的な向上方策について」【答申】
2015（平成27）年	中央教育審議会	「これからの学校教育を担う教員の資質能力の向上について〜学び合い、高め合う教員育成コミュニティの構築に向けて〜」【答申】
2016（平成28）年	中央教育審議会	幼稚園、小学校、中学校、高等学校及び特別支援学校の学習指導要領等の改善及び必要な方策等について【答申】

最近では、2015（平成27）年12月21日「これからの学校教育を担う教員の資質能力の向上について〜学び合い、高め合う教員育成コミュニティの構築に向けて〜」が、中教審答申として出されたのである。以下この答申内容について述べることにする。

この答申が出された背景には、「新たな知識や技術の活用により社会の進歩や変化のスピードが速まる中、**教員の資質能力向上は我が国の再重要課題であり、世界の潮流でもある**」とあり、一方、「近年の教員の大量退職、大量採用等の影響により、教員の経験年数の均衡が顕著に崩れ始め、かつてのように先輩教員から若手教員への知識・技能の伝承をうまく図ることのできない状況があり、継続的な研修を充実させていくための環境整備を図るなど、早急な対策が必要である」とも述べられている。

次に、「これからの時代の教員に求められる資質能力」として3つの力をあげている。

　1つ目の力としては、「これまで教員として不易とされてきた資質能力に加え、自律的に学ぶ姿勢を持ち、時代の変化や**自らのキャリアステージに応じて求められる資質能力を生涯にわたって高めていくことのできる力**や、情報を適切に収集し、選択し、活用する能力や知識を有機的に結び付ける構造化する力」。

　2つ目は、「**アクティブ・ラーニングの視点からの授業改善**、道徳教育の充実、小学校における外国語教育の早期化・教科化、ICT の活用、発達障害を含む特別な支援を必要とする児童生徒等への対応などの新たな課題に対応できる力量」。

　3つ目は、「『チーム学校』の考えの下、多様な専門性を持つ人材と効果的に連携・分担し、組織的・協働的に諸課題の解決に取り組む力」などがある。

　また、「教員の養成・採用・研修に関する課題」が挙げられているが、ここでは受講生の4年間における「**教員養成の課題**」のみを取り上げることにする。

　「**養成段階は、『教員となる際に必要な最低限の基礎的・基盤的な学修』を行う段階であること**を認識する必要がある。また、実践的指導力の基礎の育成に資するとともに、教職課程の学生に自らの教員としての適性を考えさせる機会として、学校現場や教職を体験させる機会を充実させることが必要である。さらに教職課程の質保障・向上のため、教職課程に対する外部評価制度の導入や全学的に教職課程を統括する組織の整備を促進する必要がある。教員養成カリキュラムについては、学校現場の要望に柔軟に対応できるよう、教職課程の大くくり化や大学の独自性が発揮されやすい制度とするための検討が必要である」と述べている。

　筆者も、小・中学校の教育現場に37年間及び大学の教員養成に携わって15年間を数えるが、この答申内容にあるように、教員を希望する学生諸君は自らを厳しくとらえ、4年間をかけて「教員となる際に必要な最低限の基礎的・基盤的な学修」を身に付けてほしいものである。

3.　「教職」とは何か

　さて本論に戻って、現実の「教職」とは何かと問われたら、一般の辞書や教育用語辞典で「教職」を引いてみても、なかなか明快な答えは返ってこない。しかし、「教職課程」・「教職教育」・「教職の専門性」などの説明は詳細に記述されている。しかし、「教職」については簡単に「児童・生徒・学生を教育する職務」

とあるのみである。

　長尾和英は「学校教育に従事する職務、つまり学校教師が担当する仕事を意味している」と著書の中で述べている。つまり、「教職」＝「教員という仕事」であると捉えることができる。

　教職課程を履修する学生諸君が、4年次卒業するまでの課程における科目は、どこの大学においてもあまり変わりはないように思うのだが、4年間で計画的に受講すること。また、教職に就いた場合に生かすことのできる資格を取得することも勧めたい。

　例えば、「学校図書館司書教諭」「司書」「日本語教員」「キャンプ指導員」「学芸員」「社会教育主事任用」「社会福祉主事任用」「認定心理士」「カウセリング実務士」「公認スポーツ指導者」などの資格が取得できるようにカリキュラムを組んでいる大学も数多く存在する。前述した資格取得には、講義・実習を経ることで取得可能なものもあれば、各団体の試験を受けて合格すれば取得できる資格もあるので、各々の大学の事務局で尋ねてもらいたい。

図1-1 「教育原理」の講義風景
（テーマに基づき、新聞を資料に討議・発表）

図1-2　「教育原理」の講義（NIE 実践授業）風景

4.　教育の現代的課題

　「教育の現代的課題」を『**中央教育審議会教育振興基本計画特別部会**（第7回）』議事録の「現在の教育に関する課題」から少し、リストアップしてみよう。

　まず、「1. 教育の目標の実現」では、

　最初の「**子どもの学力**」について、わが国の子どもたちの学力の現状は、国際的にみて成績は上位にあるものの、①、**判断力や表現力**が十分に身についていないこと、②、勉強が好きだと思う子どもが少ないなど、**学習意欲**が必ずしも高くないこと、③、学校の授業以外の勉強以外の勉強時間が少ないなど、**学習習慣**が十分に身についていないことなどの点で課題が指摘されているほか、学力に関連して**自然体験・生活体験**など子どもたちの学びを支える体験が不足し、人や物と関わる力が低下している等の課題が明らかにされている。2つ目の「**規範意識**」については、小・中学生の規範意識が低下しているとの調査結果や高校生の規範意識が米国や中国と比較して低いとの調査結果があり、規範意識の醸成が求めら

れている。3つ目の「読書活動」については、子どもたちの読解力が低下傾向の中、特に中学生・高校生で1か月に1冊も本を読まない生徒が多いことなど、**子どもの活字離れ**が指摘されており、読書活動の推進が課題である。4つ目には、「**子どもの体力**」が昭和60年頃から長期的に低下傾向にあり、学校・家庭・地域が連携して、子どもの体力の低下傾向に歯止めをかけることが必要である。5つ目は、「**食育の推進**」で偏食・朝食欠食など子どもの食生活の乱れ、肥満傾向の増大など健康への影響が問題。栄養教諭を中核とした学校・家庭・地域の連携による食に関する指導の体制整備が必要である。

その他として、「青少年の自然体験」「優れた芸術文化に触れる機会」が挙げられていた。

5. 教員をめざす姿勢

教員の免許状取得のために「教職課程」を受講する学生諸君は、これからの4年間の生き方によって、大きな差が生じてくることは、筆者の経験（ゼミ生から数多くの教員採用試験合格者を輩出）から確かなことである。そこで以下、教員になるための具体的な日常生活の送り方について、詳細に述べることにする。

（1）学校支援ボランティア

学校支援については、従来から園児・児童・生徒の保護者や地域住民の人々が、学校の教育活動を支援してきた経緯は言うまでもないことである。「学校支援ボランティア」という文言は、1997（平成9）年に『**教育改革プログラム**』（当時の文部省）の中の「学校外の社会との積極的な連携」の方策として、初めてその名称が使用された。

その後の2002（平成14）年から段階的に施行された新教育課程の中で、新たに設けられた時間に行われる活動、つまり「総合的な学習の時間」が導入されたことなどによって、各地の学校に「学校支援ボランティア」という名称で普及していった。これらのニーズを受け20年を経た現在、学校現場に広く定着している。

「学校支援ボランティア」として活動することで身につく点（効果・影響）を、

表 1-2　学校支援ボランティアの効果・影響について

項　目	学生ボランティアの効果・影響
子ども理解	児童生徒理解の力、子どもについて、子ども一人一人の立場に立って考える力、個々の子どもに応じた支援を考える力、子どもとの触れ合いによる多様な子ども全体の理解、子ども理解・子どもの発達を直に感じ取れる機会、子どもの行動の意味を考える機会
成長の実感	内面的な変化・成長、教師とのかかわりからの学び、子どもとのかかわりからの学び、子どもから得た喜び、学校現場からのアドバイス・指導を頂いたことと学生の成長
協働のための基本姿勢	協働のための基本姿勢、コミュニケーション能力、他者に対する姿勢の変化、自他の理解能力、対人援助の基本姿勢、他者との関係づくりを自分で工夫
対処能力	個別的具体的な問題が起こった際に対処する力、子どもに接する不安の解消
教職・学校教育についての意識の向上	教職志望が高まった、教員志望について強くなった、学生ボランティアが今後の教職に大いに有効、学校教育活動の理解、教員について（自覚・学級経営の仕方など）、教員志望の大学生が現場を知る良い機会になる、"教師"・指導者の立場を育てる教職意識の成果

（杉本希映「目白大学心理学研究」第 9 号　2013　pp.113 より引用・作成）

表 1-2 にまとめてみた。

　最近、「学生支援ボランティア」について教員養成課程の大学の大半が、派遣事業として実施しており、また単位化を図っている大学も増えてきた。

　そこで、教職を希望する学生は 1 年生から参加するのが効果絶大である。

（2）研究会・学会への参加

　ボランティア活動に次いで、ぜひとも意欲的に参加してほしいのが、市・都道府県・全国単位で開催されている研究会の存在である。

　例えば、筆者が今まで参加していた "小学校社会科関係" の事例を取り上げてみたい。

　全国的な規模では「**全国小学校社会科研究協議会**」が存在し、ブロック単位で「**近畿小学校社会科研究協議会**」、府県単位で「**大阪府小学校社会科研究会**」などが組織されている。また市単位でも、「**堺市初等教育研究会**」（略：初研）のなかに「社会科部会」が存在しており、これらの研究会に参加することで、学生に

とっては45分間の授業展開をイメージするためのモデルになる。この「堺市初
等教育研究会」では、定期的に教科・領域・専門分野別に授業理論等の実践を通
じて、教員は研鑽を日々積んでいるのである。

　また、学生にとっては発表内容が難解であることが予想されるが、ぜひとも
参加することを勧めたいのが学会である。筆者も、今では研究領域の拡大に伴い
『日本教育経営学会』『日本教育行政学会』『日本教師教育学会』『全国社会科教育
学会』『日本 NIE 学会』などに加入している。学会と言えば、大学院生や大学教
員の研究発表の場となっているケースも多いが、筆者が会員の「日本 NIE 学会」
は小・中・高校の先生方の発表も数多く見受けられる。

（3）海 外 留 学

　海外留学と言えば敷居が高そうであるが、確かに1年間の留学制度もあれば、
短期の海外留学も存在する。筆者が最初に勤務していた大学の国際教育学科で
は、1年時に国際感覚と豊かな英語力を身に付けるために、全員がニュージーラ
ンドに独自の留学制度を設けていた。また二つ目に勤務した大学では、春休みや
夏休みの時期を生かして、海外提携校等へ短期の留学制度を用意していた。参加
する学生には、大学側から助成金が支給されていた。それぞれが所属する大学の
「国際交流センター」に問い合わせるのも一つの方法である。

（4）教師塾への参加

　最近、学校現場には多様な課題が噴出しており、そのため学校や教員は世間か
ら厳しい視線にさらされており、これまで以上に自らの資質・能力の向上を図る
ことが求められている。そこで、各都道府県及び政令都市の教育委員会では「**教
師塾**」（2004年東京都教育委員会の『東京教師養成塾』が皮切り）を設置してい
るが、都市部を中心に増えてきている。

　その「教師塾」の設定目的を京都市で見てみると、「『教師になろう』という高
い志と情熱と行動力にあふれる塾生が、大学で身に付けた専門的知識を基盤とし
て、京都市の教員の熱意溢れる取り組みや本市教育の理念、本市ぐるみの教育実
践に直接ふれ、教師に求められる資質や実践的指導力に磨きをかける場です」と
ある。

　しかし、自治体の教師塾設立の背景は教員採用試験の競争率低下により、教員の質の低下に直結しているのではないかということで、事前に自治体主導で教員養成の充実に乗り出したのが本音であろう。一方で、団塊世代の大量退職への対応の中で、教員の量的確保をめざし、採用側にとって都合の良い「青田買い」ではないかという意見もある。

　教師塾が、教員志望者にとって魅力的なのは、卒塾すれば教員採用試験に優遇措置を設けている自治体も存在していることは事実である。

　筆者は、教員志望のゼミ生に対して、大学生活に経済的・時間的余裕があれば、自らの資質・能力を向上させることを目的に、在学中に「教師塾」に入塾するか、教職大学院への進学を大いに勧めたものである。

表1-3　全国の「教師養成塾」一覧

	開設主体・開設年月	対象者	期　間	募集人員	受講料
東京教師養成塾	東京都教育委員会 東京都教職員研修センター	小学校教諭一種免許状課程又は特別支援学校教諭一種免許状課程認定大学で、東京都教育委員会が連携する大学に在籍し、令和6年3月に卒業又は終了見込みで、「推薦規準」に基づき学長が推薦する者	1年間	150人以内 (1) 小学校コース 130人以内 (2) 特別支援学校コース ア小学部 イ中学部・高等部 20人以内	187,000円【東京都公立学校教員として採用された場合のみ、受講料は免除】
よこはま教師塾	横浜市教育委員会	横浜市の教員を第一に希望し、令和5年度実施横浜市公立学校教員採用候補者選考試験を受験予定の大学3年生とし、かつ以下の要件をすべて満たすもの。 ア　小学校区分…小学校教諭普通免許状 イ　当該の教科の中学校教諭普通免許状 ＊自宅等にインターネット環境の整備必要	10回実施 9月〜3月 (「ベーシック講座」3回) (スタンダード講座7回)	小学校：50名程度 中学校：30名程度 ＊入塾選考の状況により人数は変動あり	受講料自体は徴収しない

東京教師師塾	京都市教育委員会	(1) 昭和39年4月2日生まれで、小・中・高等学校・総合支援学校の教員（養護・栄養教諭を含む）を目指す短大生・大学生・大学院生・専門学校生及び社会人 (2) 教員免許状の既取得者又は令和7年3月末日までに取得の方	令和4年10月〜令和5年6月	300名	12,000円（受講料免除の制度あり）
大阪教志セミナー	大阪府教育庁	階催年度の翌年度末に志望校種・教科の免許を取得予定の人（主に大学3回生） 大阪府内の公立学校教員を目指している人	12回 8月〜3月	小学校110人ほど 中学校・高等学校ともに30名程 実地実習：半日20回	20,000円
大阪市教師養成講座	大阪市教育委員会	大阪市公立学校・幼稚園教員採用選考テスト（小学校・中学校・養護教諭）を受験予定の者 令和5年3月31日までに、小学校・中学校・養護教諭の普通免許状を取得見込みの者、または取得済みの者	7か月間 （9月〜3月） 11日間 全15講座 原則として日曜日に開催	約160名（小学校・中学校・養護教諭）	25,000円
滋賀の教師塾	滋賀県教育委員会	大学生、大学院生と通信制大学等在学中の人出、令和6年度滋賀県公立学校教員採用選考試験を受験の人 社会人（教職経験者を除く）で、令和6年度滋賀公立学校教員採用選考試験を受験予定の人	令和4年10月〜令和5年3月	・スタンダードコース（学生・社会人対象）180人程度 ・アドバンスコース（臨時講師等対象）20人対象	スタンダードコース：15,000円 アドバンスコース：7,000円

（筆者が、各教育委員会の募集要項で作成したが、受講希望者は必ず各教育委員会のホームページで該当年度の募集要項を確認してほしい。）

前記以外の『**教師塾**』として、全国的には「静岡教師塾」（静岡市）、「山口県教師力向上プログラム」（山口県）などで実施されている。京阪神では「堺・教師ゆめ塾セミナー」（堺市）、「ふくまる教志塾」（池田市）、「奈良県次世代教員養成塾」（奈良県）等のプログラムも用意されている。

　筆者が勤務した大学では、新設大学であり4年後の合格者の輩出を目的に、「教員採用試験対策講座」を設置し、外部から専門講師を招き課外講座を実施していた。実施期間は3年生から4年生の受験時期までで、その間には講義と模擬試験も実施していた。（受講料は別途徴収をしていた。）

　それ以外には、教職課程を設置している大学には、「**教職センター**」が設置されている。指導者として元小・中・高校などの管理職を経験した先生方が相談員として常駐されており、積極的に先生方を活用して、面接指導や学習指導案の書き方及び小論文の添削、模擬授業などの実践的指導を受けよう。

（5）部活動（クラブ活動）

　大学における部活動は、大きく分けて**文化部**と**運動部**の二つに分類されている。大学の文化部には、英語部や新聞部・演劇部など典型的な部活動や少しマニアックな漫画研究会・オカルト研究会なども存在する。音楽系でも和楽として琴や三味線・笙（しょう）・篳篥（ひちりき）等の伝統的な楽器を使用して演奏するクラブも存在する。

　大学によっては、運動部には強化クラブと同好会的なクラブとが存在している。各大学の運動部の集合体として、学生自治会（学友会）から独立・発展して、「体育会」なるものを組織している。この「体育会」は、学内スポーツの振

表1-4　文化部

系統別	具体的な活動
文学系	英語部・文芸部・歴史部・弁論部
理科系	物理部・科学部・生物部・地学部・天文部
芸術系	美術部・写真部・陶芸部・工芸部
和芸系	書道部・華道部・茶道部・俳句部・かるた部
音楽系	吹奏楽部・軽音楽部・合唱部・ギター部・マンドリン部
メディア系	新聞部・放送部・映画部
芸能系	演劇部・落語研究会・奇術部

表 1-5　運動部

運動部区分	競技団体
屋外競技	航空・自転車・自動車・スキー・漕艇・馬術・ヨット 陸上競技・ワンダーフォーゲル
球技	バレーボール・バスケットボール・ハンドボール・サッカー 水球・ラクロス・ホッケー・アイスホッケー・ラグビー 野球（硬式・準硬式・軟式）・アメリカンフットボール・水泳 ソフトボール・庭級（硬式・軟式）・バドミントン・ゴルフ
武道・格闘技	剣道・柔道・合気道・空手・居合道・薙刀・少林寺拳法 弓術・相撲・フェンシング・ボクシング・洋弓・レスリング
屋内競技	水泳競技・ボウリング・競技ダンス・体操・ 応援（リーダー・吹奏楽団・チアリーダーズ）

興を目的に各運動部に対して、金銭・物品面での援助を行っている。

（6）アルバイト

　大学の 4 年間は、大学と自宅との往復だけではなく、"アルバイト"という社会勉強もしてほしい。ただし、筆者の経験では、"アルバイト"に溺れ過ぎて大学への出席日数が少なくなり、退学を余儀なくされた学生を数多く見てきた。

　アルバイトを実施している学生は、63.7％であり、1 週間あたりの実施日数は平均約 3 日程度であり、実施時間 14.3 時間であった。

　筆者の経験からも教育学部の学生のアルバイトは、どちらかというと家庭教師や塾講師が、多く見受けられた、特に、将来小・中・高校の教員をめざしているならば、塾講師としての指導の予行演習をさせてもらい、給料をもらえるということは一石二鳥である。

　ゼミ生の中には、ガソリンスタンド・新聞配達・居酒屋・コンビニ・コールセンター・ホテルの宴会スタッフなど、多種多様なアルバイトを経験していた。筆者自身も某デパートで 4 年間（お中元・御歳暮の期間）勉強させてもらった。今振り返れば、お金のありがたさや人間関係（上下関係・コミュニケーションなど）を学ぶよい機会であった。

（7）「教職大学院」への進学

　教員養成の分野についても、子どもたちの学ぶ意欲の低下や社会意識・自立心の低下、社会性の不足、いじめや不登校などの深刻な状況など学校教育の抱える課題の複雑・多様化する中で、こうした変化や諸課題に対応しうる高度な専門性と豊かな人間性・社会性を備えた力量ある教員が求められている。このため、教員養成教育の改善・充実を図るべく、高度専門職業人養成としての教員養成に特化した専門職大学院としての枠組み、すなわち「教職大学院」制度が、2006（平成18）年7月に中央教育審議会が創設を提言し、2008（平成20）年に国立（15校）・私立（4校）併せて19校が開設された。

表1-6　平成20年度に設立された「教職大学院」一覧

大学院名	所在地	入学定員	大学院名	所在地	入学定員
北海道教育大学大学院	北海道	80 名	岡山大学大学院	岡山県	45 名
宮城教育大学大学院	宮城県	52 人	鳴門教育大学大学院	徳島県	180 人
群馬大学大学院	群馬県	20 人	長崎大学大学院	長崎県	28 人
東京学芸大学大学院	東京都	210 人	宮崎大学大学院	宮崎県	20 人
上越教育大学大学院	新潟県	190 人	国立大学計＝15校		1,345 人
福井大学大学院	福井県	60 人	創価大学大学院	東京都	25 人
岐阜大学大学院	岐阜県	40 人	玉川大学大学院	東京都	20 人
愛知教育大学院	愛知県	120 人	早稲田大学大学院	東京都	60 人
京都教育大学大学院	京都府	95 人	常葉大学大学院	静岡県	20 人
兵庫教育大学大学院	兵庫県	155 人	私立大学計＝4校		125 人
奈良教育大学大学院	奈良県	50 人	合計19校		

（令和3年4月現在の定員）

表1-7　平成21年度以降に設立された「教職大学院」数

設置年度	国立	私立
2009（平成21）年	3校	2校
2010（平成22）年	1校	なし
2015（平成27）年	2校	なし
2016（平成28）年	18校	なし
2017（平成29）年	7校	1校
2018（平成30）年	1校	なし

　以上、令和3年4月現在のところ「教職大学院」は、国立で47校【入学定員：1698人】と私立で7校【入学定員：205人】と併せて、54校【入学定員：1903人】となった。

　実際に、筆者のゼミからも、2名が鳴門教育大学大学院へ進学し、さらにより実践的な指導力・展開力を備え、新しい学校づくりの有力な一員となる新人教員の養成のおかげで、その後、石川県（七尾市）と愛媛県（松山市）の教員採用試験に合格し、小学校教員として活躍している。

●●● 学習課題 ●●●

1. 「教職課程」を受講する学生は、1年次から4年次の7月～8月頃における「教員採用試験」までの計画表を作成しておこう。
2. 大学のみの学修ばかりでなく、直接「児童・生徒理解力」を身に付けるためには、本章の5節に記載された「自分磨き」のチャレンジ項目に、あなた自身が積極的に関わろう。

【参考文献】
中田正浩『私の社会科教育論 ― 次世代の社会科教師の方々に ―』（株）ERP　2013
中田正浩『次世代の教職入門』大学教育出版　2011
中田正浩『人間教育を視点にした教職入門』大学教育出版　2014
中田正浩『教育現場に求められるこころと品格』大学教育出版　2008

======= ミニ教育用語事典① 「子どもの貧困」 =======

　子どもの貧困率16.3%、6人に1人が貧困状態にある。貧困の深刻化と広がりはさまざまな現実を通して、重要な問題となってきている。

　そのような動きの中で、『子どもの貧困対策の推進に関する法律』（2013年）が成立し、『子供の貧困対策に関する大綱』（2014年）が制定された。政府は、「すべての子供の将来がその生まれ育った環境によって左右されることのないよう、また貧困が世代を超えて連鎖することのないよう、必要な環境整備と教育の機会均等を図る。すべての子供たちが夢と希望をもって成長していける社会の実現を目指し、子供の貧困対策を総合的に推進する」と定めている。

　子どもの暮らしを大きく分けるのは、親の存在である。大半の子どもは実の親に育てられているが、育児放棄や虐待などの理由によって離れて暮らさざるを得ない子どももいる。

　子どもが貧困状態にある場合、親が経済的な困窮状態にあることを意味する。親自身が貧困状態にある場合「生活保護」を申請できる。また、ひとり親世帯の場合は「児童扶養手当」を受給することができる。就学児童に対する支援としては「就学援助」がある。

　実の親と暮らせない場合は、里親や特別養子縁組などの家庭的な環境で暮らす（家庭的養護）ケースと施設で暮らすケースの二通りがある。施設で暮らす場合は年齢に応じて施設が分かれている、生後間もなくの乳児は「乳児院」に入所する。2歳くらいまでここで過ごした後親と暮らすことのできない乳児は、里親等に引き取られるか、「児童養護施設」に入所することになる。2歳から18歳までの子どもたちは「児童養護施設」で暮らす。施設とはいえ、子どもたちにとっては「家」であり、他の子どもと同様にここで寝て、食べ、生活をする。18歳になって施設を退所後は、就職や就学など自立に向けた道を歩んでいく。

　しかしながら、子どもの頃の経済格差が教育格差を生み、それが将来の所得格差を生み出す連鎖構造となっていく。つまり生活保護世帯、児童養護施設、ひとり親世帯については、進学率・就職率・中退率といった点で大きな開きがある。

　子どもの貧困を救済する根本的な手立てはいまだ道半ばである。政府の施策として学校をプラットホームにしたスクールソーシャルワーカーの配置の推進、ひとり親家庭の孤立を防ぐための自治体窓口のワンストップ化、ひとり親家庭の子ども50万人分に対する居場所の提供、児童扶養手当の増額が盛り込まれている。各都道府県においてもさまざまな施策展開がなされている。

　子どもの貧困問題は、いろいろな要素が絡み合った社会問題である。低賃金、失業、離婚、孤立、障害、病気、犯罪、虐待など挙げればきりがない。そんな社会課題に対して、国や自治体の取り組みでは限界があるのが現実である。個々のニーズに合わせた柔軟な対応が求められる。そのため子どもの貧困対策ではNPO法人等の非営利団体が重要な担い手となっている。大学生ボランティアによる無料の学習支援や無料学習塾、地域で低価格もしくは無料で調理ボランティアにより食事を提供する「子ども食堂」というように地域での支え合いが

実施されるようになってきている。

　地域で、あるいは学校で、子ども達をサポートしていけるように、一人ひとりがこの問題を大きく受け止めてほしい。

〈参考文献〉

浅井春夫「子どもの貧困」解決への道 ― 実践と政策からのアプローチ　自治体研究社　2008

『徹底調査　子供の貧困がにほんを滅ぼす社会的損失 40 兆円の衝撃』日本財団　子どもの貧困
　対策チーム　文藝春秋　2016

中村文夫「子どもの貧困と教育の無償化」学校現場の実態と財源問題　明石書店　2017

第**2**章

日本における教育制度と教員養成の歴史

　この章では、教育史の構成分野における日本教育史に特化し、中学時代の歴史的分野や高校時代の日本史を思い出しながら、歴史的な事象の中に必然的に繋がりを捕え、大きな流れの中で理解してほしい。教育史には、日本教育史のほかに西洋教育史があり、いずれも内容が多岐にわたっている。

　この章における学習内容は、教員採用試験を受験する各自治体（都道府県教育委員会・政令指定都市教育委員会など）の出題傾向及び出題傾向の高い分野・領域を踏まえて構成したものである。

　古代から中世にかけては、綜芸種智院（空海）、金沢文庫（北条実時）、足利学校（上杉憲実）といった教育機関について、創設者と教育機関とを結びつける問題が出題されている。近世では、私塾の塾名・創設者【咸宜園（広瀬淡窓）、松下村塾（吉田松陰）、鳴滝塾（シーボルト）、適塾（緒方洪庵）】や教育内容等を結び付ける問題が頻出している。また昌平坂学問所と藩校に関する出題のほか、庶民教育に影響を与えた石門心学の石田梅岩や報徳運動の二宮尊徳らの業績についても問われている。

　近代から現代にかけては出題頻度の非常に高い領域である。中でも明治期の学制や各種の教育令から学校令へ、また教育勅語等の法律や教育制度に関する出題が多い。福沢諭吉・元田永孚・井上毅・森有礼といった教育思潮や教育実践の発展に影響を与えた人物の業績についてもまとめておこう。戦後では、日本国憲法、教育基本法、学校教育法の制定といった新教育制度の発足から、現在の教育改革に至るまでの教育制度の変遷を問う出題が多いので、流れをしっかりとつかんでほしい。

1. 古代の教育制度と教育機関

　古代における日本の教育制度と教育機関は、701（大宝元）年に作成された「**大宝律令**」により、「**大学**」や「**国学**」の制度が整えられたことに端を発する。それらの教育制度と教育機関は、隣国の隋ないし唐をモデルとした律令国家体制の官吏養成機関として平安時代末期に衰退するまで存続した。

　また、当時**遣隋使**や**遣唐使**として派遣された多くの留学生あるいは学問僧が、帰国の際に漢籍や仏典を持ち帰ることで、文化使節の役割を果たしたことは、日本の文化発展に寄与したことは見逃せない事実である。

　そこで、律令時代の教育制度・教育機関はどういうものであったのか、それは誰のためにいかなる教育を施す場であったのか。ここでは、奈良時代から平安時代にかけて考えてみよう。

（1）奈良時代

　日本の“教育の事始め”には諸説があり、むしろ大胆に不明であると言わざるを得ない。

　しかるに、8世紀当初の日本では、最初の国家基本法である律令（大宝・養老律令）の学令により官吏の養成機関として、都の中央には「**大学（大学寮）**」が設置され、式部省の管轄に属した。大学の頭が事務官で、教官として明経・文章・明法・音・算などの博士があった。学生は 400 人・算生は 30 人が定員であった。

　大学への入学資格は、13歳から16歳までの聡明で五位以上貴族の子どもや孫、東西史部の子どもなどを原則としたが、六位〜八位の子で特に願い出たもの、国学を修了したものも入学が許された。

　教育内容として、学生の教科書は大経の礼記・左伝、中経の毛詩・周礼・儀礼、小経の周易・尚書である。ただし、『孝経』や『論語』などは必修である。学習は、まず音博士について経文を読むことから始まり、それに通熟して博士の講義を聞くことになる。この間10日ごとに1日休暇があるが休みの前日に試験があった。

　そして、この教育機関で学んだ学生は官吏登用試験である**「貢挙」**の合格をめざした。また、地方官吏養成のために、国司が監督する**「国学」**が設置され、国学の教育内容もほぼ大学と同様であった。

　これらの教育機関では、貴族や豪族の子弟を対象に儒教中心の教育が行われた。しかし、この養成機関も次第に貴族たちの一般教養を養うこととなり、この教育制度自体も律令の衰退とともに形骸化し、10世紀後半には「大学」「国学」ともに教育機関としての機能は衰退していった。ただ、九州を総括する大宰府に設置された**「府学」**は、国学の中でも稀有な存在であった。

　奈良時代の末に、私学的性格の教育機関として**石上宅嗣**が自宅に日本で最古の図書館として**「芸亭」**を設けた。芸亭は、漢学を主に仏教の古典を所蔵した文庫であり、別説では学校的な機能を併せ持っていたとも言われ、9世紀の初頭ごろまで存続したと言われている。

（2）平安時代

　794年の平安遷都から9世紀末にかけて、唐の文化の影響を受け、新しい仏教が盛んになり、出現したのが**最澄**（天台宗＝比叡山）と**空海**（真言宗＝高野山）であった。

　空海は、前述の石上宅嗣の芸亭をモデルにして、日本で最初の私立学校である**「綜芸種智院」**を設けた。前述の大学や国学のいずれもが貴族一族や子弟のための教育機関であったが、ここでは、庶民教育の目的で身分に関わりなく、より広い立場で儒教や仏教、道教の講義がなされた。校名の"綜芸種智"とは、顕教・密教・儒教を学び、衆芸（多くの技芸）を兼ねて、菩提心を起こさせるという意味である。綜芸種智院は、庶民のための教育機関であったと言われているが、空海の死後に十分な機能を発揮しないうちに滅んだとも言われている。

　大宝律令によって創設された大学は衰退し、その振興策として大学領内に有力な氏族は**大学別曹**（寄宿舎）を設けた。有力な氏族は、子弟教育の奨励のために**「弘文院」**（和気広世）、**「勧学院」**（藤原冬嗣）、**「学館院」**（嵯峨天皇皇后）、**「奨学院」**（在原業平）などを競って作った。その中でも、藤原氏の隆盛とともに、大学別曹の中でも最も栄えたのが勧学院であった。これらは、図書館と寄宿舎の役割を兼ね備えた教育的寄宿施設で、学生たちはここに起居して学び、官吏登用試

験を受けて官吏となった。大学では、儒教を学ぶ明経道に代わって、中国の歴史や文学を学ぶ紀伝道（文章道）が中心になった。

　これらの別曹が盛んになると、大学そのものの存在価値が薄くなり、官吏への試験制度も形骸化し、一族本位の教育が行われるようになった。

図2-1　大学寮跡（京都府中京区）

2. 中世の教育制度と教育機関

　中世に入ると、貴族社会から武家社会へと変化することで、奈良・平安時代に創設された大学・国学は衰退した。そして武士勢力の台頭は、寺院が有していた教育機能に重大な変化をもたらした。

　武士社会では、特別な教育機関は設けられず、日常の生活場面での流鏑馬・笠懸等の心技の訓練を通して子弟教育が行われた。また、武士は幼少の子弟に読み書きや日常の作法を習得させるために、寺入りと称して寺院に預けた。

　本来僧侶を養成する寺院の機能は、徐々に僧侶以外の子弟を受け入れ、彼らに読み書きの指導や仏教修行に基づく厳格なしつけを行った。

　古代における貴族や僧侶に代わって、中世に台頭してきた武士の子弟教育の中核を担ったのは寺院教育であったことを読みとってほしい。

（1）鎌倉・室町時代

　鎌倉時代になると、寺院で俗人教育もするようになり、これが近世の寺子屋の起源となった。そこでは**往来物**（手紙を書くのに必要な単語、句、短文などを集めたもの）が教科書として使用されるようになった。最も広く普及したのが**「庭訓往来」**である。

図2-2　『庭訓往来』

　往来物の内容は、最初のころは貴族の日常生活や儀式・行事に関する事柄を中心としていた。しかし、寺院での俗人教育が盛んになるにつれて、武士階級の子弟を中心にした内容が意識的に施されるようになった。

　鎌倉時代の初期に足利義兼によって創設され、鎌倉・室町時代の代表的な教育機関として**上杉憲実**が再興したのが、**足利学校**（下野国、現在の栃木県）である。鎌倉円覚寺から僧快元を初代の庠_{しょうしゅ}主（校長）として招聘した。講義は易学を中心に儒学・兵学・医学・天文学など高度な教育が施された。全国から僧侶を主とする学生が一時期に3,000人も参集したとも言われている。この足利学校は、中世における最も高度なレベルの教育を担う学校として機能したと思われる。学生の中には、武士や俗人もおり、上杉・北条・武田・徳川各氏の保護を受けたが、明治時代に入ると次第に衰退し、1872（明治5）年に閉校となった。

　鎌倉中期に学問の中心として、上記の足利学校と並び称された**金沢文庫**（相模国、現在の神奈川県）を挙げることができる。金沢文庫の創設者や設立時期については諸説があるが、御家人の代表格である北条氏の中から現れたのが**北条実時**である。金沢文庫は実時が別邸内に作ったことに端を発することは間違いないであろう。ここでは、仏典・漢籍・国書などの蔵書が保管さ

図2-3　足利学校の概観

れており、当時の図書館的役割を担っていた。しかし、鎌倉幕府の崩壊及び北条氏の滅亡とともに文庫は衰退していった。

（2）安土桃山時代

　16世紀の中ごろに、ザビエルの来航に始まるキリシタン文化の伝来により、当時、イエズス会（耶蘇会）をはじめとしてキリスト教（カトリック）の布教活動のために、**フランシスコ・ザビエル**などスペインやポルトガルの宣教師の人々が相次いで来日した。そして、大分や長崎の教会にキリシタン学校が併設されて、その数は、約200校に達したと言われている。

　キリシタン信者の増加とともに1580（天正8）年有馬に、翌年安土に「**セミナリオ**」（ポルトガル語で神学校の意味）というイエズス会の教育機関が設立された。伝道士や日本人司祭の養成を目的とした中等教育程度の神学教育を担った。また、豊後府内（大分県内）には、イエズス会士バリニャーノにより「**コレジオ**」（宣教師養成学校）が設立された。ここでは、聖職者の養成とヨーロッパ文化の伝達を目的とし、哲学・神学・一般教養を教え、教義書や辞書の印刷・出版まで行っていた。

　キリスト教の信者は、西日本を中心に数十万人にもおよび、大名の中には進んでキリスト教を保護し、自らが洗礼を受けて信者となった有馬晴信・大村純忠・大友宗麟などはキリシタン大名と呼ばれた。この三大名は、1582（天正10）年に伊藤マンショを始め、15～16歳の少年を天正遣欧使節に選び、ローマ教皇のもとに派遣した。彼らは、各地で大歓迎を受け、印刷機をはじめとして新しい知識を持ち帰った。

　しかし、宣教師やキリシタン大名・少年使節団などは、西ヨーロッパの文化の伝達に努めたが、キリスト教を擁護した織田信長が本能寺の変で亡くなった後は、次第に縮小され、豊臣秀吉や徳川家康の禁教政策によって圧迫されていった。

3.　近世の教育制度と教育機関

（1）江戸時代

　江戸時代の教育制度・教育機関として、武士の子弟のためには、江戸幕府の昌平坂学問所や各藩の藩校が作られ、庶民には郷学や私塾・寺子屋などを挙げることができる。

　江戸時代の前期は、儒学の中でも朱子学が幕藩体制社会の理論として、為政者の教養の学問として発展した。それゆえ、幕府や諸藩から手厚い保護を受けた。このころ、儒学の隆盛とともに薬用になる植物・動物・鉱物を研究する本草学や医学・天文学など諸学問の発達がうながされた。本草学や医学を修めた**安藤昌益**は、支配階級から農民らを擁護した。

　自然科学分野では、和算の**関孝和**が円周率や円の面積や筆算による代数学などに優れた研究成果を上げた。

　社会科学分野における実証的な研究として、**新井白石**が武家政治の擁護と江戸幕府の正当性を主張した『読史世論』や**山鹿素行**は武士に必要な教養の全般や儒学者として史論を主張した『武家事紀』を著した。

　大名の中にも学問を尊ぶ気風があり、水戸藩主の**徳川光圀**は『大日本史』の編纂を行った。加賀藩主の前田綱紀も、学問奨励のため朱子学者、**木下順庵**を仕えさせ、古文書の収集保存に尽くした。学者の中には、**山鹿素行・山崎闇斎・佐久間象山**など、各藩の大名に仕官して政治に携わる者もいた。

1）支配者層の教育機関（幕府の学校・藩校）

①　昌平坂学問所（1824（天保14）年に昌平坂学問所と改称）

　昌平坂学問所は、幕臣（旗本・御家人）の子弟教育と藩校の指導者養成の機能を擁した最高学府であった。その昌平坂学問所は、三代将軍**家光**のころ尾張中納言徳川義直が、幕府の儒臣林羅山のために、羅山の上野忍ヶ岡の邸内に孔子廟を建てた。このころは、羅山の一私塾であった。儒学を好んだ五代将軍**綱吉**は儒学の振興を図るため 1692（元禄4）年に現在の湯島の昌平坂上（神田明神を中心とする一帯）の地に聖堂を創建して、林家家塾も同時に移転し、聴堂・学舎が幕府により建設された。その後、幕府の公的教育機関としての性格を強くしていっ

た。

　綱吉は、儒官職（儒教で仕官）を新たに設けたり、「釈尊」に出席したり、綱吉自ら儒書の講義を行った。このような綱吉の儒教崇拝の態度は、当時の各藩の大名にも大きな影響を与え、儒学は大変盛んになっていった。

　聖堂の維持経営形態に変化が生じたのは、享保期（1716 ～ 1735）の8代将軍吉宗の時代であった。林家が一般の士庶を対象に開放していた公開講釈を 1717（享保2）年から日講制に改めた。これは、儒教主義的道徳の庶民への浸透をねらいとする庶民教科政策であった。1718（享保3）年からはこれと別に、林家の仕事の延長ではなく幕府の直営として、旗本・御家人を対象とした御座敷講釈が営まれるようになった。これらは、聖堂を幕府自らの目的のためにも使用する意図を明らかにしたものである。

図 2-4　昌平坂学問所での講義風景

　その後、林家の人材不足で湯島の聖堂は衰微し、18世紀中頃には全国各地の農村では、百姓一揆や都市における打ちこわしなどが頻発し、幕藩体制の根幹を揺るがすほどの危機の時代もあった。このような状況の中で老中松平定信は"寛政の改革"を実施した。幕府は 1790（寛政2）年に「寛政異学の禁」を出し、聖堂と林家塾においては朱子学を考究すべきことを明らかにした。この禁令は、思想・学問を統制するとともに、幕府の管理養成を図ろうとした。このような過程で、聖堂学舎の敷地を拡張し、湯島の聖堂は林家の家塾から、幕府の公的教育

機関としての性格を強め、1797（寛政9）年の改革によって、林家管理の学寮を幕府直轄とし、名実ともに官営の学問所となり、学制を改革し、朱子学を官学とした。

学問所の組織は、大学頭に**林述斎**を配し、教官には林家以外の柴野栗山・岡田寒泉・尾藤二州等を登用し、人事の刷新を行った。施設としては、「大成殿」を中心に「庁堂・学舎」「学寮」「文庫」「教官住宅」を備えた。学生は、直参・旗本の子弟教育を目的とし「寄宿寮」を設け、48名を収容、のちに「書生寮」を設けて陪臣（藩士・郷士）等の入学を許可した。

学問所の学科内容は、経・史・文の三科で、教科書は小学・四書・五経・国語・史記・陶淵明集などであった。授業の方法は、素読・講釈・会読・学生間の輪講等があり、試験は3年に1度、15歳以上の旗本・御家人を対象とした「学問吟味」、15歳以下には毎年「素読吟味」があった。その他、武士庶民の差別なく、自由に聴講を許す講義等もあった。学問所の学生は、幕末の時勢の推移の中で次第に減少していき、学問所の改革を余儀なくされた。そこで1867（慶応3）年には農・工・商の有志者の入学を認め、学生の増加を図った。また指導者にとって必要な実用的教科として「皇朝史学」（国史学）、「経政学」（法律学・政治学・経済学）「外国事実」（洋学）等の新たな科目を設け、時勢に応えようとした。

②　藩校

藩校の設立目的は、藩主及び藩運営のために役立つ人材育成（藩秩序の形成・忠誠心の培養）であった。しかし、藩校の設立当初は、藩主個人の教育と重臣のエリート階級のためのもので一般の家臣団は対象外であった。ところが時代が下がり享保以後になると、犯罪性が逼迫したり、封建制度の矛盾が表面化してきたので、そのような状況を打開するため家臣団全体に拡大した。近世から明治維新にかけ、藩校は全国で約280校ほどあったと言われている。

図2-5-1　藩校養老館【津和野】

寛文年間の盛岡藩の藩校が、恐らく藩校設立の草分けと考えられる。そして、

表2-1 藩校成立の課程について

	藩校の成立過程	藩 校 名
①	藩士に経書の講釈を聞かせた講堂から発達した藩校	篠山藩の振徳堂・新発田藩の道学堂 和歌山藩の学習館
②	藩内の私塾ないし家塾から発達した藩校	岩槻藩の遷喬館・久留里藩の三近塾 尾張藩の明倫堂・山城淀藩の明親館
③	はじめから藩校としての規模と組織を完備して出発した藩校	熊本藩の時習館・米沢藩の興譲館 萩藩の明倫館・水戸藩の弘道館

（引用文献から筆者作成）

図2-5-2 藩校養老館の教科書

1755（宝暦5）年に熊本藩で藩校が設立され、その後は、1790（寛政2）年の幕府の幕府学問所の改築及び機構改革や寛政異学の禁が行われた時期に、藩校が急速に発達している。江戸時代には、300余りの藩が存在し、そのうち200余藩で藩校が建てられた。

藩校を設立過程から眺めてみると（表2-1）、大きく次の3つに類型化される。

①の例として、和歌山藩の「学習館」は初代頼宣が那波活所を招き、第5代の吉宗は祇園南海らに講書を行わせ、第9代の治貞も伊藤蘭嵎と祇園饗霞らの講釈日割を定めたりした。②の例として、岩槻藩（埼玉県）の遷喬館は第5代藩主大岡忠正の侍読を務めていた児玉南柯が城下に私塾を設け、子弟教育に情熱を捧げたのが「遷喬館」である。①・②ともに、出発点は異なるが次第に藩校へと変わっていった。③の例として、初めから藩校としての規模と組織を完備して出発した藩校として、水戸藩の「弘道館」を挙げることができる。弘道館の設立は比較的遅く、仮開館式が1841（天保12）年で、正式の開館式は1857（安政4）年であった。この時には、正庁・至善堂・文館・武館・歌学局・兵学局・音楽局・諸礼局天文数学局・医学館・鹿島神社・孔子廟・八卦堂などが設置され、敷地面積は約5万4千坪であった。

次いで、藩校の名称を見てみると、同一名称の藩校が全国各地に設立されてい

表 2-2　同一名称の藩校について

	藩校名称	校名の由来	同一名称の藩名
①	学習館	『論語』	和歌山・壬生・杵築・松坂・佐土原の各藩
②	時習館	『論語』	熊本・豊橋・大聖寺・大田原・福本・伊勢崎の各藩
③	弘道館	『論語』	水戸・出石・福山・茂木・彦根の各藩
④	明倫館	『孟子』	萩・田辺・亀山・丸亀・大野・柳本・田原本・宇和島の各藩
⑤	明倫堂	『孟子』	尾張・加賀・安志・大洲・小諸・高鍋の各藩

る。

　その理由は、儒学を藩校の学びの中心に据えたので、その藩校名を儒教経典
（『論語』・『孟子』・『中庸』など）の中から語句を選択し、なおかつ武士教育がめ
ざすべき儒教的・道徳的思想に相応しい名称として名付けたのである。この趨勢
は、まさしく儒学が武家社会に溶け込んだことを証明している。

　そこで、藩校の名称として同一名称として多いものに、「学習館」・「時習館」、
「弘道館」、「明倫館」・「明倫堂」などを挙げることができる。事例として、①「学
習館」・②「時習館」は、『論語』第一篇の「学而」篇の冒頭にある「学而時習之」
からは「学習」「時習」の二語が採られ、「学習館」「時習館」が誕生した。③の「弘
道館」は、やはり『論語』の「衛霊公」篇にある「人能弘道、非道弘人」の中か
ら命名している。④「明倫館」⑤「明倫堂」は『孟子』「滕文公」上篇の「学則三
代共之。皆所以明人倫也」に基づいている。

　ところで、藩校の教授陣はどのような人物が任用されたのか。教授任用にあ
たっては、人物そのものが最重要視され、どの学派に所属していても問題ではな
かった。具体的には、昌平坂学問所出身者、藩校出身者の藩士、藩内外の民間の
儒学者出身など種々様々であった。

　藩校は、各藩の子弟を教育するための教育機関であるので、藩士の子弟が大半
で7歳から8歳で入学し、15歳から20歳で退学をするのが通常であった。藩校
において教授される内容と方法については、江戸時代の前半期で個人的な徳の涵
養を主な教育目標にしていたので漢学を主に学び、武芸も加えられていた。後半
期には諸藩の要請に応えるために、算術・医学・洋学・天文学・兵学などの実用
的な科目が併設された。

　藩校へ入学したものは、四書五経の「素読」《初等科》から始まり、読書力が充実してくると、「講義」《高等科》を受講した。さらに初等・中等・高等の三等級に分かれ、また初等科を上・中・下と区分する藩校が増加した。進級については、年齢で区切っていたが、進級試験を採用する藩校が増加し、試験に合格することで上級に進むことができた。学習内容は、前述の座学ばかりでなく、藩校に併設されている道場での武芸の稽古もさせた。これは、いかに平和が続くときであっても、戦いに備える準備を怠ることなく、尚武精神を日常生活の基礎に置くことが要請されていた。

　③　郷学（郷校）

　藩校に準ずる教育機関として、城下町以外の地で藩士教育と庶民教育にあたる郷学（郷校）が存在した。

　その「世界最古の庶民のための公立学校」と呼称された「閑谷学校」の歴史は、1666（寛文6）年に岡山藩主池田光政が和気郡木谷村延原を視察したことに始まる。1168（寛文8）年に光政が領内に庶民教育のため、123か所の"手習い所"を設置した。1670（寛文10）年に光政は、この地（延原＝閑静な地）を愛し、地名を閑谷と改め、津田永忠に庶民教育のための学校を建設するように命じ

図2-6　郷学・閑谷学校

た。この時期は、徳川幕府の昌平黌も、まだ林家の私塾で「弘文館」と称し忍が岡にあった。また藩士の教育機関の藩校も、岡山藩学校のほか、名古屋の「明倫堂」、盛岡の「作人館」、会津藩の「日新館」など数校に過ぎなかった。

2）被支配者層の教育機関（私塾・寺子屋）

① 私塾

19世紀の初頭には、ますます「私塾」が盛んとなり、漢学・国学・洋学（蘭学）塾（表2-3）など以外にも、習字・算学（そろばん）などがあり、またこれらを合わせ授けるものもあって、主として庶民を対象とする「私塾」は幕末にかけて広く設けられた。

表2-3　江戸時代における代表的な私塾名と指導者一覧

	学問領域別	代表的な私塾と指導者
①	漢学塾《朱子学・陽明学》	蘐園塾（荻生徂徠）・心学講舎（石田梅岩）・藤樹書院（中江藤樹）古義堂（伊藤仁斎）・懐徳堂（中井甃庵）・洗心洞（大塩平八郎）松下村塾（吉田松陰）・咸宜園（広瀬淡窓）・泊園書院（藤澤東畡）
②	国学塾	和学講談所（塙保己一）・鈴屋塾（本居宣長）・気吹舎（平田篤胤）
③	洋学塾《西洋医学塾も含む》	天真楼（杉田玄白）・芝蘭堂（大槻玄沢）・象山書院（佐久間象山）鳩居堂（大村益次郎）・氷解塾（勝海舟）・慶應義塾（福沢諭吉）鳴滝塾（シーボルト）・五岳堂（高野長英）・適塾（緒方洪庵）

（引用文献から筆者作成）

（ア）国学塾

国学は、江戸中期に儒教とは異なる思想と例年のもとに新しい人間観を提唱した学問である。別名として和学・皇朝学・古学などとも呼ばれた。その学問領域は、国語学・国文学・華道・歴史学・地理学・有職故実・心学など幅広いものであった。

国学の源流は、**木下勝俊・戸田茂睡**らによって、江戸時代に形骸化した中世歌学を批判する形で現れた。その批判は、**下河辺長流・契沖**の「万葉集」研究に引き継がれ、特に契沖は徳川光圀から委嘱を受けた。『万葉代匠記』をはじめとして、実証主義的学問法を確立することで、その研究姿勢は古典研究史上高く評価されることとなった。続いて、**荷田春満**は契沖の『万葉代匠記』や古典及び国史を学び、古道の解明を試みた結果、復古神道を提唱するとともに、幕府の将軍吉

宗に国学の学校建設の必要性を訴えた。彼は、神田明神の境内に初めて国学の教場を開いた。**賀茂真淵**は、前述の荷田春満を師として学んだ。彼は、人為的な君臣の関係を重視する朱子学の道徳を否定し、日本の古典にみられ、古代日本人の精神性の純粋な表れとされる、作為のない自然の心情・態度こそ人間本来のあるべき姿であるとして、古道説を確立した。

　また、7歳で失明した**塙保己一**は、江戸で賀茂真淵の門に入り和漢の学に通じた。1793（寛政5）年に幕府の許可で江戸麹町に和学講談所を設立した。林家の監督のもとに国史杭州と史料編纂に従事し、『**群書類従**』もここで編纂された。**本居宣長**は、契沖の文献考証学と師匠の賀茂真淵の古道説を継承し、国学の発展に多大な貢献をしたことで知られる。「古事記」の注釈書研究に取り組み、約35年を費やして研究の集大成である『**古事記伝**』を著した。また、自宅の鈴屋にて門人を集め講義したことから鈴屋大人と呼ばれた。宣長の死後、その教えを受け継いだ**平田篤胤**は、文学的・考証学的要素を捨て、儒教や仏教を強く排斥するようになり、神道的要素が強いため信仰的となり、鈴屋学統の反感は強かった。しかし、地方の神官・役人等に信奉され幕末思想界（尊王思想・攘夷思想）に大きな影響を与えた。

　（イ）　漢学塾

　幕府は漢学、特に儒学を教学の中心とし、学問を奨励したので、多数の儒学者が現れ、儒学を主とする漢学塾が江戸時代を通じて隆盛であった。有名な儒学者の開設した塾には師を慕って身分を問わず多くの門弟が集まり、優れた人材を輩出して歴史上にその名をとどめてきた。

　江戸時代における儒学の学派は数多く存在するが、社会的普及度という点から見れば、次のような特徴が見受けられる。

　朱子学では、藤原惺窩の門人であった林羅山の林家朱子学と山崎闇斎の崎門朱子学が群を抜いており、"寛政異学の禁"以降では、昌平坂学問所の官学が全国の藩校や私塾に圧倒的な影響力を持ったのである。

図2-7-1　私塾・松下村塾

　古学派は、朱子学や陽明学のような古聖の解釈を否定して、聖人の原義を追及した学派である。その中で、伊藤仁斎の古義学と荻生徂徠の古文辞学が普及するのである。伊藤仁斎・東涯父子は、京都の堀川に私塾「古義堂」を開いた。また荻生徂徠は江戸で私塾「蘐園」を開くとともに、柳沢吉保や将軍吉宗にも知られ、山鹿素行の古学

図2-7-2　私塾・適塾

派、山鹿流兵学に伴うもので、朱子学を攻撃して幕府の処罰を受けた。

　（ウ）　洋学塾

　洋学とは、江戸時代初期の南蛮学から中期の蘭学、幕末の洋学（英・独・仏の学を含む）など、西洋の学問一般の総称である。西洋学術を研究する蘭学成立への前提としては、18世紀初め8代将軍徳川吉宗の"享保の改革"により、幕府公認のもと実学奨励や漢訳洋書の輸入制限の緩和などが行われた。そして、青木昆陽や野呂元丈にオランダ語を学ばせ、西洋の知識や技術を積極的に導入した。

　その発展に画期的な意味を持ったのは、豊前中津藩の前野良沢や若狭小浜藩の杉田玄白らが、『ターヘル・アナトミア』を翻訳して、『解体新書』を刊行したのは、蘭学成立を示すものであった。

　18世紀の半ばには、幕府は天文台を作り、19世紀初めに"南蛮和解御用"という役所を設けてヨーロッパの書物の翻訳を始めた。蘭学は幕府諸藩から民間にも広まり、多くの学者・文化人を輩出した。大槻玄沢・宇田川玄随らの西洋医学研究など優れた成果を上げた。同時期に、長崎出島のオランダ商館医であったドイツ人のシーボルトが、長崎郊外に診療所兼「鳴滝塾」を開き、高野長英・伊東玄朴らの俊秀を育てた。大阪では、緒方洪庵が「適々斎塾」を開いて、福沢諭吉・大村益次郎・橋本佐内ら多くの人材を養成した。

　以上のように、実力をつけた塾生は様々な分野で活躍し、その多くが幕末から明治にかけて日本の近代化の基盤となったのである。

　また「私塾」は、幕府や藩が設置した教育機関とは異なり、学者個人が設立・運営を行った民間の教育機関であり、「私塾」の雰囲気や教育方針及び教育内容に

ついては、塾長の学問や人格に依るところが大きかった。江戸時代には、「いったいどのくらい私塾が存在したのか」という問いに対して、『日本教育史資料』（第7・8巻）によれば1076校が設立され、設立年代の不明な私塾が253校存在したともいわれている。「私塾」の規模も門弟数人から千人を超すものまで様々であった。

また「私塾」の開設時期が1830年代の天保年間以後に急増している。なぜこのように発達したのかと言えば、①封建体制が揺らぐ中にあって、新しい指導原理や知識・技術を学ぼうとする機運の高まり、②寺子屋で学んだ庶民の教育要求の高まりで、よりレベルの高い教育を受けたいという願望の表れ、③このような時代の流れの中で、地方から学問や知識を渇望してやまない若者の、都市への遊学が、増加したことによると考えられる。一方では、藩校を修了した武士の子弟の中にも、「私塾」に進学する者も数多く存在した。

2）寺子屋

寺子屋の起源や寺子屋の総数については、断片的資料しか存在せず、推測の域を出ていない。その寺子屋も、最初は江戸、大坂といった大都市で設けられたが、幕末に入る天保年間（1830〜1844）頃からは、農村や漁村の隅々まで開かれるようになった。

前述の支配者層が学ぶべき昌平坂学問所や藩校などは、理論教育が中心であった。しかし、被支配者層が学ぶ寺子屋が設立され、発展した要因はどこにあるのだろうか。それは①幕藩体制下における庶民の強化策、②江戸経済の米中心の自然経済から商品の流通による商品・貨幣経済に適応するための要求（契約書・帳簿・書類・手紙など）に応えるべく初歩的な知識や技術を授けるために、自生的に設立された施設の教育機関である。この2点が、近世社会の特有として経済的、文化的諸条件の発達が、寺子屋に関する設立・発展の要因であると、戦前・戦後における先行研究で明白である。

寺子屋で授けられた実用的教育は、日常的な商取引つまり証文の交換、帳簿の記入、書簡の作成などの行為に読み書きや算術が必要なための基礎教育であり、身分制度の厳しい近世社会で庶民が生産活動を営むために必要な初歩的知識や生活の知恵が要求されていったのである。決して、寺子屋の実用的教育が商取引のみに生かされているのではなく、支配者にとって最も有効であったのは、文字の普及であった。庶民が寺子屋で文字を習得することは、幕府・諸藩にとって法令

図 2-8　寺子屋（堺市内・清学院）

類（御法度・御触書・御高札など）を文書の形で広く指示・命令をすることで、
支配・統制が効率的に実施することが可能となった。また、農村でも年貢の徴収
や治安維持のために、領主支配を代行させる村役人（名主・組頭・百姓代）にも、
読み・書き・算術の能力習得は必須のことであった。前述の法令類を簡略化した
ものを寺子屋の教科書として活用することを奨励した。その結果、幼少時代から
それらの内容について理解させることで効用が見受けられた。

　次に、寺子屋における師匠（教師＝設立者・経営者）と寺子（生徒）の関係に
ついて見ていきたい。寺子屋の大半は、師匠の住居の一部を開放して学びの場に
していた。師匠の資格としては、必ずしも特定の知識階級ではなく、多少の学識
があれば、身分・性別を問わず、だれでもがなることができた。師匠を身分的に
見てみると、庶民・武士・僧侶で85％を占めており、その他は医者・神官であっ
た。もう少し詳細に見ていくと庶民では、町年寄や隠居と呼ばれた人々、農漁村
では庄屋や組頭のような支配層が務めていた。これらの順位も地域・時代により
異なる。

　寺子屋の寺子は、親が師匠を選び普通7〜9歳で入学し、3〜5年間学んで終
業するのが平均的であった。入学時には、机や文庫などを調え、吉日を選んで赤
飯で祝って天神様に祈願のお参りをするのが一般的であった。入学に際しては、
束脩（＝入学金）や謝儀（＝授業料）、畳料、炭料などを収めた。この時、金銭

での納入の他に、米穀などの農産物や反物、酒肴などの物納の場合もあった。盆暮れや正月には、祝儀・謝礼等が行われる場合もあり、寺子屋に通うには相当な教育費がかかった。

教育内容は、"読み・書き・算盤"が基本であり、中核となったのは習字であるが字を上手に書くだけでなく、それを通じてものを読むということを教え、それを手習いと称した。手習いを通して様々な社会的知識や言葉遣い、儒教思想である長幼の序、師弟関係、友人関係、さらには心学の教えを踏まえての親孝行や正直、食事・身繕いの望ましい在り方などの道徳教育も教えられた。作法は「御行儀」として大切な内容であった。中でも女子は主人などに仕えて家を守る者と規定され、衣服の始末、裁縫の初歩、挿花、碾茶等の基本が教えられた。

教科書としては、「往来物」という名で呼ばれる文書が使われた。もともとは、手紙文の教科書的な役割を果たすものとして平安時代後期の 11 世紀半ばに編集されたものである。それが江戸時代になると手紙文体のものに加えて韻文・散文体の教科書として使用するものを「往来物」と呼ぶようになった。「往来物」は教訓・社会・語彙・消息（手紙文）・地理・歴史・産業・理数などの各分野にまたがり、その数は約 7 千種（うち女子用が千種）にものぼった。

4. 近代の教育制度と教育機関

大政奉還によって二百数十年続いた徳川幕府が倒れ、明治政府が発足した。こうして始められた一連の大改革は、封建的支配が崩壊し、天皇を中心とした中央集権的国家体制の基礎を固めた新しい時代の到来であった。

この明治初期には、欧米の思想・制度・風俗習慣・生活様式などを取り入れた文明開化の風潮が日本全土に広まった。とくに福沢諭吉が『学問のすゝめ』のなかで「天は人の上に人を造らず、人の下に人を造らず」と封建制を批判し、人間の平等や自主独立などを主張した思想は、明治初期の「学制」の公布に大きな影響を与えた。

日本の近代化を進めるためには、国民の知識水準を向上させ、欧米色の学校教育制度の導入を図ることが必要となった。

（1）明治時代

1）文部省の設置と「学制」の頒布

　明治維新後、中央集権国家体制が敷かれ、1871（明治4）年明治政府により全国の教育事務を総管する機関として**文部省**が創設された。同省の責任者として**江藤新平**が文部大輔に就任したが、間もなく**大木喬任**が文部卿となり、文部行政の首脳部を構成した。

　江戸時代の寺子屋に代わり初等教育機関として、新たに小学校が誕生した。そのもとになったのが1872（明治5）年に公布された**「学制」**である。「学制」は、欧米諸国の教育制度を基盤に作り上げた日本で最初の近代的学校制度を定めた基本的な法規である。その「学制」のめざす趣旨を1871（明治4）年の**「太政官布告214号」**（いわゆる『被仰出書（おおせいだされしょ）』）によって窺い知ることができる。すなわち「人々自ら其身を立て、其産を治め、其業を昌にして、其生を遂るゆえんのものは他なし、身を修め、智を開き、才芸を長ずることによるなり」や「必ず邑に不学の戸なく、家に不学の人なからしめん事を期す」と宣言し、立身・治産・昌業をその基本的な目標とし、学問は身を立てる財本であることを強調して、学問に心がけることを勧めるものであった。

　「学制」は、全国を8大学区に分け、各大学区に大学1校を置き、その下に中学校256校、小学校5万3,769校を設けることにした。これは、日本国民の子弟全てが収容できる規模であった。しかし、大蔵省の反対があり、財政的裏づけの規定を欠いていた。このように明治政府による学校設置の号令はあっても経済的援助はほとんどなく、校地確保や新築費用の捻出には苦労があり、とりあえず寺院等を借用して開校したのが実情であった。

　当時の学校は、寺院の本堂や神社の境内の建物を教室とし、教科書も今の本とは異なり、和綴じで和紙に刷った木版刷のものであった。子どもたちは、男女ともに着物で、草履を履き、石版や石筆（現在のノートや鉛筆）を風呂敷に

図2-9　明治時代の小学校
（松本市・開智学校）

図 2-10　明治時代の教科書と教具

包んで学校へ行った。その頃の小学は、「下等小学」と「上等小学」に分かれていて、6歳になると下等小学8級に入学し、4年で1級となり卒業となった。修学科目は、習字・綴字・読本・算術・地理・物理・口授（国体・修身・養生）などであった。しかし、学校へは月2銭の授業料を払わねばならず、その後も授業料が値上がりして、月15銭にもなった。そのため、上等小学へ進学する者は僅かであった。そのために農村では、授業料及び学校設置費の負担が重く、貴重な労働力である子どもの通学に反対し、小学校廃止を要望した反対運動として学校焼き討ちや農民一揆なども起こった。

2）「教育令」・「改正教育令」の公布

　しかし、「学制」の教育思想は、欧米諸国の個人主義や自由主義等の影響を受け、理想に走りすぎ、当時の国家財政や国民生活の実情に合わなかった。このことから1879（明治12）年に、「学制」を廃止して学校教育制度を規定する法令「教育令」が公布された。新たに交付された**「教育令」**は、アメリカの教育行政制度を参考に、自由主義の精神により、当時の教育事情を考慮して制定されたのである。内容は、「学制」と比較すると小学校の設置運営に関する規定を緩め、画一的な学区制の廃止、就学規定の弾力化など、地方に大幅な権限を与えた。しかしかえって小学校教育の停滞を招く結果となり、改正を求める声が起こった。

　そして公布からわずか1年3か月後の1880（明治13）年に教育機能の低下という実態に面して**「改正教育令」**が公布され、学齢児童の就学が厳しく命じられた。「改正教育令」の内容として、学校の設置は府知事県令の指示に従うことや、修学年限について、小学校は3年以上と強化された。また教則は、文部省の定めた綱領に基づいて府知事県令が定めるとされ、修身が各科目の最上位におかれた。その一方で、小学校に対する補助金は廃止された。この「改正教育令」により、文部省が学校を統制していく制度、つまり地方教育行政への指導が整備された。

　「改正教育令」が出されて以降、国家統制が強化される中で、儒教主義の復活

が目立ち、明治天皇の側近であった**元田永孚**は 1879（明治 12）年に『**教 学聖旨**』を起草し、天皇を中心とした政教一致の国家体制を理想とした。その思想が、伊藤博文との間に論争を引き起こした。元田の「教学聖旨」精神は、1890（明治23）年の「**教育に関する勅語**」（＝教育勅語）へと繋がっていった。

図 2-11　教育勅語

　前述のごとく、1880 年代には自由民権思想や欧化主義思想が国内を支配し、儒教的な道徳教育の方針と激しい対立を生んだ。そこで政府は、道徳的側面からの市民の教化・統合を図り、時の**山形有朋**首相を中心に、**井上毅・元田永孚**が起草し、天皇の名において、日本の教育の理念を規定した勅語を発布した。学校では、儀式の際に、ご真影（天皇の写真）とともに教育勅語を奉読して教育の方針を徹底させた。その教育勅語も、1948（昭和 23）年に衆議院で排除が決議され、参議院で失効が確認された。

3）4 つの学校令の制定

　教育課程の基準を示す元として 1881（明治 14）年 5 月に「**小学校教則綱領**」を定め、これに基づいて教科書が作成されることになった。同年 6 月に国家教育おける教員の責務を説いた「**小学校教員心得**」が出された。内容としては、両者を通じて道徳教育に力を入れ、政治活動に参加しないことなど、生徒の規範とな

ることを厳しく求めていた。

　伊藤博文内閣が1885（明治18）年に発足し、初代の文部大臣に森有礼が就任した。森は、1886（明治19）年に「帝国大学令」「師範学校令」「中学校令」「小学校令」の4つの各学校の制度を規定した勅令を発布した。

　以下、4つの学校令の概観を取り上げることにする。

　「帝国学校令」は、大学の目的を「国家ノ須要ニ応スル学術技芸ヲ教授シ及其奥ヲ攻究スル」と規定した。これは、大学は国家の須要に応ずる教授研究を行う機関であると規定したことである。帝国大は、当初東京に1校のみであったが、1897（明治30）年に京都帝国大学が設置され、最終的には7校（北海道・東北・東京・名古屋・京都・大阪・九州）が全国に設置された（明治5年の「学制」によれば全国に8校を設置する計画であった）。しかし、明治20年代までは中等教育機関もまだ充実せず、したがって高等教育を受けようとする者も少なかったので一つの大学で十分であった。ところが日清・日露戦争を経て、学校教育の著しい発展がみられ、大学も一校主義を改め、全国の主要な地区に設置したのである。

　「師範学校令」は、1886（明治19）年に公布され、わが国の師範教育制度はここにはじめて整備の第一歩を踏み出し、他の学校令とは別個に独立した教員養成のための師範学校制度を確立しようとした。その第一条に「師範月光ハ教員トナルヘキモノヲ養成スル所トス但生徒ヲシテ順良信愛威重ノ気質ヲ備エシムルコトニ注目スヘキモノトス」と規定した。中でも教師の気質の基準として「**順 良・信愛・威重**」が重視され、これは、森文部大臣の意向が反映されている。

> 順良とは、目上の人には恭しく素直に従うこと。
> 信愛とは、教師同士が仲良く信頼し合うこと。
> 威重とは、威厳をもって児童生徒に接すること。

　（師範学校についての詳細は、次の4）の教員養成と師範学校の設置で述べる）。

　「中学校令」は、わが国中等教育の基幹をなす意義を持つばかりでなく、わが国中等教育制度を確立するための第一歩を踏み出したものである。

　中学校の目的は、「実業ニ就カント欲シ又ハ高等ノ学校ニ入ラント欲スルモノニ須要ナル教育ヲ為ス所」とした。その編制に関してはこれを高等・尋常の二等

に分け、そのうち「高等中学校」は文部大臣の管理に属し全国に 5 校設置するものであって、経費は国庫とその区内における府県の地方税とによって支弁することとした。「尋常中学校」は各府県において便宜これを設置することができるが、地方費の支弁または補助によるものは各府県一か所に限るとし、さらに区長村費でこれを設置することはできないとした。

「小学校令」は、初等教育制度を規定したものであり 16 条から成立している。当時の国民の経済状況も反映し、教育機能の低下という事態を打破するために、第 3 条の「児童 6 年ヨリ 14 年ニ至ル 8 箇年ヲ以テ学齢トシ父母後見人等ハ其学齢児童ヲシテ普通教育ヲ得セシムル義務アルモノトス」から、義務教育制度の基礎固めを狙ったことが読み取れる。小学校を、「尋常小学校」と「高等小学校」の二段階に分け、修業年限を各々 4 か年として、尋常科の 4 か年を義務教育とした。

その後、1890（明治 23）年及び 1900（明治 33）年に「第二次小学校令」「第三次小学校令」の改訂が行われた。

前者の「小学校令」（第二次小学校令）は 1886（明治 19）年の小学校令を改正したというよりも、むしろ 1889（明治 22）年 4 月実施の市制・町村制などの地方自治制度の確立に伴って刷新されたものであった。本小学校令は 8 章 96 条から成立しており、その第 1 条では「小学校ハ児童身体・発達ニ留意シテ道徳教育及国民教育ノ基礎並其ノ生活ニ必須ナル普通ノ知識技能ヲ授クルヲ以テ本旨トス」と目標を示している。

以後、「国民学校令」までの 50 年間、幾度かの制度改正にも、この条文は変わらず、今までの法制を根本的に改革するものであった。前小学校令と異なった点は、各市町村はその市町村内の学令児童を就学させるため、尋常小学校を造らねばならないと、市町村の義務責任を明確にしたことであった。この「小学校令」が発布された時期には、"学校儀式の定着化" や運動会・遠足などの学校行事も全国の小学校で取り入れられ、入学式も 4 月に実施されるようになった。

後者の「小学校令」（第三次小学校令）の改正により、それまで徴収していた授業料が無償となり、就学率が飛躍的に上昇した。1903（明治 36）年には教科書が国定化され、1907（明治 40）年には尋常小学校が 6 年生となり義務年限が延長された。このころには小学校就学率も 100% 近くなり、大半の子どもたちが小学校に通うべき義務教育制度が確立した。

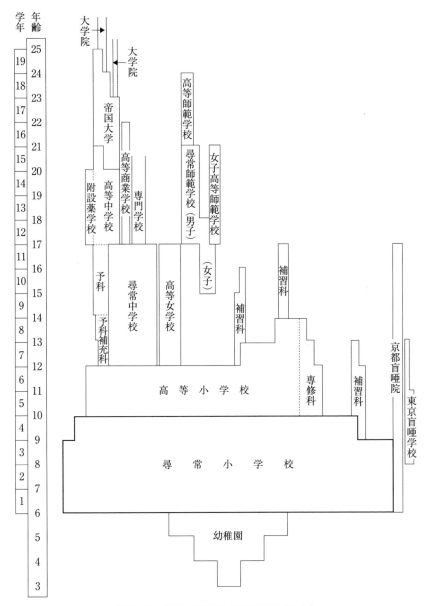

図2-12 戦前の学校系統図（明治25年）

4）教員の養成と師範学校の設置

　近代日本における教員養成は、1872（明治 5）年文部省が教員養成機関の設立を企図し「小学校教道場ヲ建立スルノ伺」を明治政府に提出、官立師範学校の創設を求め裁可された。

　同年 7 月に文部省は、わが国初の小学校教員養成機関として東京に「**師範学校**」を設置した。同年 9 月に大学南校の教師**スコット**（M.M.Scott）が、近代的な教員養成の基礎を築くべき師範学校の教師に就任した。スコットは、アメリカの教育理論実践に基づいて近代的な教育方法を学生に対して教授するところから出発した。

　師範学校には、いわゆる「**師範学校**」「**高等師範学校**」「**女子高等師範学校**」などがあり、初等教育の教員養成は師範学校で、また中学校・高等女学校等の中等学校の教員養成は高等師範学校や女子高等師範学校で行われた。

　師範学校に入学する生徒は、小学校を卒業して 15 歳で入学、高等師範学校は原則として中学校及び高等女学校を卒業して 17 歳で入学した。師範学校の授業料は全額免除され、全寮制が採用されていた。当時、経済的な理由により進学を断念する人々にとっては学歴を獲得し、卒業生には教員になることが義務付けられていたので、就職の保証もなされていた。このように公費によって養成された教員は国家に服従することが余儀なくされ、前述の三気質を兼ね備えた「**師範タイプ**」と言われる教員が数多く養成されるのである。しかも、教職に就いても薄給のために経済的には恵まれていなかった。

　1873（明治 6）年大阪府・宮城県において官立の師範学校が設立され、従来の師範学校は「**東京師範学校**」と改称された（1886（明治 19）年には「**高等師範学校**」となる）。1874（明治 7）年愛知・広島・長崎・新潟に官立師範学校を設置、同年 3 月わが国最初の女子教員養成機関として「**東京女子師範学校**」が設立された。1875（明治 8）年石川県は、初の公立女子師範学校として、石川県女子師範学校を設立した。

　1877（明治 10）年文部省の予算不足を理由に、愛知・広島・新潟および 1878（明治 11）年に大阪・長崎・宮城の官立師範学校を廃止した。官立師範学校廃止により、東京師範学校と女子師範学校を残すのみとなった。そこで、各府県に設置されていた教員伝習所や養成所は師範学校と改称され、僅か半年や 1 年足ら

ずの即席で教員を養成していった。そして、1880（明治13）年の「改正教育令」
は府県立による師範学校の設置を各府県に義務づけるとともに、品行が不正なる
ものは教員には不適切であるとも定めていた。

　1881（明治14）年には、全16項目から成る**「小学校教員心得」**が制定され、
多識なる国民よりも善良なる国民の育成を重視することを教員に説いた。

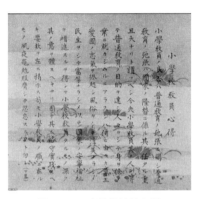

図2-13　小学校教員心得

　同年8月に**「師範学校教則大綱」**が制定され、師範学校に関する初の単行法規として師範学校を初等・中等・高等師範の3学科課程に分けられ、小学校教員を養成する機関として明確に位置づけられた。

　1890（明治23）年東京師範学校女子師範学科が独立して**「女子高等師範学校」**が設立された。1908（明治41）年には、奈良に**「奈良女子高等師範学校」**（＝奈良女子大学の前身）が設立、従来の「女子高等師範学校」を**「東京女子高等師範学校」**（＝お茶の水女子大学の前身）と改称した。

　1901（明治34）年4月に「姫路師範学校」、埼玉県に「埼玉女子師範学校」を開校。1902（明治35）年3月本科3年・予科1年の**「広島高等師範学校」**（＝広島大学の前身）を設置、また高等師範学校を**「東京高等師範学校」**（＝筑波大学の前身）と改称した。この時期、中等学校の急増に対応するために、東京帝国大学に第一次教員養成所【漢文科・博物科】を設置したのを皮切りに、第五臨時教員養成所まで文部省直轄学校に設置した。1906（明治39）年3月には、第一次臨時教員養成所の国語・漢文科及び第四・第五臨時教員養成所を廃止する。同年4月、女子高等師範学校内に、第六臨時教員養成所を設置した。

　1922（大正11）年に、中等学校の増設に対応するため、臨時教員養成所を4校、1923（大正12）年4月には6校、1926（大正15・昭和元）年4月には3校を設置した。

（2）大正時代

　大正時代の大きな特色は、政治面における民衆勢力の台頭で、1912（大正元）年〜 1913（大正 2）年の第一次護憲運動をきっかけに、**「大正デモクラシー」**は次第に高まっていった。この大正デモクラシーの時期においては、**吉野作造**によって**民本主義**が主張され、**「普通選挙運動」**に大きな影響を与えた。また 1918（大正 7）年、**シベリア出兵**を見越した地主や米商人による投機買占めに端を発する**米騒動**は、米価の急激な上昇を引き起こし、富山県魚津市を皮切りに全国各地に波及していった。また以後、社会主義や労働運動が盛んとなり、普通選挙を要求する声も次第に高まった。1924（大正 13）年の第二次護憲運動、特に第一次世界大戦後には工業の発展により、都市化と大衆化が進行した。

1）「臨時教育会議」と「大学令」「高等学校令」の制定

　大正期に入ると大正デモクラシーの風潮の中で文化も大衆化の時代を迎え、教育面では、義務教育が普及し、1920（大正 9）年には就学率が 99％を超え、識字率の向上に大いに貢献した。

　1914（大正 3）年から 1918（大正 7）年の第一次世界大戦期において、1917（大正 6）年には、内閣総理大臣の教育政策に関する諮問機関として設けられたのが「臨時教育会議」であった。この会議が設置された背景は、前述の民本主義・社会主義や労働運動の激化に対する対応、中等・高等教育の量的拡大、地方教育財政の矛盾などがあったからである。本会議では、小学校教育・男子高等普通教育・大学教育及び専門教育への改善など、学制改革の全般につき審議し答申が出されたが、根本的な提案は出されなかった。

　「臨時教育会議」の答申に基づいて、1918（大正 7）年「**大学令**」「**高等学校令**」の両令が制定された。この両令とも、1947（昭和 22）年の「学校教育法」の施行まで、男子の高等教育を規定した。この「大学令」により、それまで官立の帝国大学に限られていたが、公立・私立大学及び単科大学の設置が認められた。また、以前に専門学校として制度上認可されていた私立大学が大学として認可された。これにより一挙に高等教育機関が拡大して、都市における知識層が増加した。

　一方の「高等学校令」の目的は、「男子ノ高等普通教育ヲ寛政スル」ための期間と位置づけ、その内容を拡大・充実させることであった。しかし、卒業生の大

半は帝国大学へ進学したため、実質的には帝国大学の予科としての機能を果たすことになった。

なお、1926（大正15・昭和元）年にはわが国における最初の幼稚園に関する単独の**「幼稚園令」**を公布し、初めて幼稚園制度が確立された。それまでの幼稚園は、「小学校令施行規則」の中に規定されていた。しかし、大正期に入り幼稚園が665園であったのに対し、その10年後の1926（大正15・昭和元）には園数が1,066に達した。保育内容も発展して幼稚園の独自性をめざす動きが強くなり制定に至った。この「幼稚園令」は、1941（昭和16）年に一部改正されるが、1947（昭和22）年に「学校教育法」が制定されるまで、幼稚園制度を規定した。

2）大正新教育運動と大正自由運動の展開

明治・大正時代が経過する中で、政府主導の強力な国民教育は、画一性や硬直性を招く結果となった。新教育運動は、19世紀末から20世紀の初頭にかけて、詰込み型の指導や管理主義的な訓練を批判し、子どもの興味や関心、自発性や個性を尊重する教育の改革運動が欧米諸国で起こった。

このような思想や実践が日本にも伝わり、新教育の提唱が最初に行われたのは、20世紀に入ってからのことである。この時期、すでに実践していたのが**樋口勘次郎「活動主義」**や**谷本富「自学輔道」**、**芦田恵之助「随意選題」**などであった。新教育運動が、本格的に行われたのは大正デモクラシーの時期と重なるのである。

新たな教育改革に挑戦する**「大正新教育運動」**は、師範学校付属小学校や私立小学校において行われた。前者では、千葉師範付属小学校での**手塚岸衛「自由教育」**、奈良女子師範学校での**木下竹次「自立学習・合科学習」**、明石女子師範学校付属小学校の及川平治**「分団式動的教育」**などがある。後者では、**「成城学園」**の沢柳政太郎、**「自由学園」**の羽仁もと子、**「明誠学園」**の赤井米吉、**「池袋児童野村小学校」**の野口援太郎など自由で特色のある私立学校が設立された。

一方**「大正自由運動」**は、1910年代から1920年代にかけて展開された新学校運動である。主張は、**デューイ**らのプラグマティズムと新カント派の影響を受け、精神的自由や生活と教育の結合を強調し、方法としては明治期の教師中心主義・形式主義・画一主義の打破を目指した「自学主義」、内容としては「生活教育」であった。

表 2-4　「八大教育主張講演会」の講師と主張題目

氏名	主張・題目	氏名	主張・題目
稲毛金七	創造教育論	河野清丸	自動教育論
及川平治	動的教育論	千葉命吉	一切衝動皆満足論
小原國芳	全人教育論	手塚岸衛	自由教育論
片上　伸	文芸教育論	樋口長市	自学教育論

　これらの"新教育運動"に対する関心が全国的に高まり、1921（大正10）年8月1日から8日間にわたり、東京で開催されたのが「八大教育主張講演会」（主催＝雑誌『教育学術界』）であった。この講演会では、8人が新しい教育への試みを主張した。（表2-4）この大会には、全国から2,000人以上の参加者があり、講師の主張は全国的な反響を呼んだ。8人の講師の主張の中身は様々であるが、それまでの画一的な教師中心主義的な教育を批判し、子どもの自主性や創造性、個性を重視する自由な教育の提案は共通していた。

　このほかでも、文学者・芸術家の鈴木三重吉や詩人の北原白秋の活動も見逃せない。とくに鈴木三重吉は児童文学雑誌『赤い鳥』を1918（大正7）年に創刊し、『赤い鳥』の童話には、小川未明、島崎藤村、芥川龍之介らが執筆、童謡は北原白秋や西條ハナらが参加した。日本の近代文学に偉大な足跡を残した北原白秋は、「雨ふり」「待ちぼうけ」「からたちの花」など聴いたら誰もが知っている、今なお、語り継がれる作品を数多く残している。

　この時期の教員の給料は薄給であり、物価高騰と相まって、教員の生活難はますます深刻化してきた。こうした中、大正デモクラシーの運動に触発されて小学校教員の処遇改善のために、下中弥三郎は「日本教員組合啓明会」を発足させた。このように、教員の社会的・経済的地位が著しく低下してきていたので、教員の待遇改善と質的向上を図るために、1918（大正7）年「臨時教育会議」の答申をうけて、「市町村義務教育費国庫負担法」が制定された。

（3）　昭和時代（戦前の教育）

　昭和期に入り戦時体制が強化される中で、教育も軍国主義の色彩を強めていった。一方、経済界では第一世界大戦後の不況が慢性化し、関東大震災の打撃も加

わり、1927（昭和 2）年には金融恐慌が起こった。1929（昭和 4）年に始まる世界恐慌は、アメリカからヨーロッパに波及して全世界へと広まった。日本も世界恐慌の影響で深刻な経済不況に見舞われた。世界恐慌は 1930 年の始めには一応終息するが、西欧の列国が経済の保護政策をとり始めたので、日本もこれに対抗するために大陸への侵略を開始した。

　1931（昭和 6）年、南満州鉄道の線路が爆破されるという柳条溝事件が勃発した。日本の満州（中国北部）に対する軍事行動は、同年には満州事変となった。次いで、1932（昭和 7）年の 5.15 事件、1936（昭和 11 年）の 2.26 事件を経て、日本各地で労働・小作争議が頻発し、社会主義勢力の伸長もあった。それらは、次第に弾圧されて、日本はひたすらファシズムへの道を突き進むこととなった。

1）戦時体制下の教育

　昭和期前半の日本の教育は、戦争と連動しながら展開されていくことになった。特に思想面において国家は、国体に反すると認められる思想や運動（社会・無政府・共産主義）に対しては、「治安維持法」のもと厳しく弾圧を加え、思想等に対する国家統制が実施された。例えば、大学から学問の自由を奪った「京大滝川事件」や国体に反する学説とした美濃部達吉の「天皇機関説問題」がそれである。

　そして、戦時国家体制化の教育の在り方（教学ノ刷新振興ニ関スル重要ナル事項ヲ調査審議）を論議するために、1935（昭和 10）年に「教学刷新評議会」が設置された。

　文部省は 1937（昭和 12）年、「国体明徴」「教学刷新」の意義を説き、皇国史観徹底のため『国体ノ本義』を刊行して、全国の学校等に配布した。本著は、戦時下の国家主義的な教育理念を示したものといえる。中等学校では『国体ノ本義』を修身の教科書として使用した。前述の「教学刷新評議会」の活動は思想的な面が主で、国家総動員体制の中での教育や学校制度の改革に取り組むため、内閣直属の教育諮問機関として「教育審議会」が設置された。答申では「国体ノ本義」「臣民の道」に基づき、「皇国の道に則る国民の錬成」が教育の指導理念として掲げられた。答申は、1941（昭和 16）年までに国民学校、青年学校、師範学校、中等・高等教育など多岐にわたり出された。

2) 民間教育運動の動向

　一方、大正教育の影響を受けた教育運動も戦時色の強まる中で展開されていった。

① 生活綴方教育運動

　綴方教育の分野で、大正新教育の一翼を担った芦田恵之助・鈴木三重吉らの取り組みは、**小砂丘忠義**、**野村芳兵衛**らに引き継がれ、1929（昭和 4）年『**綴方生活**』が創刊され、各地の教師の実践活動を促した。

　取り組みは、子どもたちの現実の生活について、見たり聞いたり感じたことを素直に作文に表現させ、それをもとに学級集団の中で討議し合うことで、子どもたちに主体的な生き方を求めたのである。

② 北方性教育運動

　生活綴方教育運動が、東北地方の綴方教師たちにより生活に根差す教育が展開されたのが北方性教育運動である。1929（昭和 4）年に秋田で北方教育社が設立され、**成田忠久**が主幹となり『**北方教育**』が刊行された。その巻頭言で、「『北方教育』は綴方教育のみならず児童の芸術分野に精神溌渕たる理性と情熱をもって開拓を進め、ひいては教育全円の検討を意図するものである」と述べている。

③ 郷土教育運動

　日本では、経済恐慌による農村疲弊の状況のもと、農村の構成をめざす郷土教育が導入された。文部省は 1930（昭和 5）年から師範学校に補助金を交付し、郷土教育の推進を図っていた。郷土教育には、2 つの方向性があり、一つは郷土愛を育て、愛国心の形成へと導き出そうとするものであった。これは、農村で生起している矛盾を隠蔽しようとする意図が見受けられた。もう一つは、農村の疲弊の現実を直視し、農業と農村の向上を図る立場からの郷土教育が民間から起こり、同年 11 月に「**郷土教育連盟**」が発足した。

④ 新興教育運動（プロレタリア教育運動）

　1930（昭和 5）年、日本教育労働者組合の結成を進めてきた教師などによって、"新興教育研究所"が設立され、組織は全国に広がり、これに対する弾圧は 1930 年頃から始まり、1933（昭和 8）年までに 41 都道府県、98 件、検挙された教員は七百数十名に及んだ。機関誌として『**新興教育**』が刊行された。

3) 戦時下における諸学校の改革

① 「青年学校令」

「青年学校」とは、1935（昭和10）年に実業補習学校と青年訓練所を統一して発足した学校である。勤労青少年に対する職業訓練機関として以前から発足していたのが実業補習学校で、1926（大正15・昭和元）年に一般勤労青年男子を対象として軍事訓練を行う機関として成立したのが青年訓練所制度である。

　両教育機関は、市町村に併設され対象者も重複していたので、市町村もその二重運営に悩まされていた。そこで、両制度は廃止され、両者の特質を生かして新たな青年学校制度が発足した。

　同令では、青年学校の目的を「青年学校ハ男女青年ニ対シ其ノ心身ヲ鍛錬シ徳性ヲ涵養スルト共ニ職業及実際生活ノ須要ナル知識技能ヲ授ケ以テ国民タルノ資質ヲ向上セシムル」と定めた。同校には普通科（2年間）と本科（男子5年間・女子3年間）が設置され、定時制を原則としながら、修身および公民科、普通学科、職業科、教錬科、女子は体操科、家事および裁縫科が教育内容であった。

　1937（昭和12）年、日中戦争の全面突入を契機に、1939（昭和14）年から、青年学校の男子義務化が実施されることになった。

② 「国民学校令」

　1938（昭和3）年の教育審議会の答申「国民学校・師範学校・幼稚園ニ関スル件」に基づいて、1941（昭和6）年3月に制定され、4月1日より国民学校制度が発足した。

　同令により、従来の尋常小学校と高等小学校は「国民学校」に改組され、国民学校の目的は第1条「皇道ノ道ニ則リテ初等普通教育ヲ施シ国民ノ基礎的錬成ヲ為ス」と定められた。国民学校は、初等科6年・高等科2年とされ、合計8年間の義務教育となった。しかし、戦争激化のため義務教育年限の8年への延長は実施されなかった。

　教育内容・方法では、従来の知識注入から合科教授による知識の統合が求められ、国民科（修身・国語・国史・地理）理数科（算数・理科）、体錬科（体操・武道）、芸能科（音楽・習字・図画および工作・裁縫・家事）、実業科（農業・工業・商業・水産）の5科目に統合された。また戦争に役立つ教育として皇国民の錬成が重視され、少年団活動による心身の鍛錬や団体訓練が重要視され、軍国主

義的傾向が強かった。

③ 「中等学校令」

　従来の中学校令、高等女学校令、実業学校令が廃止され、中等教育は「中等学校令」に一元化された。

　同令は、「中等学校」の目的を「皇国ノ道ニ則リテ高等普通教育ハ実業教育ヲ施シ国民ノ錬成ヲ為ス」と定めて、「中等学校ヲ分チテ中学校、高等女学校及実業学校トス」とされた。この3種の中等学校の修業年限は、従来は5年間であったが4年間に短縮されたが、入学資格は一律とした。

④ 「師範学校令」

　「師範教育令」は、1943（昭和18）年に教育審議会の答申を受けて改正された。道府県立の「師範学校」は、国立に移管されるとともに、入学資格は中学校・高等女学校卒業者とされ、師範学校は専門学校程度と規定された。

　文部省が苦慮したのは、戦時体制下における教員養成であった。戦時の拡大により給与の低い教員への志願者は激減し、教員の質の低下が懸念されたので、公費生の募集や優秀な学生の勧誘を行った。さらに文部省は、理科教員養成のため、1944（昭和19）年に金沢高等師範学校を、1945（昭和20）年に岡崎高等師範学校と広島高等師範学校を新設したが、戦局の悪化のために成果を上げることはできなかった。

4）日本の教育の崩壊

　はじめ日本に有利であった戦局も、1942（昭和17）年6月ミッドウェー海戦を転機に次第に不利となり、翌年にはアメリカ軍を中心とする連合国軍の反撃が始まった。南洋諸島では、各地で日本軍の後退が続き、1944（昭和19）年にはサイパン島が陥落した。

　日本では働き盛りの青年が、学徒兵として中国大陸や太平洋の戦場に駆り出されたため、労働力不足が深刻な状況となった。そこで、学校に在学中の児童生徒の授業を中止させ、労働力の補充要員として勤労作業に従事させた。これを**学徒勤労動員**と呼んでいる。学徒勤労動員は、主に都市の軍需工場で行われたため、その軍需工場が空襲の目標となり、多くの学生が空襲のため亡くなった。

　国内では次第に主要都市への空襲が始まり、戦局が悪化する中、被害を減らすために、本土空襲が避けられない地域の子どもたちを安全な場所に避難させた。

最初は、東京だけだったが軍事都市や軍需工業地域などにも、**学童疎開**は拡大されていった。そして 1945（昭和 20）年閣議決定で「決戦教育措置要綱」が出され、国民学校初等科以外の授業が停止され、動員一色の生活となった。

　これらにより、学校教育の機能は事実上停止したのである。

5. 現代の教育制度と教育機関

　日本は、1945（昭和 20）年 8 月 14 日**ポツダム宣言**を受託し、翌 15 日には連合国に無条件降伏をした。そして、第二次世界大戦が終結するのであった。この敗戦により、日本の政治・経済・文化などが崩壊し、すべての面で復興のための変革が行われた。

　教育改革の面では、1947（昭和 22）年 3 月、「**教育基本法**」と「**学校教育法**」が制定された。またアメリカの地方教育行政の手法を取り入れた教育行政に関する法律として、1948（昭和 23）年、「**教育委員会法**」【1956（昭和 31）年廃止 ⇒ **「地方教育行政の組織及び運営に関する法律」**】が制定された。戦後日本の教育は、民主主義国家を標榜するアメリカの影響を強く受けたものになった。

（1） 戦後の教育改革
1） 新教育制度への転換

　戦後教育は 1945（昭和 20）年 9 月 5 日に、文部省がはじめて基本的な方策として「**新日本建設ノ教育方針**」を発表し、国体護持・平和国家建設・科学的思考力などを強調した。

　同年 10 月に、日本を GHQ（連合国総司令部）が支配（実質的にはアメリカの単独支配）し、その GHQ で教育分野を主として担当したのが CIE（民間情報教育局）であった。

　同年 10 月 GHQ は、「日本教育制度ニ対スル管理政策」の中で、軍国主義的・超国家主義的教育の禁止を指令し、具体的な教育改革に乗り出した。それらは、全ての学校教育から神道教育排除など、使用中の教科書ならびに教師用参考書における神道教義に関する事項が削除された。次いで、修身・日本歴史および地理など 3 教科の授業停止、及び教科書の回収が行われた。これらの指令を受けた日

本政府は、教科書の単語部分を黒で塗りつぶしたりして使用する（**「黒塗り教科書」**）など、実施に移す措置をとった。

　CIE は日本の教育制度を否定するばかりでなく、積極的に新たな提言を行った。1946（昭和 21）年 3 月にストッダート（Stoddard.G.D）を団長とする**「米国教育使節団」**が来日、日本の教育事情を約 1 ヵ月程度視察・調査した。使節団は、今後の日本の教育再建の方向性を報告書として集約するとともに、GHQ の最高司令長官マッカーサー（D. MacArthur）に提出した。それが**「米国教育使節団報告書」**として公表された。

　報告書の勧告内容は、①自由なカリキュラムの編成、②教科書国定制の廃止、③国語の簡易化、④ローマ字の採用、⑤六・三・三・四制の単線型学校体系、⑥男女共学、⑦教員養成制度の改革、⑧高等教育機関の増設などであった。

　教育使節団に協力をするため、日本側に「日本教育家ノ委員会」が組織された。ここでの提案内容は使節団報告とほぼ一致しているが、使節団報告書は教育勅語・御真影の使用停止とともに天皇制教育の否定を主張、日本側は新教育勅語の制定と国語国字の簡易化を提案したことが対立点であった。

　日本政府は、「米国教育使節団報告書」に基づいて教育改革を推進した。同年 5 月に文部省は**「新教育指針」**（第 5 冊まで順次刊行）を公表し、全国の教師・師範生徒に新しい戦後教育の手引書として第 1 刷を配布した。

　「新教育指針」で新しい教育理念が示され、政府も新しい日本の教育制度の具体的改革に着手した。アメリカ教育使節団に協力目的で設立された日本教育家委員会が**「教育刷新委員会」**として同年 8 月に発展的解消がなされた。内閣に設置された「教育刷新委員会」は、内閣総理大臣の諮問機関という性格を持ちながらも、委員会独自の審議、内閣総理大臣に建議を行う権限など、日本の戦後教育の改革を強力に推進する権限を保持していた。

　委員長には、初代・安部能成、2 代・南原繁が就任し、委員には広く学界や教育会から多数選出された。1946（昭和 21）年の第 1 回建議では、①教育の理念および教育基本法に関すること、②学制（六・三・三・四）に関すること、③私立学校に関すること、④教育行政に関することなどが建策された。委員会は、建議を 35 回及び 4 回の声明を行い、1949（昭和 24）年 6 月には、**「教育刷新審議会」**と名称を変更し、最終の総会は、1951（昭和 26）年 11 月であった。任務を

終了した教育刷新審議会は、「民主教育の完全な実施と広く国民文化の向上を図るため中央教育審議会を置く必要がある」と建議した結果、中央教育審議会に引き継がれた。

2） 新教育制度の成立

① 「日本国憲法」の成立

第二次世界大戦の敗戦後、大日本帝国憲法の改革が問題となり、政府はそれを部分的に改正した案を GHQ に提出したが拒否され、国民主権や戦争放棄の原則を盛り込み、帝国憲法を全面的に改めた新憲法案を作成して日本側に提示した。政府も GHQ 案の方針に沿って起草し、帝国議会の審議を経て、「日本国憲法」は 1946（昭和 21）年 11 月 3 日に公布され、1947（昭和 22）年 5 月 3 日に施行された。

本憲法は、前文と 103 条から成立しており、**国民主権・基本的人権の尊重・平和主義**を基本理念として明らかにし、戦後の民主主義の発展の中核となった。

② 「教育基本法」・「学校教育法」の公布

1947（昭和 22）年には、国民学校令などが廃止され**「教育基本法」**と**「学校教育法」**が公布された。

「教育基本法」は、同年 3 月 31 日に公布され、前文と 11 条から成立している。前文において「われらは、先に、日本国憲法を確定し、民主的で文化的な国家を建設して、世界の平和と人類の福祉に貢献しようとする決意を示した。この理想の実現は、根本において教育の力に待つべきものである」と謳われている。これは、日本国憲法との密接な関係を明らかにし、さらに「個人の尊厳を重んじ、真理と平和を希求する人間の育成を期するとともに、普遍的にしてしかも個性豊かな文化の創造を目指す教育を普及徹底しなければならない」ことを明らかにしている。

その第 1 条には「教育の目的」を掲げ、「教育は人格の完成をめざし、平和的な国家及び社会の形成者として、真理と正義を愛し、個人の価値をたっとび、勤労と責任を重んじ、自主的精神に満ちた心身ともに健康な国民の育成を期して行われなければならない」とした。第 2 条においては「教育の方針」を明記しているのだが、この教育の目的は「あらゆる機会に、あらゆる場所において実現されなければならない」ものであって、そのためには、「学問の自由を尊重」しなけ

ればならないとしている。以下の条文においては、教育の機会均等・義務教育・男女共学・学校教育・社会教育・政治教育・宗教教育・教育行政などの重要事項に関する基本的規定を設けている。

「学校教育法」は、戦前の諸学校令の一本化を図り戦後の学校制度として、同年3月31日に公布された。同法は、第1条に定められる学校（一条校）の範囲を中心に、以下の条文では学校の設置者、学校の設置基準、校長・教員、学生・生徒等の懲戒などについて規定している。第二章の17条以後は、小学校、中学校、高等学校、中等教育学校、大学、特殊教育、幼稚園などを各章で、それぞれの学校園の目的・教育課程、修業年限等を規定している。

3）　大学における教員養成と教員免許状の開放性

前述のアメリカ教育使節団の報告書および日本側の教育刷新委員会の論議を踏まえて、教員養成は、大学レベルで養成されるべきであるとなった。このことは、戦前の教員養成は師範学校が独占していた結果、画一的な「**師範タイプ**」と呼ばれる教員をつくった反省から生まれたものである。

新たな教員免許制度は、1949（昭和24）年5月に「**教育職員免許法**」、同年9月に免許状の授与や検定の手続きなどを規定した「**教育職員免許法施行令**」、さらに同年11月にその具体的な教員免許状の授与制度の細目などを定めた「**教育職員免許法施行規則**」が出された。

戦後の教員養成は、高い教養、学問の自由、専門的な学識に立脚した大学で行うこと、それも特定の大学・学部に限定せずあらゆる大学・学部で、所定の単位を修得さえすれば教員免許状が取得できるようになった。これらを**教員免許状の開放性**という。しかし、この免許状の開放性は免許状を安易に取得でき、教員になる予定がないにもかかわらず、将来のために資格を取得するペーパーティチャーを生み出し、教員の質・水準低下を招いているという指摘も出てきた。1953（昭和28）年には、免許法を一部改正し文部大臣が認めた大学に限るとした。

教員資格を得るためには免許状が必要となり、教育職員免許法第3条には「教育職員は、この法律により授与する各相当の免許状を有する者でなければならない」と規定している。同法第4条は「免許状は、普通免許状、特別免許状、及び臨時免許状とする」とある。また、普通免許状は学校の種類ごとの教諭の免許

状、養護教諭の免許状及び栄養教諭の免許状があり、それぞれ専修免許状（大学院修士課程修了程度）、一種免許状（大学学部卒業程度）及び二種免許状（短大卒業程度）の3段階に区分されている。これらは、1988（昭和63）年に「教育職員免許法」が改正され、従来の1級と2級の2種類から免許の基準が引き上げられた。この基準の引き上げについては、教員の序列化に繋がると批判が出たが、現在のところ給与との連動はない。

1986（昭和61）年「臨時教育審議会」（第43回総会）で、「初任者研修制度」の創設が提言された。翌年の「教育職員養成審議会」答申において、その具体的な内容が示された。次いで、1988（昭和63）年「教育公務員特例法及び地方教育行政法」の一部改正が行われ、初任者研修が義務化され、1989（平成元）年度から段階的に（小学校から開始）に実施された。

具体的には、①指導教員の指導・助言による研修（週2日・年間60日程度）、②教育センター等における受講、他校種参観、社会教育施設等の参観、ボランティア活動体験などの校外研修（週1日・年間30日程度）、③4泊5日程度の宿泊研修、④都道府県等指定都市教育委員会の推薦に基づく洋上研修などがある。

（2） 21世紀の教育を担う教員養成

第2章を終えるに当たり、大学の教職課程で学ぶ学生諸君には21世紀に生きる園児・児童・生徒たちの教育を担う重要な使命が課されていることを自覚するとともに、社会の変化に積極的かつ柔軟に対応できる教員として、必要とされる資質・能力を一つひとつ着実に身に付けてほしい。

1） 教員免許制度の改正と問題点

文部科学省は、大学での教員養成ばかりでなく、現職教員の再教育を図るべく、公費でもって大学院修士課程を利用した派遣のために、1980（昭和53）年創設の国立兵庫教育大学大学院をはじめとして、鳴門（徳島県）・上越（新潟県）の新構想3教育大学を新しく設置した。この背景には、教育現場で生起する暴力行為・いじめ・不登校・高校中退等の問題の深刻化から、教員の指導力が問われるケースが見受けられるようになった。ここで言われる教員の指導力とは、児童生徒に対する生活指導や生徒指導におけるものであった。

　1997（平成 9）年 7 月に「教育職員養成審議会」が**「新たな時代に向けた教員養成の改善方策について」**第一次答申を文部省に提出した。これを受けた文部科学省は、1998（平成 10）年「教育職員免許法」を改正した。

　その改正内容を"小学校一種免許状"を例にとると、1988（昭和 63）年の改正では、教科 18 単位・教職 41 単位の合計 59 単位であった。しかし、1998（平成 10）年の改正では、教職科目の履修強化が行われるなど、再び閉鎖的な性格が強められた。教職 41 単位は変わらず、教科 8 単位、教科または教職 10 単位となり、教科に関する単位数は 2 分の 1 以下に減少したが、教科または教職関係の単位数は新たに 10 単位の習得が必要となった。中学校では、1988（昭和 63）年の同法では、教科 40 単位、教職 19 単位の 59 単位であった。しかし、1998（平成 10）年の改正では、教科 20 単位、教職 31 単位、教科または教職 8 単位となり、教科の単位数は 2 分の 1 となったが、小学校と同様に教科または教職が 8 単位となり、新しく習得しなければならなくなった。

　以上のように改正が行われたが、教職科目と教科科目のどちらを多く習得させるかは、教育学を専門とする教員間でも論争が長く続いているところである。

　ここでは、「教育職員免許法」第 5 条・別表第 1「教育職員免許法施行規則」第 6 条の規定により定められている**「教育実習」**を取り上げることにする。小学校の教育実習は、5 単位（ただし 1 単位が事前・事後指導）と変化はなかったが、中学校が学校現場での実習が 3 単位（2 週間）から 4 単位（4 週間）となった。

　教育実習生は、教員免許取得に必要な科目を学ぶだけではなく、「教員としての心構えや教授技術の基本から教員としての必須事項」を学ぶため**「教育実習事前・事後指導」**が設けられたのである。教職課程担当者としてもより良い教育実習生を、教育現場に送り出すためと教育実習の深化をめざすことを目的とした科目でもある。

　また、1997（平成 9）年 6 月には、**「小学校及び中学校の普通免許状授与に係る教育職員免許法の特例等に関する法律」（「介護体験等特例法」）**された。義務教育学校教育職員免許取得者（小・中学校の普通免許状取得しようとする者）には、介護等の体験（特別支援学校 2 日以上・社会福祉施設 5 日以上・計 7 日間以上）が義務付けられた。これらは、障害者や高齢者に対する介護・介助・交流等の経験を義務付けた法律である。

表 2-5　学校園別教育実習及び教育実習事前・事後指導に関する単位数

校園種別	事前・事後指導単位数	教育実習単位数	合計単位数
幼稚園教諭一種免許状	1 単位	4 単位	5 単位
小学校教諭一種免許状	1 単位	4 単位	5 単位
中学校教諭一種免許状	1 単位	4 単位	5 単位
高等学校教諭一種免許状	1 単位	2 単位	3 単位

　このように、大学における教職科目の履修が強化されたため、教員養成系の大学・学部以外では教職課程存続のための負担が大きくなってきている。これらの背景には、小学校では学級経営の崩壊や教職員の不祥事、中学校では不登校やいじめの増加、高校では中退者の増加などにより、教員の指導力が問われる多くの教育課題が存在することによる。

　以上、文部科学省の教員養成の取り組みについてみてきたが、ただ単に科目数および実習期間を増加させたりするだけで、教員免許状取得者に実践的指導力や使命感を養ったり、幅広い知見を身につけることができるのだろうか。

2）今こそ求められる教員の資質・能力

　1996（平成 8）年に、中教審（第 15 期）「21 世紀を展望した我が国の教育の在り方について」で第一次答申を提言した。答申の要点は、「生きる力」の育成と「ゆとり」の確保を今後の教育の基本的方向と位置づけ、教育内容の厳選による授業時数の縮減を求めるとともに、①教科の枠を超えた「総合的な学習の時間」の設定、②小学校でも外国語や外国文化に触れられるようにする、③学年間や教科間で重複する内容を精選することであった。また、家庭教育の重要性を指摘するとともに、社会体験や自然体験など地域社会における教育の充実を促したことである。

　第 16 期の中教審が、1997（平成 9）年 4 月に発足、同年 6 月に答申として①入学者選抜の改善、②中高一貫教育の導入、③大学入学年齢の特別措置を主要テーマとする第二次答申をまとめた。教育は「自分さがしの旅」を扶ける営みであるとして、一人ひとりが自らに相応しい生き方を選択し、自己実現を目指す過程に的確な援助を与えることが教育の使命であるという基本理念を明らかにした。

　この時期、「学校基本調査」及び「生徒指導上の諸問題の現状調査」で、1996
（平成 8）年には高校の中退者が約 9 万 6,500 人（平成 27 年から平成 30 年まで
は約 4 万人位で推移）、1997（平成 9）年に不登校児童生徒が約 9 万 4,000 人（平
成 29 年では、約 14 万 4,031 人）と過去最多を記録した。このように、21 世紀
当初の時期は、学校教育の成否は、学校園において教育に直接携わる教員の資質
能力に負うところがきわめて大きい。これからの時代に求められる学校教育を実
現するためには、教員の資質能力の向上が重要な条件となる。前述したように学
校現場では、日常茶飯事のごとくいじめや不登校の問題が生じており、教科指導
はもちろんのこと、生徒指導や学級経営の面でも、教員には新たな資質能力が求
められている。

　このような中で、中教審答申を受けた教養審は、1997（平成 9）年 7 月に第一
次答申「**新たな時代に向けた教員養成の改善方策について**」を発表した。その中
で、教員に求められる資質能力を、「未来に生きる子どもたちを育てる教員には、
まず、地球や人類の在り方を自ら考えるとともに、培った幅広い視野を教育活動
に積極的に生かすことが求められる。さらに、教員という職業自体が社会的に特
に高い人格・識見を求められる性質のものであることから、教員は変化の時代を
生きる社会人に必要な資質能力をも十分に兼ね備えていなければならず、これら
を前提に、当然のこととして、教職に直接かかわる多様な資質能力を有すること
が必要と考える」と捉えている。そして、「資質能力」の中には、①いつの時代
にも教員の求められる資質能力と②今後特に教員に求められる資質能力と 2 つに
区分している。

　①　いつの時代にも教員の求められる資質能力

　1987（昭和 62）年 12 月 18 日付の本審議会答申「**教員の資質能力の向上方策な
どについて**」（以下「昭和 62 年答申」という）の記述等を基に考えてみると、教
員の資質能力とは、一般に「専門的職業である『教職』に対する愛着、誇り、一
体感に支えられた知識、技能等の相対」といった意味内容を有するもので、「素
質」とは区別され、後天的に形成可能なものであると解される。

　②　今後特に教員に求められる資質能力

　「昭和 62 年答申」に掲げられた資質能力は、教員である以上いつの時代にあっ
ても一般的に求められるものであると考えるが、このような一般的資質能力を前

提としつつ、今日の社会状況や学校・教員をめぐる諸問題を踏まえた時、今後特に教員に求められる資質能力は、具体的にどのようなものであろうか。「学校教育の直接の担い手である教員の活動は、人間の心身の発達に関わるものであり、幼児・児童生徒の人格形成に大きな影響を及ぼすものである。このような専門職としての職責に鑑み、教員については、教育者としての使命感、人間の成長についての深い理解、幼児・児童生徒に対する教育的愛情、教科等に関する専門的知識、広く豊かな教養、そしてこれらを基盤とした実践的指導力」（昭和62年答申「はじめに」）等であろう。

「今後特に求められる資質能力」を、3項目に分類し、さらに3点に整理している。

　ア）　地球的視野に立って行動するための資質能力

　　＊地球、国家、人間等に関する適切な理解

　　＊豊かな人間性

　　＊国際社会で必要とされる基本的資質能力

　イ）　変化の時代を生きる社会人に求められる資質能力

　　＊課題解決能力等にかかわるもの

　　＊人間関係にかかわるもの

　　＊社会の変化に適応するための知識及び技能

　ウ）　教員の職務から必然的に求められる資質能力

　　＊幼児・児童生徒や教育の在り方に関する適切な理解

　　＊教職に対する愛着、誇り、一体感

　　＊教科指導、生徒指導等のための知識、技能および態度

と、答申は「得意分野を持つ個性豊かな教員の必要性」について述べている。

このように、教養審答申を受けて、1998（平成10）年6月に教育職員免許法が改正された。さらに前述したように大学の教職課程の改訂がなされ、科目の新設や単位の増加など大幅に教職科目が改訂されたのである。

さらに2006（平成18）年の中教審答申「**今後の教員養成・免許制度のありかたについて**」では、①高度な専門性を備えた教員の養成を目的とする**教職大学院の創設**、②現職教員を対象にした**教員免許更新制度導入**、③「**教職実践演習**」の新設を柱にした学部での教職課程の質の向上などが提案されている。

　とくに「教職実践演習」の演習内容には、科目の趣旨を踏まえ、本科目には、教員として求められる以下の 4 つの事項を含めることが適当であるとされている。

　①　使命感や責任感、教育的愛情等に関する事項

　②　社会性や対人関係能力に関する事項

　③　幼児児童生徒理解や学級経営等に関する事項

　④　教科・保育内容等の指導力に関する事項

　（平成 10 年以後における“教員の資質能力”に関する中教審及び教養審の答申については、「第 1 章の 2.『教育』とは何か」で詳細に述べているので参照してください）。

　最後に日本教育史や西洋教育史を学習することは、教員採用試験に出題されるから学ぶのではなく、教職課程を受講する学生は、学ぶ内容から「なぜ、日本教育史や西洋教育史を学ぶのか」、その意味を十分に考えてほしい。

● ● ● 学習課題 ● ● ●

1. 古代・中世に設立された教育機関名及び設立者名とその位置についても整理
   しておこう。

2. 近世、特に江戸時代において支配者層の教育機関【昌平坂学問所・藩校】や
   被支配者層の教育機関【私塾・寺子屋】などを整理し、それらの名称と設立
   者名も整理しておこう。

3. 明治時代に終える教員養成の流れを整理して、正確に把握しておこう。

4. 戦前の師範学校が作り上げた教師像のモデルとして、壺井栄の『二十四の瞳』
   や新田次郎の『聖職の碑』を読んで、感想文を書いてみよう。

5. 戦後の教育改革で、特に教員養成についての臨時教育審議会・中央教育審議
   会及び教育職員審議会の諮問および答申を年代順に整理し、その概要につい
   てもまとめておこう。

【引用・参考文献】

中田正浩編著『次世代の教職入門』大学教育出版　2011

中田正浩編著『人間教育を視点にした教職入門』大学教育出版　2014

中田正浩『江戸時代の学び舎探訪～近現代における教育制度の原点は、江戸時代の教育制度
　　だ～』株式会社 ERP　2022。

寄田啓夫・山中芳和編著『日本教育史』ミネルヴァ書房　1993

三好信浩編『日本教育史』福村出版　1993

池ケ崎暁生・松島栄一編『日本教育史年表』三省堂　1990

山本正身『日本教育史』慶應義塾大学出版会　2014

=====ミニ教育用語事典②「教育委員会と指導主事・管理主事」=====

　教育委員会とは、中央の教育行政機関としての文部科学省に対して、地方（都道府県・市町村・特別区【東京 23 区】）に設置される教育行政機関で、独立行政委員会の一つである。原則として 5 人の**教育委員**を持って組織するが、都道府県・市の場合は 6 人以上、町村の場合は 3 人以上とすることができる。教育委員は、地方公共団体の長が、教育・文化に関する卓越した識見を有する者のうちから、議会の同意を得て任命する。狭義の教育委員会、教育委員による会議をいうが、広義には教育委員会に置かれる事務局を含めて呼んでいる。教育委員の中から任命された教育長の役割は、事務局を統括し、教育委員会の権限に属するすべての事務をつかさどり、所属職員を指揮監督することである。

　教育委員会制度は、アメリカ教育施設団報告書の勧告を踏まえて、1948（昭和 23）年制定の「教育委員会法」により発足した。当初は地域住民が直接選挙で教育委員を選出する公選制が実施された。その理由は、教育行政に地域住民の意思を直接反映させる種であった。しかし、1956（昭和 31）年に「教育委員会法」にかわって**「地方教育行政の組織および運営に関する法律」（略：地教行法）**が制定され、教育委員の公選制は廃止となり、地方公共団体の長が同意を得て任命することになった。

　教育委員会は、地方公共団体の設置する教育施設を管理する。そして、その経費を負担するのは、設置者である地方公共団体であり、教育委員会は、地方公共団体の執行機関として、その管理にあたる。経費の負担については、法律により国または他の地方公共団体が負担したり、補助したりすることができる。近年、教育委員会の使命の遂行と活性化が課題として挙げられ、教育委員の選任方法の見直しが議論されている。

　教育委員会事務局には、専門的教育職員である**指導主事・管理主事・社会教育主事**等が置かれている。

　指導主事は、地教行法第 18 条④「教育に関し識見を有し、かつ、学校における教育課程、学習指導その他学校教育に関する専門的事項について教養と経験がある者でなければならない」とあり、「指導主事は、大学以外の公立学校の教員をもって充てることができる」とされている。そして同法第 18 条③には、「指導主事は上司の命を受け、学校における教育課程、学習指導その他学校教育に関する専門的事項の指導に関する事務に従事する」と規定されている。

　管理主事（教育委員会規則）は、教育委員会事務局におかれる職員の一種で、教職員人事に関する事務に専門的に携わり、また社会教育主事（社会教育法第 9 条の二）は、社会教育を行う専門的、技術的な助言・指導を与える専門的教育職員である。

〈参考文献〉
『解説教育六法　2017　平成 29 年版』三省堂　2017

第3章

教員の身分と服務

> 「公の性質」を持つ学校で教員は、直接子どもを指導し、その人格の完成に関わる重要な職務を担っている
>
> 教育基本法では、教員は「崇高な使命」を持ち、その「使命と職責の重要性」が謳われており、そのため、身分は保障されている。また、職責の遂行のため、研究と修養を通じた資質の向上も規定されている。
>
> 職務の公共性・重要性から、服務も厳格に規定されている。服務については「職務を遂行するに当って、法令、条例、地方公共団体の規則及び地方公共団体の機関の定める規程に従い」(地方公務員法第32条)とある通り、教員には法令等に基づく職務の遂行がもとめられている。この章では、教員の身分、服務に関し規定されている法令等を中心に、概要を紹介したい。

1. 教員の身分

(1) 公の性質　全体の奉仕者

　教職員の身分は「法律に定める学校の職員」である。学校と一口にいっても、国立・国立大学法人・独立行政法人、公立(都道府県や市町村)、公立大学法人、私立、と多種にわたるので、身分は勤務する学校の設置主体により公務員あるいは法人の職員という位置づけになる。学校は教育基本法第6条で「法律に定める学校は、公の性質を有するもの」と規定される。それゆえ「国、地方公共団体及び法律に定める法人のみが、これを設置することができる」(同法同条)。このように、学校は公の性質を持つので、その設置形態を問わず、教員も「崇高な使命」を持ち、「使命と職責の重要性」が規定されている(教育基本法第9条)。欠格条

項（国家公務員法第38条、地方公務員法第16条など）に該当するものは教員（公務員）にはなれないし、その身分を失う。

　ちなみに、旧教育基本法（昭和22年）では国公立学校のみならず、私立学校も含めて「全体の奉仕者である」と規定していた。旧教育基本法で「全体の奉仕者」とされた背景は「教育基本法（旧法）第10条第1項に規定するように、教育は国民全体に対する責任において行われるべきものであるので、国公立はもちろん、私立学校の教員もすべて国民全体に奉仕すべきものであることから、公務員に関する憲法第15条第2項の規定を参考にして、法律に定める学校の教員は全体の奉仕者として公務員的な性格をもつ旨を規定したもの」（文部科学省HP「教育基本法資料室」）だという。ここに言う憲法第15条第2項とは「すべて公務員は、全体の奉仕者であって、一部の奉仕者ではない」という規定である。つまり、旧法では教員はたとえ私立学校の職員であっても公務員的な性格をもつものと規定されていたわけである。

　では、今回削除されたことによって私立学校をはじめとする法人立学校の教員が、全体の奉仕者ではなくなった、あるいは、公務員的な性格を持たなくなったのかというとそうではない。新教育基本法が改正されたときの国会での議論を振り返ると、削除された理由がわかる。

　「全体の奉仕者」が削除された理由は「私立学校が学校教育において果たしている重要性にかんがみ」教育基本法（新法）に規定されたことから「公務員を想起させる「全体の奉仕者」との文言は削除」した。私立学校の教員は公務員ではないため誤解（公務員を想起）が生じないように削除した。しかし、「全体の奉仕者」の文言は削除したものの「教育が公の性質を持つものであることや、そのような学校教育を担う教員の職務の公共性は従来と変わるものではない」（平成18年11月6日衆議院・教育特別委員会西村智奈美衆院議員の質問に対する、田中生涯学習政策局長の答弁）ことから、国、地方公共団体、法人など設置者の違いはあっても公共的な特性を持つ（教員の職務の公共性）ことに変わりはない。すなわち旧法同様、憲法を背景とした全体の奉仕者としての公的な性格を持つということである。

2. 教員の職務

　教員の職務、服務については学校の設置者によって国立であれば国家公務員、公立であれば地方公務員であることから、それぞれ国家公務員法（以下、国公法）、地方公務員法（以下、地公法）の規定に基づく。小、中、義務、高、中等の教員の内、9割を占めるのが公立学校の教員であるので、この章では公立学校の教員に関する、身分、服務について国公法、地公法の規定を中心に述べてみたい。

　さて、服務について記す前に、教員の職務について記しておきたい。

　職務とは、「校務」のうち職員に与えられて果たすべき任務・担当する役割である、とされる（「今後の教員給与の在り方について」中教審答申）。「校務」とは、「学校の仕事全体を指すものであり、学校の仕事全体とは、学校がその目的である教育事業を遂行するため必要とされるすべての仕事であって、その具体的な範囲は、①教育課程に基づく学習指導などの教育活動に関する面、②学校の施設設備、教材教具に関する面、③文書作成処理や人事管理事務や会計事務などの学校の内部事務に関する面、④教育委員会などの行政機関やPTA、社会教育団体など各種団体との連絡調整などの渉外に関する面等」（「教職員給与の在り方に関するワーキンググループ第8回資料」）とされる。

　このように、教員の職務範囲は多岐にわたる。平成28年度文部科学省が実施した教員勤務実態調査では、職務を「児童生徒に関わる業務」「学校の運営にかかわる業務」「外部対応」「校外」「その他」に大きく分類し、さらに25業務に分類している。

　大分類ごとに25業務について述べてみると、「児童生徒に関わる業務」…a 朝の業務 b 授業（b1 授業：主担当 b2 授業：補助）c 授業準備 d 学習指導 e 成績処理 f 生徒指導（集団）g 生徒指導（個別）h 部活動・クラブ活動 i 児童会・生徒会指導 j 学校行事 k 学年・学級経営

　「学校の運営にかかわる業務」…l 学校経営 m 会議・打合せ（m1 職員会議・学年会などの会議、m2 個別の打ち合わせ）n 事務・報告書作成（n1 事務：調査への回答 n2 事務：学納金関連 n3 事務＊その他）o 校内研修

「外部対応」…p保護者・PTA対応q地域対応r行政・関係団体対応

「校外」…s校務としての研修（初任者研修、公務研修、出張研修）t会議・打合せ（校外）

「その他」…uその他の校務

であり、教員はそのすべての業務に携わっている。教員の多忙が問題となる所以である。特に多いのは小・中学校ともに「授業（主担当）」「授業準備」「生徒指導（集団）」「朝の業務」「成績処理」、であり中学校ではこれに「部活動」が加わる。

3．教員の服務

（1）　教員の服務とは

服務とは何か。国公法、地公法の規定や自治体のガイドライン・指針等を元に簡単に述べれば全体の奉仕者として、公共の利益のために勤務し、職務に専念することであり、その職務に服する職員が守るべき義務ないし規律である。

すなわち職務を遂行するにあたっての義務であり、その義務を果たすための規律と言える。

服務についての規定は国公法では第96条から第106条、地公法では第30条から第38条である。構成・内容はほぼ同じで、国公法では服務の根本基準（第96条）、服務の宣誓（第97条）、法令及び上司の命令に従う義務（第98条）、争議行為等の禁止（第98条第2項）、信用失墜行為の禁止（第99条）、秘密を守る義務（第100条）、職務に専念する義務（第101条）、政治的行為の制限（第102条）、私企業からの隔離（第103条）、他の事業又は事務の関与制限（第104条）、職員の職務の範囲（第105条）、勤務条件（106条）である。

地公法では、服務の根本基準（第30条）、服務の宣誓（第31条）、法令等及び上司の職務上の命令に従う義務（第32条）、信用失墜行為の禁止（第33条）、秘密を守る義務（第34条）、職務に専念する義務（第35条）、政治的行為の制限（第36条）、争議行為等の禁止（第37条）、営利企業への従事等の制限（第38条）という構成・内容である。

（2）「職務上の義務」と「身分上の義務」

これらの服務は、根本基準の下、職務遂行に当たって守るべき「職務上の義務」と、職員の身分を有することから守るべき「身分上の義務」に分けることができる。

地公法でいえば、職務上の義務は「服務の宣誓」「法令等及び上司の職務上の命令に従う義務」「職務に専念する義務」であり、身分上の義務は「信用失墜行為の禁止」「秘密を守る義務」「政治的行為の制限」「争議行為等の禁止」「営利企業への従事等の制限」の５つである。

（3）服務の根本基準

国公法第96条、地公法第30条では同じ「服務の根本基準」が規定されている。その内容は「すべて職員は、国民全体の奉仕者として、公共の利益のために勤務し、且つ、職務の遂行に当たっては、全力を挙げてこれに専念しなければならない」（国公法第96条第１項）「すべて職員は、全体の奉仕者として公共の利益のために勤務し、且つ、職務の遂行に当つては、全力を挙げてこれに専念しなければならない」（地公法第30条）と定められている。見比べるとほとんど同じであることが分かる。ここで重要なのは「全体の奉仕者として公共の利益のために勤務すること」「職務の遂行に当たっては、全力を挙げてこれに専念すること」の２点である。「全体の奉仕者として公共の利益のために勤務すること」については先にふれた憲法（第15条第２項「すべて公務員は、全体の奉仕者」）に基づいていることはいうまでもない。

国公法第96条に関して、国は「国家公務員は、国民全体の奉仕者であることから民間企業等の勤労者とは異なった服務義務が課され」ている（人事院「義務違反防止ハンドブック」平成31年）と述べ、職責の重さを強調している。

東京都のガイドラインではより詳細に以下のように記している。

「全ての教職員は、法令等を遵守し、上司の職務命令に忠実に従うとともに、自らの行為が児童・生徒等の成長に大きな影響を与えるという職責の重要性を常に念頭に置き、全体の奉仕者としての誇りと責任をもって自己の職務を全うし、児童・生徒、保護者、都民等からの期待に全力で応えるよう努めなければならない」と記し教員としての服務の根本が記載されている。（「使命を全うする！ −

教職員の服務に関するガイドライン」平成29年)

1）「職務に服する職員が守るべき義務ないし規律」

国、地方公共団体が、全体の奉仕者として服務の基本的なあり方を規定したものとして、倫理規程、服務規程などがある。

2）倫理規程、服務規程の例。

参考として国家公務員の倫理規程と東京都の服務規程を以下に例示したい。

① 国家公務員倫理規程

「国家公務員倫理規程」では、国家公務員論理法第5条に基づき全体の奉仕者として行動の規準を設けており、このなかで、倫理行動規準として職務の倫理の保持を図るために、職員が認識すべき行動の規準、心構えを訓示的に示している（第1条）。内容としては、「全体の奉仕者として常に公正な職務の執行」、「職務や地位を私的利益のために用いてはならない」、「贈与等の禁止」、「全力で職務遂行に当たること」、「国民の信頼確保のため勤務時間外も公務への信用を認識して行動すべき」としている。

1　職員は、国民全体の奉仕者であり、国民の一部に対してのみの奉仕者ではないことを自覚し、職務上知り得た情報について国民の一部に対してのみ有利な取扱いをする等国民に対し不当な差別的取扱いをしてはならず、常に公正な職務の執行に当たらなければならないこと。

2　職員は、常に公私の別を明らかにし、いやしくもその職務や地位を自らや自らの属する組織のための私的利益のために用いてはならないこと。

3　職員は、法律により与えられた権限の行使に当たっては、当該権限の行使の対象となる者からの贈与等を受けること等の国民の疑惑や不信を招くような行為をしてはならないこと。

4　職員は、職務の遂行に当たっては、公共の利益の増進を目指し、全力を挙げてこれに取り組まなければならないこと。

5　職員は、勤務時間外においても、自らの行動が公務の信用に影響を与えることを常に認識して行動しなければならないこと。

---

② 東京都の例（東京都職員服務規程）

また、服務規程として東京都の例をあげてみたい。東京都職員服務規程では「服務に関し、必要な事項」を定め、第2条で（服務の原則）を掲げている。

すなわち、第2条では

> 　職員は、全体の奉仕者としての職責を自覚し、法令、条例、規則その他の規程及び上司の職務上の命令に従い、誠実、公正かつ能率的に職務を遂行しなければならない。
> 　2　職員は、自らの行動が公務の信用に影響を与えることを認識するとともに、日常の行動について常に公私の別を明らかにし、職務や地位を私的な利益のために用いてはならない。

　と規定している。すでにみた通り「全体の奉仕者」に関しては、憲法第15条、国公法第96条、地公法第30条「服務の根本基準」でも規定されている。「法令、条例、規則その他の規程及び上司の職務上の命令に従う」ことも、国公法第98条第1項「職務を遂行するについて、法令に従い、且つ、上司の職務上の命令に忠実に従わなければならない」、地公法第32条「法令等及び上司の職務上の命令に従う義務」、など、この規程は国公法、地公法でも規定されている。

　さらに規程では「履歴事項の届出」「旧姓の使用」「職員カード」「着任の時期」「出勤等の記録」「執務上の心得」「セクシャル・ハラスメントの禁止」「妊娠、出産、育児又は介護に関するハラスメントの禁止」「パワーハラスメントの禁止」「障害を理由とする差別の禁止」「利害関係があるものとの接触規制」「出張」「下校時の措置」「週休日等の登校」「事故欠勤の届」「私事欠勤等の届」「私事旅行等の届出」「事務引継」「退職」「事故報告」など細かな規定が盛り込まれている。

　このうち、「執務上の心得」の中では

　①職員は、勤務時間中みだりに執務の場所を離れてはならない。②職員は、常に執務環境の整理に努めるとともに、物品等の保全活用に心掛けなければならない。③職員は、出張、休暇等により不在となるときは、担任事務の処理に関し必要な事項を上司又は上司の指定する職員に連絡し、事務の処理に支障のないようにしておかなければならない。④職員は、上司の許可なく文書を他に示し、又はその内容を告げる等の行為をしてはならない。

　といった規程が盛り込まれている。

　もう一点の「職務の遂行に当たっては、全力を挙げてこれに専念」（職務に専念する義務）に関しては地公法第35条に同じ規定があるので、後述したい。

（4）職務上の義務

　教職員の服務義務には、先述の通り、職務遂行に当たって守るべき「職務上の義務」と、職員の身分を有することから守るべき「身分上の義務」がある。

　地公法では、根本基準の下、服務義務、として3つの職務上の義務と、5つの身分上の義務を規定していることについては、すでに触れた。ここでは、まず、職務上の義務（「職務」とは「校務」のうち職員に与えられて果たすべき任務・担当する役割。「職務」の項参照）について述べたい。

　職務上の義務は、「服務の宣誓」「法令等及び上司の職務上の命令に従う義務」「職務に専念する義務」の3点が規定されている。

1）服務の宣誓

> 地公法第31条
> 職員は、条例の定めるところにより、服務の宣誓をしなければならない。

　服務の宣誓は「新たに職員となった者に対して、国家公務員には民間企業等の勤労者とは異なった服務義務が課されていることなどを、職務に従事する前に自覚させるために行うもの」（人事院）である。教員は旧教育基本法や国公法、地公法の根本基準にある通り、全体の奉仕者であり、公共の利益のために全力を挙げる公務員としての自覚を促すためのものである。この宣誓・署名を上司の前で行わなければ職務を行うことができない。たとえば東京都の「職員の服務の宣誓に関する条例」では第2条（職員の服務の宣誓）で「新たに職員となった者は、任命権者に別記様式による宣誓書を提出してからでなければ、その職務を行ってはならない」と規定している。

　① 宣誓書の例　国家公務員の場合「職員の服務に関する政令」

> 宣　誓　書
>
> 　私は、国民全体の奉仕者として公共の利益のために勤務すべき責務を深く自覚し、日本国憲法を遵守し、並びに法令及び上司の職務上の命令に従い、不偏不党かつ公正に職務の遂行に当たることをかたく誓います。
> 　　年　月　日
> 　　　　　　　　　　　　　　　　　　　　　　　氏　名

② 東京都の例（職員の服務の宣誓に関する条例）

宣　誓　書

　私は、ここに、主権が国民に存することを認める日本国憲法を尊重し、且つ、擁護することを固く誓います。

　私は、地方自治の本旨を体するとともに公務を民主的且つ能率的に運営すべき責務を深く自覚し、全体の奉仕者として、誠実且つ公正に職務を執行することを固く誓います。

　　年　　月　　日

　　　　　　　　　　　　　　　　　　　　氏　名

2）　法令等及び上司の職務上の命令に従う義務

　地公法第 32 条では法令に従うと同時に上司の職務上の命令に従うこととなっている。職務そのものが法令等によって規定されているので法令等を遵守する義務は、当然である。

　上司とは「職員の職務上の直系の上位者として職員を指揮監督する権限を有する者」（人事院）で、教員の場合は学校教育法に規定されている校長、副校長、教頭である。また、地方教育行政の組織及び運営に関する法律（以下、地教行法）第 43 条では（県費負担教職員は）市町村委員会その他職務上の上司、とあるので教委の命令にも従う義務がある。

　よく問題となるのが職務上の命令である。職務命令が有効に成立する条件として人事院は①権限ある上司が発したもの、②その職員の「職務」の範囲内である、③手続きや内容に客観的に明白な違法性がない、の 3 要件を挙げている。職務命令の「適否」の最終的な判断権も上司にある。教員の職務の範囲は極めて広く、明白な違法性が無ければ、校長など上司が発した命令にはほとんど従う義務がある。

　地公法第 32 条（法令等及び上司の職務上の命令に従う義務）
　職員は、その職務を遂行するに当つて、法令、条例、地方公共団体の規則及び地方公共団体の機関の定める規程に従い、且つ、上司の職務上の命令に忠実に従わなければならない。
　地教行法（服務の監督）
　第 43 条　市町村委員会は、県費負担教職員の服務を監督する。
　2　県費負担教職員は、その職務を遂行するに当つて、法令、当該市町村の条例及

び規則並びに当該市町村委員会の定める教育委員会規則及び規程（前条又は次項の規定によつて都道府県が制定する条例を含む。）に従い、かつ、市町村委員会その他職務上の上司の職務上の命令に忠実に従わなければならない。

3）　職務専念義務と特例（義務の免除）

①　職務専念義務

職務に専念する義務は根本基準（国公法第96条、地公法第30条）並びに職務上の義務を規定する法律（国公法第101条第1項、地公法第35条）で示されている。教員は全体の奉仕者であり、公務サービスを提供することでその職責を果たす。また、地方公共団体の行政の民主的かつ能率的な運営、地方自治の本旨の実現に資する（地公法第1条）ため、勤務時間中（正規の勤務時間、時間外勤務時間、休日勤務時間）は全力を挙げて職務に専念する義務がある。

> 国公法第101条第1項前段
> 「職員は、法律又は命令の定める場合を除いては、その勤務時間及び職務上の注意力のすべてをその職責遂行のために用い、政府がなすべき責を有する職務にのみ従事しなければならない」。
> 地公法第35条（職務に専念する義務）
> 職員は、法律又は条例に特別の定がある場合を除く外、その勤務時間及び職務上の注意力のすべてをその職責遂行のために用い、当該地方公共団体がなすべき責を有する職務にのみ従事しなければならない。

②　職務専念義務の免除

ただ、この規定にある通り「法律又は条例に特別の定」がある場合、職務専念義務が免除される。全体の奉仕者である本質に反せず、かつ職務専念義務に矛盾せず法の精神に反しないと認められる場合は、任命権者の許可により従事できる。

法律に特別の定があるケースとしては地公法第28、29条に、分限、懲戒による休職、停職、が規定されているのに加え、休日・休暇（夏季休暇、有給休暇、育児休暇、産前産後休暇、生理休暇など。労働基準法・条例）、休業（育児休業法）、選挙権その他公民としての権利を行使する場合（労働基準法第7条）、職員団体の適法な交渉（地公法第55条）、営利企業への従事（地公法第38条）、兼

業、兼職が出来ること（教育公務員特例法第 17 条）、勤務場所を離れた研修、現職のまま長期研修ができること（教育公務員特例法第 22 条）などが規定されている。

なお、承認に当たって、特殊な例として、県費負担教職員の場合が挙げられる。県費負担教職員の職務専念義務の免除理由は、勤務条件の一つとして、都道府県条例で定めることとなっている（地教行法第 42 条）。一方、県費負担教職員の服務監督者は、市町村教育委員会である（地教行法第 43 条）ため、承認を行うのは市町村教育委員会である。

分限、懲戒による休職、停職

地公法第 28 条

「2　職員が、左の各号の一に該当する場合においては、その意に反してこれを休職することができる。1　心身の故障のため、長期の休養を要する場合　2　刑事事件に関し起訴された場合」

第 29 条　「職員が次の各号の一に該当する場合においては、これに対し懲戒処分として戒告、減給、停職又は免職の処分をすることができる。

　　1　この法律若しくは第 57 条に規定する特例を定めた法律又はこれに基く条例、地方公共団体の規則若しくは地方公共団体の機関の定める規程に違反した場合

　　2　職務上の義務に違反し、又は職務を怠つた場合

　　3　全体の奉仕者たるにふさわしくない非行のあつた場合」

教育公務員特例法第 17 条（抜粋）「教育公務員は、教育に関する他の職を兼ね、又は教育に関する他の事業若しくは事務に従事することが本務の遂行に支障がないと任命権者（中略）において認める場合」。

第 22 条「教育公務員には、研修を受ける機会が与えられなければならない。2　教員は、授業に支障のない限り、本属長の承認を受けて、勤務場所を離れて研修を行うことができる。3　教育公務員は、任命権者の定めるところにより、現職のままで、長期にわたる研修を受けることができる」。

---

③　条例による特別な定めの例

条例・規則による特別な定めの例として大阪府の「職務に専念する義務の特例に関する条例」を例示したい。この条例では「研修を受ける場合」「厚生に関する計画の実施に参加する場合」等を挙げている。

第 2 条　府の職員及び府が設立した地方独立行政法人法第 2 条第 2 項に規定する特定地方独立行政法人（以下「特定地方独立行政法人」という）の職員は、次の各号の一に該当する場合においては、あらかじめ任命権者（特定地方独立行政法人の

理事長を含む）又はこれらの委任を受けた者の承認を得て、その職務に専念する義務を免除されることができる。

   1　研修を受ける場合

   2　厚生に関する計画の実施に参加する場合

   3　前2号に規定する場合を除くほか、人事委員会（特定地方独立行政法人の職員に係るものにあっては、当該特定地方独立行政法人の理事長）が定める場合

　さらに府の「職務に専念する義務の特例に関する規則」では「次の各号のいずれかに該当する場合には、あらかじめ任命権者又はその委任を受けた者の承諾を得て、その職務に専念する義務を免除される」として、より具体的に規定をしている。次の各号を列挙すると

　①勤務条件に関する措置の要求をし、又はその審理に出頭する場合（地公法第46条に基づく）、②不利益処分に関する審査請求をし、又はその審理に出頭する場合（地公法第49条の2第1項に基づく）、③当局に対して不満を表明し又は意見を申し出る場合（地公法第55条第11項に基づく）、④公務災害補償に関する審査請求若しくは再審査請求をし、又はその審理に出頭する場合（地方公務員災害補償法第51条に基づく）、⑤苦情相談を行い、又は相談員からの事情聴取等に応じる場合（大阪府　職員からの苦情相談に関する規則に基づく）、⑥国又は地方公共団体若しくはその他の団体の役員又は職員を兼ねる場合、⑦国又は地方公共団体若しくはその他の団体の審議会、委員会、調査会その他これらに類するものの役員又は職員を兼ねる場合、⑧国、地方公共団体又はその他の団体若しくはそれらの機関が行う講演会、講習会、研究会その他これらに類するものに参加し又は講師として出席する場合、⑨国又は地方公共団体若しくはその他の団体の行う試験を受ける場合、⑩学校教育法に規定する学校に通学する場合。ただし、職員が現に有する学歴に係る学校より上位の学校に通学する場合、⑪地震、火災、水害その他重大な災害に際し、専念すべき職務以外の業務に従事する場合、⑫このほか、人事委員会が適当と認める場合、などを挙げている。

　④　規則による例・東京都の例

　参考のため、東京都の例（東京都職員の職務に専念する義務の免除に関する規則）も掲載する。許可を得ての職員団体との交渉に関わる業務、研修を受ける場合、厚生に関する計画の実施に参加する場合、職務に関する講習会および講演

会に参加する場合、資格試験を受験する場合、などを挙げている。以下概要を列挙する。

任命権者の承認を得て、職務に専念する義務を免除される場合は、①職員団体が適法な交渉を行うため特に必要な限度内であらかじめ任命権者の許可を受けた場合で、その許可に係る業務に参加、②国又は他の地方公共団体その他の公共団体若しくはその職務と関連を有する公益に関する団体の事業又は事務に従事、③法令又は条例に基づいて設置された職員の厚生福利を目的とする団体の事業又は事務に従事、④都又は都の機関以外のものの主催する講演会等において、都政又は学術等に関し講演等を行う、⑤職務上の教養に資する講演会等を聴講する場合、⑥職務の遂行上必要な資格試験を受験、⑦その他特別の事由などが挙げられている。

（5）身分上の義務

身分上の義務（職務を遂行する以前に、公務員としての身分を有することから守るべき義務）としては「信用失墜行為の禁止」「秘密を守る義務」「政治的行為の制限」「争議行為等の禁止」「営利企業への従事等の制限」がある。

1）信用失墜行為の禁止

地公法第33条では信用失墜行為を禁止している。非違行為を行うことは、「職員本人はもとより、職員が所属する職場に対する信頼を損ね、更には公務全体の信用を失う」（人事院）ことから、「職全体の不名誉となるような行為」は厳に禁じられている。職務に従事している時のみならず、勤務時間外の行為も対象となる。

> （信用失墜行為の禁止）
> 地公法第33条　職員は、その職の信用を傷つけ、又は職員の職全体の不名誉となるような行為をしてはならない。

2）守秘義務

ここで言う「秘密」とは、公に知られていない事項で実質的にそれを秘密として保護するに値すると認められるものであり、入札情報、個人情報など外部に漏れると国や個人の利益を著しく侵害する事項や、事前に内容を漏らすことが行政の遂行を阻害する事項などがあげられている。「職務上知り得た秘密」の範囲は、

職務に関連して知り得た全ての秘密を指す。職務上偶然知った情報も対象となる。退職後も守秘義務を守らなければいけない。

> （秘密を守る義務）
> 　地公法第34条　職員は、職務上知り得た秘密を漏らしてはならない。その職を退いた後も、また、同様とする。
> 　2　法令による証人、鑑定人等となり、職務上の秘密に属する事項を発表する場合においては、任命権者（退職者については、その退職した職又はこれに相当する職に係る任命権者）の許可を受けなければならない。
> 　3　前項の許可は、法律に特別の定がある場合を除く外、拒むことができない。

3）政治的行為の制限

　公務員は、政治的行為が制限されている。この規定は、「職員の政治的中立性を保障することにより、地方公共団体の行政及び特定地方独立行政法人の業務の公正な運営を確保」するとともに「職員の利益を保護することを目的」としている（地公法第36条第5項）。政治的行為とは①政治的団体の結成への関与、役員就任、構成員としての勧誘・離脱行為②政治団体、内閣、自治体執行機関の支持・反対行為、特定の人・事件の支持・反対を目的とする政治的行為、のことである。また、政治的行為を任用、職務、給与その他職員の地位に関してなんらかの利益もしくは不利益を与えたり、与えようと企て、もしくは約束してはならない。職員に求めること・唆すこと政治的行為に対する代償、報復としての任用を禁じている。

　ただ、教員は教育公務員特例法第18条にあるとおり、「地方公務員法第36条の規定にかかわらず、国家公務員の例による」とされる。国公法（第102条）では①人事院規則で定める政治的行為の禁止②公選による公職の候補者になれない③政治的団体の役員、政治的顧問等の構成員になれない、ことを規定している。

> 教育公務員特例法（公立学校の教育公務員の政治的行為の制限）
> 　第18条　公立学校の教育公務員の政治的行為の制限については、当分の間、地方公務員法第36条の規定にかかわらず、国家公務員の例による。
> 　2　前項の規定は、政治的行為の制限に違反した者の処罰につき国家公務員法（昭和22年法律第120号）第110条第1項の例による趣旨を含むものと解してはならない。
> 　国家公務員法（政治的行為の制限）
> 　第102条　職員は、政党又は政治的目的のために、寄附金その他の利益を求め、若しくは受領し、又は何らの方法を以てするを問わず、これらの行為に関与し、あるいは選挙権の行使を除く外、人事院規則で定める政治的行為をしてはならない。

　2　職員は、公選による公職の候補者となることができない。
　3　職員は、政党その他の政治的団体の役員、政治的顧問、その他これらと同様な役割をもつ構成員となることができない。

　政治的行為の禁止または制限に関する規定は「すべての一般職」に適用され、職員以外の者と共同して行う場合、代理人、使用人その他の者を通じて間接に行う場合、勤務時間外において行う場合にも適用される。さらにこの規則では、政治的目的の定義として、公職選挙で特定候補者の支持または反対、特定政治的団体を支持または反対など 8 項目、政治的行為として 17 項目を挙げている。

　　人事院規則 14-7（政治的行為）
　　（適用の範囲）
　1　法及び規則中政治的行為の禁止又は制限に関する規定は、臨時的任用として勤務する者、条件付任用期間の者、休暇、休職又は停職中の者及びその他理由のいかんを問わず一時的に勤務しない者をも含むすべての一般職に属する職員に適用する。ただし、顧問、参与、委員その他人事院の指定するこれらと同様な諮問的な非常勤の職員（法第 81 条の 5 第 1 項に規定する短時間勤務の官職を占める職員を除く。）が他の法令に規定する禁止又は制限に触れることなしにする行為には適用しない。
　2　法又は規則によつて禁止又は制限される職員の政治的行為は、すべて、職員が、公然又は内密に、職員以外の者と共同して行う場合においても、禁止又は制限される。
　3　法又は規則によつて職員が自ら行うことを禁止又は制限される政治的行為は、すべて、職員が自ら選んだ又は自己の管理に属する代理人、使用人その他の者を通じて間接に行う場合においても、禁止又は制限される。
　4　法又は規則によつて禁止又は制限される職員の政治的行為は、第 6 項第 16 号に定めるものを除いては、職員が勤務時間外において行う場合においても、適用される。
　　（政治的目的の定義）
　5　法及び規則中政治的目的とは、次に掲げるものをいう。政治的目的をもつてなされる行為であつても、第 6 項に定める政治的行為に含まれない限り、法第 102 条第 1 項の規定に違反するものではない。
　　1　規則 14-5 に定める公選による公職の選挙において、特定の候補者を支持し又はこれに反対すること。
　　2　最高裁判所の裁判官の任命に関する国民審査に際し、特定の裁判官を支持し又はこれに反対すること。
　　3　特定の政党その他の政治的団体を支持し又はこれに反対すること。
　　4　特定の内閣を支持し又はこれに反対すること。
　　5　政治の方向に影響を与える意図で特定の政策を主張し又はこれに反対すること。

6　国の機関又は公の機関において決定した政策（法令、規則又は条例に包含されたものを含む。）の実施を妨害すること。

7　地方自治法（昭和22年法律第67号）に基く地方公共団体の条例の制定若しくは改廃又は事務監査の請求に関する署名を成立させ又は成立させないこと。

8　地方自治法に基く地方公共団体の議会の解散又は法律に基く公務員の解職の請求に関する署名を成立させ若しくは成立させず又はこれらの請求に基く解散若しくは解職に賛成し若しくは反対すること。

（政治的行為の定義）

6　法第102条第1項の規定する政治的行為とは、次に掲げるものをいう。

1　政治的目的のために職名、職権又はその他の公私の影響力を利用すること。

2　政治的目的のために寄附金その他の利益を提供し又は提供せずその他政治的目的をもつなんらかの行為をなし又はなさないことに対する代償又は報復として、任用、職務、給与その他職員の地位に関してなんらかの利益を得若しくは得ようと企て又は得させようとすることあるいは不利益を与え、与えようと企て又は与えようとおびやかすこと。

3　政治的目的をもつて、賦課金、寄附金、会費又はその他の金品を求め若しくは受領し又はなんの方法をもつてするを問わずこれらの行為に関与すること。

4　政治的目的をもつて、前号に定める金品を国家公務員に与え又は支払うこと。

5　政党その他の政治的団体の結成を企画し、結成に参与し若しくはこれらの行為を援助し又はそれらの団体の役員、政治的顧問その他これらと同様な役割をもつ構成員となること。

6　特定の政党その他の政治的団体の構成員となるように又はならないように勧誘運動をすること。

7　政党その他の政治的団体の機関紙たる新聞その他の刊行物を発行し、編集し、配布し又はこれらの行為を援助すること。

8　政治的目的をもつて、第5項第1号に定める選挙、同項第2号に定める国民審査の投票又は同項第8号に定める解散若しくは解職の投票において、投票するように又はしないように勧誘運動をすること。

9　政治的目的のために署名運動を企画し、主宰し又は指導しその他これに積極的に参与すること。

10　政治的目的をもつて、多数の人の行進その他の示威運動を企画し、組織し若しくは指導し又はこれらの行為を援助すること。

11　集会その他多数の人に接し得る場所で又は拡声器、ラジオその他の手段を利用して、公に政治的目的を有する意見を述べること。

12　政治的目的を有する文書又は図画を国又は行政執行法人の庁舎（行政執行法人にあつては、事務所。以下同じ。）、施設等に掲示し又は掲示させその他政治的目的のために国又は行政執行法人の庁舎、施設、資材又は資金を利用し又は利用させること。

13　政治的目的を有する署名又は無署名の文書、図画、音盤又は形象を発行し、回覧に供し、掲示し若しくは配布し又は多数の人に対して朗読し若しくは聴取

させ、あるいはこれらの用に供するために著作し又は編集すること。
14　政治的目的を有する演劇を演出し若しくは主宰し又はこれらの行為を援助すること。
15　政治的目的をもつて、政治上の主義主張又は政党その他の政治的団体の表示に用いられる旗、腕章、記章、えり章、服飾その他これらに類するものを製作し又は配布すること。
16　政治的目的をもつて、勤務時間中において、前号に掲げるものを着用し又は表示すること。
17　なんらの名義又は形式をもつてするを問わず、前各号の禁止又は制限を免れる行為をすること。
7　この規則のいかなる規定も、職員が本来の職務を遂行するため当然行うべき行為を禁止又は制限するものではない。
8　各省各庁の長及び行政執行法人の長は、法又は規則に定める政治的行為の禁止又は制限に違反する行為又は事実があつたことを知つたときは、直ちに人事院に通知するとともに、違反行為の防止又は矯正のために適切な措置をとらなければならない。
（以下略）

4）争議行為等の禁止

　争議行為とは「争議行為とは、同盟罷業、怠業、作業所閉鎖その他労働関係の当事者が、その主張を貫徹することを目的として行ふ行為及びこれに対抗する行為であつて、業務の正常な運営を阻害するものをいふ」（労働関係調整法第7条）であり、この行為そのものが禁止されている。

> 地公法第37条　職員は、地方公共団体の機関が代表する使用者としての住民に対して同盟罷業、怠業その他の争議行為をし、又は地方公共団体の機関の活動能率を低下させる怠業的行為をしてはならない。又、何人も、このような違法な行為を企て、又はその遂行を共謀し、そそのかし、若しくはあおつてはならない。
> 　2　職員で前項の規定に違反する行為をしたものは、その行為の開始とともに、地方公共団体に対し、法令又は条例、地方公共団体の規則若しくは地方公共団体の機関の定める規程に基いて保有する任命上又は雇用上の権利をもつて対抗することができなくなるものとする。

5）営利企業への従事等の制限

　地公法では任命権者の許可がなければ営利企業に従事できないこととなっている。ただし、教員については職務専念義務の項でも記したとおり「本務の遂行に支障がないと任命権者において認める場合」「教育に関する他の職を兼ね、又

は教育に関する他の事業若しくは事務に従事する」ことができる。その際「地方公務員法第38条第2項の規定により人事委員会が定める許可の基準によることを要しない」とされている（教育公務員特例法17条）。

　（営利企業への従事等の制限）
　地公法第38条　職員は、任命権者の許可を受けなければ、商業、工業又は金融業その他営利を目的とする私企業（以下この項及び次条第1項において「営利企業」という。）を営むことを目的とする会社その他の団体の役員その他人事委員会規則（人事委員会を置かない地方公共団体においては、地方公共団体の規則）で定める地位を兼ね、若しくは自ら営利企業を営み、又は報酬を得ていかなる事業若しくは事務にも従事してはならない。
　2　人事委員会は、人事委員会規則により前項の場合における任命権者の許可の基準を定めることができる。
　（兼職及び他の事業等の従事）
　教育公務員特例法第17条　教育公務員は、教育に関する他の職を兼ね、又は教育に関する他の事業若しくは事務に従事することが本務の遂行に支障がないと任命権者（地方教育行政の組織及び運営に関する法律第37条第1項に規定する県費負担教職員については、市町村（特別区を含む。以下同じ。）の教育委員会。第23条第2項及び第24条第2項において同じ。）において認める場合には、給与を受け、又は受けないで、その職を兼ね、又はその事業若しくは事務に従事することができる。
　2　前項の場合においては、地方公務員法第38条第2項の規定により人事委員会が定める許可の基準によることを要しない。

4.　教職員の処分

　公務員の処分については国公法第74条「すべて職員の分限、懲戒及び保障については、公正でなければならない」とされ、同様に、地公法第27条で「すべて職員の分限及び懲戒については、公正でなければならない」とされる。さらに「職員は、法律又は人事院規則に定める事由による場合でなければ、その意に反して、降任され、休職され、又は免職されることはない」「職員は、人事院規則の定める事由に該当するときは、降給されるものとする」（国公法第75条）「職員は、この法律で定める事由による場合でなければ、その意に反して、降任され、若しくは免職されず、この法律又は条例で定める事由による場合でなければ、その意に反して、休職されず、又、条例で定める事由による場合でなければ、その意に

反して降給されることがない」（地公法第27条第2項）「職員は、この法律で定める事由による場合でなければ、懲戒処分を受けることがない」（地公法第27条第3項）と身分が保障されている。特に教員は「教員については、その使命と職責の重要性にかんがみ、その身分は尊重され」る（教育基本法第9条）事が謳われている。

　ただ、法律、条令、規則で定める事由がある場合は、処分を受けることになる。

　これが意に反して、降任、免職、休職、降給されるケースであり、分限処分、懲戒処分がこれにあたる。

1）分限処分

　人事院によれば、分限処分は、「公務能率の確保等の観点から当該職員を官職あるいは職務から排除するもの」、懲戒処分は、「職員の義務違反あるいは非行等に対する公務秩序維持の観点から行う制裁」とされる。

　分限処分には降任、免職、休職がある。

　降任は「現に任命されている官職より下位の職制上の段階に属する官職に任命する」ことである。免職は「職員をその意に反して退職させる」こと、休職は「職員としての身分を保有させたまま、職務に従事させない」ことである。

　降任、免職、に関しては地公法に規定されており（第28条）、「勤務実績がよくない」「心身の故障のため、職務の遂行に支障、又はこれに堪えない場合」「職に必要な適格性を欠く場合」「職制若しくは定数の改廃又は予算の減少により廃職又は過員を生じた場合」が該当する。

　また、休職に関しては地公法ならびに自治体の条例に規定されている。地公法（第28条）では「心身の故障のため、長期の休養を要する場合」「刑事事件に関し起訴された場合」は意に反して休職させることができる。

　地教行法第47条の2では、県費負担教職員の場合、指導が不適切で、研修等を行っても改善されない場合、都道府県教委が地公法第27条2項第28条第1項の規定にかかわらず、市町村の県費負担教職員を免職させ都道府県へ採用することができる。

　また、教育公務員特例法第25条の2（指導改善研修後の措置）では「指導の改善が不十分でなお児童等に対する指導を適切に行うことができないと認める教諭等に対して、免職その他の必要な措置を講ずる」とされている。

　人事院の「分限処分に当たっての留意点」によれば、分限処分に当たる「勤務実績不良」または「適格性欠如と評価することができる事実の例」としては「勤務を欠くことにより職務を遂行しなかった」「割り当てられた特定の業務を行わなかった」「不完全な業務処理により職務遂行の実績があがらなかった」「業務上の重大な失策を犯した」「職務命令に違反したり、職務命令（規則第14条の受診命令を含む）を拒否した」「上司等に対する暴力、暴言、誹謗中傷を繰り返した」「協調性に欠け、他の職員と度々トラブルを起こした」などが挙げられる。

　また、「勤務実績不良」または「適格性欠如」に該当するかどうかは、「単一の事実や行動のみ」で判断せず「一連の行動等を相互に有機的に関連付けて行う」ので客観的な資料を収集した上で判断する慎重な対応が求められている。客観的な資料とは、対象となる職員の①人事評価の結果その他職員の勤務実績を判断するに足ると認められる事実を記録した文書②勤務実績が他の職員と比較して明らかに劣る事実を示す記録③職務上の過誤、当該職員についての苦情等に関する記録④職員に対する指導等に関する記録⑤職員に対する分限処分、懲戒処分その他服務等に関する記録⑥身上申告書又は職務状況に関する報告（運用通知第7条関係第4項）

　また、「心身の故障」に当たる場合への対応や、「受診命令違反」の場合は「正当な理由なく受診命令拒否」疾患または心身の故障のため、職務遂行に支障または職務遂行に堪えない状況にあること、官職に必要な適格性を欠くと認められる客観的な資料が求められる。

　「行方不明の場合」原則として1月以上にわたる行方不明の場合、免職となる。

2）懲戒処分

　懲戒処分に関して、人事院は、任命権者が事案について、処分量定を決定するに当たっての参考に供することを目的として「懲戒処分の指針」を作成している。

　処分量定の決定は下記5点に加え日頃の勤務態度や非違行為後の対応等も含め総合的に考慮の上判断する、とされている。

　①非違行為の動機、態様及び結果はどのようなものであったか、②故意または過失の度合いはどの程度であったか、③非違行為を行った職員の職責はどのようなものであったか、その職責は非違行為との関係でどのように評価すべきか、④

他の職員及び社会に与える影響はどのようなものであるか、⑤過去に非違行為を行っているか。

また、標準例の処分より重くするケースは、①非違行為の動機もしくは態様が極めて悪質であるとき、または非違行為の結果が極めて重大であるとき、②非違行為を行った職員が管理または監督の地位にあるなどその職責が特に高いとき、③非違行為の公務内外に及ぼす影響が特に大きいとき、④過去に類似の非違行為を行ったことを理由として懲戒処分を受けたことがあるとき、⑤処分の対象となり得る複数の異なる非違行為を行っていたときである。

標準例の処分より軽くするケースもある。それは①職員が自らの非違行為が発覚する前に自主的に申し出たとき②非違行為を行うに至った経緯その他の情状に特に酌量すべきものがあると認められるときである。

3） 実際の処分例

文部科学省の「令和2年度公立学校教職員の人事行政状況調査」によれば分限処分は降任2人、免職7人、休職7,737人（起訴休職34人、病気休職7,635人、その他68人）、最も多かった病気休職のうち精神疾患によるものは5,180人で67.0％を占めている。また、病気休職を除く分限処分の処分事由としては、免職（7人）処分を受けた者は、勤務実績不良及び適格性欠如が1人、適格性欠如が2人、心身の故障1人、勤務実績不良が1人、条件付採用期間中が2人である。降任（2人）については適格性欠如が2人となっている。

懲戒処分・訓告等を受けた教育職員は、4,100人、免職は170人、停職163人、減給190人、戒告が187人、訓告等が3,390人。非違行為を行った所属職員（事務職員等含む）に対する監督責任により懲戒処分等を受けた者（校長など）の数は1,119人である。

処分事由で多いのは．交通違反・交通事故で2,132人（うち免職が14人、停職38人。以上を含む戒告以上が157人）、体罰により処分等を受けた者は、393人（うち免職1人、停職12人。以上を含む戒告以上が104人）、わいせつ行為等により処分等を受けた者は、200人（うち免職が113人、停職45人。以上を含む戒告以上が178人）である。

●●● 学習課題 ●●●

1. 教職員の服務に関する2つの「義務」である「職務上の義務」「身分上の義務」とは何か、説明してください。

2. 「職務上の義務について3つ」「身分上の義務」について5つ、それぞれの「義務」について、地方公務員法に基づき説明してください。

3. 職務専念義務が免除される特例について、どんなケースがあるか、どのような場合承認されるのか記してください。

4. 分限処分と懲戒処分の違いを説明してください。また、それぞれの処分にはどのようなものがありますか。近年多い処分事例について記してください。

【参考文献】

窪田眞二、小川友次『教育法規便覧平成29年版』学陽書房　2017

解説教育六法編修委員会『解説教育六法2017　平成29年版』三省堂　2017

文部科学省「平成28年度教員勤務実態調査」

東京都『教職員の服務に関するガイドライン』2017

文部科学省「令和2年度公立学校教職員の人事行政状況調査」

参照HP

総務省HP　http://www.soumu.go.jp/

文部科学省HP　http://www.mext.go.jp/

人事院HP　http://www.jinji.go.jp/

電子政府HP　http://www.e-gov.go.jp/

===== ミニ教育用語事典③「ヤングケアラー」 =====

「ヤングケアラー」とは、法令上の定義はなく家族にケアを要する人がいるために、家事や家族の世話を日常的に行っている、18歳未満の子供のことである。ケアラーは英語でcarerと書き、ケアを意味するcareという動詞にerをつけた言葉である。

最近日本でも、未成年が家族の介護に当たるケースは珍しいものではなくなってきた。しかし、人権意識の高い欧米諸国では「子供一人ひとりも、独立した一人の人間である」という考えが強く、介護に時間を割かれ、勉学や遊びなど自由に時間を使えなくなる子供をなくすために、はやくから「ヤングケアラー」に対する支援を整えてきた。

「ヤングケアラー」問題について、世界で最初に取り組んだのはイギリスである。そのイギリスでは、1980年代末から「ヤングケアラー」の実態調査や支援が行われてきた。例えば、2011年のイギリスの国勢調査（スコットランド・ウエールズを除く）だけで、166,363人存在すると報告されている。

日本では、欧米諸国と比べて後手を踏んでおり、子供や若者が家族のケアを担うケースへの認識自体、まだ充分ではない。総務省が2013年に発表した調査では、家族の介護をしている若者の数は177,600人に上っている。12歳～18歳といえば勉強や部活に忙しい時期である。この時期に家事や家族の介護に負われると学業に悪影響を及ぼすことは、想像に難しくない。遅刻や宿題忘れ、欠席ばかりでなく、友達と遊ぶ時間が奪われコミュニケーション能力の欠如につながる。同時に高校・大学入試と重なるタイミングでもあることから、介護負担が子どもの進路を大きく左右することも考えられる。

次に大阪府教育委員会が府立高校の全生徒を対象に実施した調査（時期：令和4年7月～9月・対象生徒数：109,264人）で、家族の世話や介護、家事を担う「ヤングケアラー」が10人に1人にのぼることが判明した。

回答者のうち11.4%の9,236人が、「世話をしている家族がいる」と回答している。内訳は兄弟姉妹（68.1%）が最多で、父母（29.7%）、祖父母（9.9%）が続いた。

表1の頻度については「ほぼ毎日」が39.1%、週に「1～2日」と「3～5日」が各2割

表1 「家族を世話している頻度」

世話している頻度	割　合
ほぼ毎日	39.1%
週に3～5日	20.6%
週に1～2日	20.9%
1カ月に数日	13.1%
その他・無回答	6.3%

（大阪府教育委員会の調査に基づいて、中田が作成）

だった。世話に費やす時間は平日 1 日当たり「3 時間未満」が 82.2%と最多で、3 時間以上も 8.4%いた。

　高等学校課は、「相当な数の高校生が家族の世話をしており、学業や生活への影響を聞き取り、関係機関と連携して支援を進めたい」としている。

〈参考文献〉

澁澤智子『ヤングケアラー ── 介護を担う子ども・若者の現実』2021　中公新書
読売新聞「ヤングケアラー 10 人に一人」2022.11.5

第**4**章

教員のメンタルヘルス

　「平成27年度　過労死等の労災補償状況」(厚生労働省)によると職場のストレスでうつ病などの精神疾患を発症し、労災認定される人が4年連続年間400人を超えるなど、企業におけるメンタルヘルス対策の重要性が改めて認識されている。また、学校現場では、「平成27年度公立学校教職員の人事行政状況調査」(文部科学省)によると、教育職員の精神疾患による病気休職者は、平成19年度以降、5,000人前後で推移している。その要因は、生徒指導、学習指導、部活動指導、校務、同僚や管理職との人間関係、保護者との関わりなど様々な問題が複雑に絡むが、心身の健康を維持することは児童生徒への影響を考えても不可欠なことであり、一個人の問題として看過してはならない。この章では、教員のメンタルヘルスに関する現状と課題を明らかにし、予防的取り組みについて考えることにする。

1.　教職員のメンタルヘルスに関する現状

　教員のメンタルヘルスについて実態の一部を示すのが、病気休職者のうち精神疾患を理由とする者の推移である。文部科学省は毎年、公立学校教職員の人事行政について調査しているが、2020(令和2)年度の精神疾患による病気休職者は全国で5,180人となっており、4年連続で5,000人を超えた。在職者数に占める割合は0.56%であった。ピークだった2019(令和元)年度(休職者数5,478人、割合0.59%)に比べれば低いが依然として深刻な課題であることは間違いない。

　割合を学校種別で比べれば、小学校が0.55%、中学校が0.64%、高校が0.37%、特別支援学校が0.66%など、義務教育段階、とりわけ中学校で多い。日

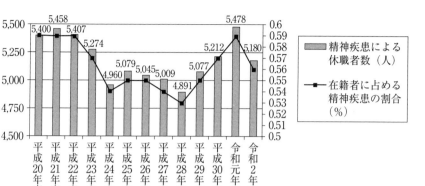

図 4-1　教職員の精神疾患による病気休職者数の推移
出典：「令和2年度 公立学校教職員の人事行政状況調査について」（概要）令和3年12
月21日　文部科学省より作成

本の中学校教員は「世界一忙しい」ことが、経済協力開発機構（OECD）の調
査でも明らかになっている。（2013〈平成25〉年「国際教員指導環境調査」＝
TALIS）職種別では、校長が0.07％、教頭を含む「副校長等」が0.23％と管理
職では低いのに対して、学級・教科担任など一般の「教諭等」は0.60％と高く
なっている。年代別では、20代が0.50％だったのに対して、30代以降では0.61
～0.63％と増加している。休職者に占める割合でみると、20代が11.3％、30代
が22.3％、40代が27.8％、50代以上が38.7％と、50代以上が突出しているよう
に見えるが、そもそもの年齢構成（20代13.6％、30代21.5％、40代26.7％、50
代38.2％＝2013〈平成25〉年度学校教員統計調査）と比べれば、むしろ30・40
代に多いといえる。この世代は採用数が抑制された影響から、極端に層が薄いう
えに、学校の中堅として多くの仕事を任されており、それだけストレスも高まっ
ていると考えられる。この調査から、精神疾患による病気休職者数は過去10年
間においても全体の0.50％程度の推移しており、残念ながら改善傾向はみられな
いというのが現状である。他産業と比較し、精神疾患による病気休職者の割合を
みると、厚生労働省の「平成27年　労働安全衛生調査（実態調査）」によると、
メンタル不調により連続1か月以上休業した労働者は、全産業平均で0.40％と
なっている。全産業平均と比較すると精神疾患による休職率は高くなっており、
教職員に過度の負担がかかっている状況であると考えられる。

2. 教職員のメンタルストレスに関する傾向

　「平成24年度　教職員のメンタルヘルスに関する調査」（文部科学省委託調査）の結果をみると、次のようになる。

〈校長〉

➤ 「学校経営」（38.1%）、「保護者への対応」（30.5%）に強いストレスを感じている割合が大きい。

➤ 常にストレスを感じる割合は、学校規模が大きいほど高い。

➤ 「地域社会、地域住民との関係」「自身の私的生活」に強いストレスを感じる割合は、現任校在籍1年以下が大きい。

➤ 「教育委員会とのコミュニケーション」「業務の量」に常にストレスを感じる割合は、平均退校時間が遅いほど大きい。

➤ 平均入校時間は7時〜7時30分の 割合が大きく、平均退校時間は18時〜19時の割合が大きい。

➤ 教職員としての理想像について、「明確にある」が60%強、「ある程度ある」を含めると100%近い。

〈副校長・教頭〉

➤ 「業務の量」「書類作成」「学校経営」「保護者への対応」に強いストレスを感じている割合が大きい。

➤ 常にストレスを感じる割合は、学校規模が大きいほど高い。

➤ 「書類作成」に強いストレスを感じる割合は、大規模校が小規模校・中規模校の2倍以上。

➤ 「保護者への対応」に強いストレスを感じる割合は、現任校在籍年数3年が最も大きく、1年が最も小さい。

➤ 平均入校時間は6時30分〜7時30分の割合が大きく、平均退校時間は19時〜21時の割合が大きい。

➤ 教職員としての理想像について、「明確にある」が40%弱、「ある程度ある」を含めると100%近い。

〈教員〉

> 「生徒指導」「事務的な仕事」「学習指導」「業務の質」「保護者への対応」に強いストレスを感じている割合が大きい。

> 「学習指導」「生徒指導」「部活動指導」「校外行事への対応」、「保護者への対応」に強いストレスを感じる割合は、中規模校で大きい。「業務の質」「同僚との人間関係」「上司との人間関係」に強いストレスを感じる割合は、学校規模が大きいほど高い。

> 学校種別による比較で、
・小学校が最多：「学習指導」「保護者への対応」「事務的な仕事」
・中学校が最多：「生徒指導」「部活動指導」「校外行事への対応」「上司との人間関係」

> 全体に、現任校在籍年数が長いほど常にストレスを感じる割合が大きいが、「学習指導」については現任校在籍年数による有意差は見られない。平均入校時間は7時～8時の割合が大きく、平均退校時間は18時～20時の割合が大きい。

> 教職員としての理想像について、「明確にある」が20%強、「ある程度ある」を含めると90%強。

また、教員勤務実態調査（平成28年度）の集計（速報値）について（平成29年4月28日　文部科学省　初等中等教育局）の結果をみると、教員の1日当たりの勤務時間については、下記の図4-2、図4-3の結果となる。

職種別に平成18年と比較すると、いずれの職種でも勤務時間が増加している。小学校では「副校長・教頭」が（49分）、「教諭」は（43分）、中学校では「教諭」が（32分）増加しており、勤務時間の増加幅が特に大きくなっている。

業務内容別の学内勤務時間では、平日については、小学校では、授業（27分）、学年・学級経営（10分）が、中学校では、授業（15分）、授業準備（15分）、成績処理（13分）、学年・学級経営（11分）が増加している。土日については、中学校で部活動（1時間4分）、成績処理（10分）が増加している。

この「教員勤務実態調査（平成28年度）の集計（速報値）」及びその後の追加分析によって以下のような実態が明らかにされた。

> 1週間当たりの学内総勤務時間について、教諭のうち、小学校は55～60

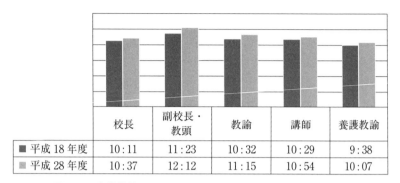

	校長	副校長・教頭	教諭	講師	養護教諭
■ 平成18年度	10:11	11:23	10:32	10:29	9:38
■ 平成28年度	10:37	12:12	11:15	10:54	10:07

図4-2 小学校教員1日あたりの学内勤務時間 （単位は、時間）

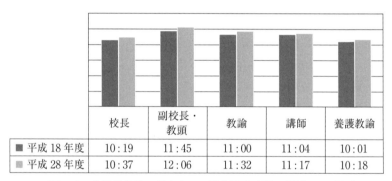

	校長	副校長・教頭	教諭	講師	養護教諭
■ 平成18年度	10:19	11:45	11:00	11:04	10:01
■ 平成28年度	10:37	12:06	11:32	11:17	10:18

図4-3 中学校教員1日あたりの学内勤務時間 （単位は、時間）

時間未満、中学校は60～65時間未満、副校長・教頭のうち、小学校は60～65時間未満、中学校は55～60時間未満の者が占める割合が最も高い。
➤ 小・中学校共に、年齢階層が若いほど勤務時間が長いが、いずれの年齢階層でも10年前と比較して勤務時間が増加している。
➤ 教諭については、10年前と比較して、学内勤務時間は増加している一方、持ち帰り業務時間は若干減少している。
➤ 業務内容別で比較すると、小学校については、平日では「授業」（27分増）「学年・学級経営」（10分増）の時間が主に増加している。
➤ 中学校については、平日では「授業」（15分増）「授業準備」（15分増）「成績処理」（13分増）「学年・学級経営」（11分増）、土日では「部活動・クラ

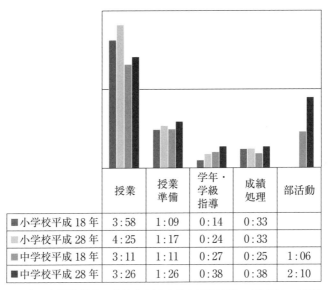

	授業	授業準備	学年・学級指導	成績処理	部活動
■小学校平成18年	3：58	1：09	0：14	0：33	
■小学校平成28年	4：25	1：17	0：24	0：33	
■中学校平成18年	3：11	1：11	0：27	0：25	1：06
■中学校平成28年	3：26	1：26	0：38	0：38	2：10

図4-4 小・中学校教員の業務内容別の学内勤務時間 （単位は、時間）

ブ活動」（1時間4分増）「成績処理」（10分増）「学校行事」（10分増）の時間が主に増加している。

➢ 中学校において土日の「部活動」に従事する時間については、10年前よりもほぼ倍増（1時間6分から2時間10分）しており、また、部活動の種類により差がみられる。

➢ 平日の勤務について、週60時間以上勤務の教諭とそれ以外の教諭とでは、小学校教諭では、主に「授業準備」「学校行事」「成績処理」に、中学校教諭では、主に「部活動」「授業準備」「学校行事」「学年・学級経営」「成績処理」に差がある。

➢ 校長や副校長・教頭と比較すると、小・中学校の教諭については、量的負荷が高い、裁量度が低い、メンタルヘルスの状態が不良であるという特徴がみられる。また、年齢が若いほど、メンタルヘルスの状態は不良となる傾向がみられる。

➢ 勤務時間が長くなるほど量的負荷、質的負荷が高く、また、勤務時間依存的にメンタルヘルスの状態は不良となる。

> ➢ 部活動については、必要な技能を備えていない場合、メンタルヘルスの状態は不良となる傾向が認められる。

このよう結果から、課題となる状況が考えられる。

　小学校は、学級担任制であるため、担当する授業時数が多い上に、給食指導、清掃指導、休み時間も児童と一緒に活動し、児童理解に努め、安全への配慮等も行っている。加えて、登下校時の校外指導、保護者との対応を行っていることから、休憩時間が確保できず、連続勤務の状況になっている。児童在校中に、校務や授業準備を行う時間の確保が難しい状況にある。

　中学校や高等学校では、教科担任制であるため教科により担当する授業時数は異なるが、生徒指導や進路指導に関わる業務の負担が大きくなる。それらの指導等の時間に加え、補習指導や部活動に関わる時間が長いことから、授業準備等の時間確保が難しい状況にある。

　これ以外にも、教員は、教育業務以外である事務業務を担っている。また、PTA行事、地域の行事では休日でありながら参加を求められることがある。特に小規模校では、一人の教員が多くの校務業務を行うことになり、時間的な余裕がない状況にある。時間という量的な面だけではなく、現在の学校は、様々な課題に対応するために、心理や福祉、などの教育以外の専門性を求められるような事案も増えてきており、質的にも難しくなっている状況である。

　このような状況を認識し、教職員の長時間勤務の要因を見直し、疲労や心理的負担を過度に蓄積して心身の健康を損なうことのないようにした上で、業務の質的転換を図り、児童生徒に向き合う時間を確保できる勤務環境を整備することが必要である。具体的には、膨大になってしまった学校及び教師の業務の範囲を明確にし、限られた時間の中で、教師の専門性を生かしつつ、児童生徒に接する時間を十分確保し、児童生徒に必要な指導を持続的に行うことのできる状況を作り出すことが必要である。

3.　教職員のメンタルヘルス予防対策

　メンタルヘルス対策とは、全ての働く人が健やかに、いきいきと働けるような気配りと援助をすること及び、そのような活動が円滑に実践されるような仕組みをつくり、実践することである。

　メンタルヘルス不調になると、

➢　仕事への根気が続かなくなる。

➢　重要な決定事項が判断できなくなる。

➢　普段なら半日でできていた仕事が 1 日かかるようになる。

など、本来その人が持っていた業務遂行能力を、十分発揮できなくなる。また、朝に調子が悪くなる場合が多いため、遅刻が増える。さらに一旦休業になった場合は長期間になることも多く、病気休暇・休職日数の大きな割合を占めることになる。最悪の場合は、自殺や離職につながることもある。メンタルヘルス不調に陥りやすい性格として、Shank（1983）は、「自分でなんとかしなくてはならない」という信念の強さをあげ、教員が自身の中で問題を抱え込む「事例の抱え込み」との関係を示唆している。このような性格の教員は、もともとは仕事熱心であった人が多いため、職場にとっては貴重な戦力を失うことにもなり学校組織にとって大きな損失となる。

　ところで、よく使う「ストレス」という用語について簡単に説明しておく。ストレスとは、物理学における物体の歪みを表す用語であった。カナダの生物学者セリスが、その用語を外部からの有害な刺激や環境（「ストレッサー」）に対応して生じる生体に歪みが生じた状態であるとした。医学や心理学の領域では、心や体にかかる外部からの刺激をストレスと言い、ストレッサーに適応しようとして、心や身体に生じた様々な反応をストレス反応と言う。私たちの心や体に影響を及ぼすストレッサーには、

＊　「物理的ストレッサー」：暑さ、寒さ、混雑、騒音など

＊　「科学的ストレッサー」：薬物、公害物質など

＊　「心理的・社会的ストレッサー」：人間関係、仕事上の問題など

がある。教職員が感じる「ストレス」の多くは、この「心理的・社会的ストレッ

サー」が原因であると言える。学校という職場には、仕事の量や質、対人関係をはじめ、様々な要因がストレッサーになりうることを理解しておくとことが必要であろう。

　メンタルヘルス対策を行うことで、自分自身によるストレスへの気づきのノウハウを身につけたり、メンタルヘルス不調者を早期に発見したり、適切に対応できれば、これらの発生や悪化を防止することが期待できる。

　文部科学省は、平成25年3月29日に教職員のメンタルヘルス対策について（最終まとめ）の中で、ストレス軽減に寄与する事項として、「教職員としての理想像を有している」「教職員の良好な人間関係」（上司と相談しやすい職場の雰囲気、職場を離れた同僚等とのコミュニケーションの確保）の2点をあげている。

　特に2つ目の、教員同士の人間関係の重要性を示していると考えておきたい。教師の仕事は、学習指導と生徒指導の両輪から成り立っている。この2つの指導は、大体において教師個人で、個々の児童・生徒と向き合う仕事である。この仕事が中心であり、職員室で同僚と話す時間よりはるかに多くの時間を費やすことになる。このことが、同僚には見られないところで児童・生徒と過ごすことになり、教師の仕事の閉鎖性を生み出す。そして「学級王国」という言葉があるように、閉鎖的で、一教師の独断と偏見を生み出すことにつながるのである。また、児童・生徒の前では、どの教員も立場が同等であるという意識が強く、隣りのクラスの先生の仕事には、口出しをすべきではないという不可侵という意識が生まれがちとなる。多忙なため自分のクラスや自分の授業担当クラスのことで手一杯となり、授業準備もままならず、マンネリ化した指導法から脱却できず、学級崩壊、授業不成立などの問題への対処も一人で抱え込もうとして事態をさらに悪化させていくこともある。また、人間は群れやすいため、組織の中で小グループが分割して固定化し、互いのグループを排除する閉鎖的な動きをし、組織全体を分断化していく状況も生まれやすいのが学校という組織である。

メンタルヘルスへの予防対策 〈その1〉
「同僚とともに学びあう教師になる」

　何と言っても、教師自らが「学校が楽しい」「児相・生徒といると楽しい」「同僚と一緒に仕事ができて楽しい」と感じることができれば、ストレスを溜めるこ

となく仕事に邁進できる。そのためには、教育についての夢や展望を語り合い共有することである。新任であれば、先輩教師に遠慮なく聞くことである。中堅教員であれば、学校運営についてアイデアを出し全員と共有し、具体的な活動を生み出すことである。ベテラン教員は、勤務校の歴史、地域性、保護者の思いや願いを汲み取り、全体を把握し、合理的な軌道修正を示唆していくことである。管理職であれば、学校目標を具体的に示し、子どもにつける能力・資質を明確に示すことである。「誰のための学校か？」を常に考え、〈子どものための学校〉を合言葉に互いが学び合い、自分の授業観や学習観・教育観を形成し、そして変容させていくことが求められる。Little（1982）は、学校目標が単なる題目にとどまらず、教師たち同士が教育の在り方を協働で探求することを通して、ビジョン（展望）が共有され明確になっていく。そして、そのビジョン（展望）に基づき、活動や語り、授業で使用される道具や教材が生まれていく。このような教師たちの関係性は「同僚性」（collegiality）であると指摘した。「同僚性」の発揮が、メンタルヘルスへの対策の第1となるのではないかと考える。

メンタルヘルスへの予防対策　〈その2〉
「セルフケア」

平成25年3月29日に、教職員のメンタルヘルス対策検討会議がまとめた「教職員のメンタルヘルス対策について」（最終まとめ）において、予防的取り組みとして、セルフケアの促進が提言されている。そもそもストレスとは、外部から刺激を受けたときに生じる緊張状態のことである。つまり、日常の中で起こる様々な変化＝刺激が、ストレスの原因になる。進学や就職、結婚、出産といった喜ばしいできごとも変化＝刺激であるからストレスの原因になる。ストレスを受けることで、体調をくずすだけでなく、気持ちが不安定になることは誰でも経験することである。つらくて食欲がない、気持ちが落ち着かなくて眠れない夜を過ごすこともあるだろう。こうしたサインが出ていながら、これまでと同じようにストレスを受け続けていると、心も体も悲鳴をあげて、さらに調子をくずしてしまう。心の健康を保つのも、体と同じように早めの対処が大切である。例えば、気持ちが落ち込む、イライラする、眠れない、食欲がない、疲れやすいといったとき、早めのセルフケアが必要だ。また、各自特有のストレスサインがある。例え

ば、疲れるといつも歯が痛くなる、腰に出てくる、耳鳴りがするなど、自分特有のストレスサインを知っておくことも大切である。そして、気づいたときには、十分に休息をとり、気分転換をするなど、早めにセルフケアをすることである

　一般的なセルフケアの方法として、ストレスがたまったときには、リラックスできる時間を日常生活の中に持つこと、ゆっくりと腹式呼吸をすること、ぼんやりと窓の外を眺めること、ゆったりお風呂に入ること、軽く体をストレッチすること、好きな音楽を聴くこと、など気軽にできることに取り組むことが有効であるとされている。また、規則正しい生活習慣を過ごすこと、バランスの取れた食事や良質の睡眠、適度な運動の習慣を維持することも重要である。

　考え方や見方を少し変えてみる方法もある。ストレスを感じるとき、私たちは物事を固定的に考えてしまいがちになる。例えば、「必ず、○○をしなければならない」と考えてしまい、それがうまくいかないときには強いストレスを感じてしまう。そんなときには、問題点やダメな点ばかりに注意がいく。対処法として、ダメな点ばかりではなく、実際にできていること、うまくいっていることに注意を向けるようにしたい。考え方や見方を少し変えてみるだけで、気持ちが少し楽になることがある。

　また、困ったときやつらいときに話を聞いてもらうだけでも、気持ちが楽になることがあり、話すことで自分の中で解決策が見つかることもある。相談に乗ってもらえたという安心感も、気持ちを落ち着かせることにつながる。友人、家族、同僚、地域や趣味の仲間など、日頃から気軽に話せる人をつくっておくことも必要である。

　しかし、どうしてもストレスを感じ、つらい思い、イライラ、睡眠不足などのストレスサインが続くときは、早めに専門の医師やカウンセラーに相談することが必要である。ストレスをなくすことが不可能であり、うまく対処する術を日々工夫するしかない。ストレスサインを知り、サインに気づいたら、自分なりの方法で休息や気分転換などの対応を心がけることが重要である。

　知っておくと使えるストレス軽減策を紹介しておく。疾病が予防できるとしてGoogle 社が取り入れ話題になった「マインドフルネス」である。瞑想のトレーニングを応用したもので「今この瞬間、経験していることに評価や判断をせず能動的に注意を向ける」ことをさす。具体的は、呼吸や姿勢、睡眠、食事といっ

た日常の行動を一つひとつ改善することが「マインドフルに生きる」ということ
だ。朝は決まった時間に起床し、朝食を食べる。出勤後はデスクで深い深呼吸、
昼食は○○をしながら食べない、午後は水を飲む・肩のストレッチ、夜はゆっく
りぬるめのお風呂に入る、などのように行動を意識的にこなしていくのである。
意識しながら生活する習慣を身に付けることで、代謝の促進、血糖値のコント
ロールなどの効果が見られる。また、20〜30分歩くことに集中するマインドフ
ルネスを実行すると、「幸せホルモン」と呼ばれる気分に影響を与えるセロトニ
ンという神経伝達物質が活性化するという研究報告もある。マインドフルネスを
活用したセルフケアの実践も価値があるかもしれない。

〈ストレスサインの例〉

こんな様子になったら、早目に専門機関に相談していくことが必要である。

> ✧　気分が沈む、憂うつ
> ✧　何をするのにも元気が出ない
> ✧　イライラする、怒りっぽい
> ✧　理由もないのに、不安な気持ちになる
> ✧　気持ちが落ち着かない
> ✧　胸がどきどきする、息苦しい
> ✧　何度も確かめないと気がすまない
> ✧　周りに誰もいないのに、人の声が聞こえてくる
> ✧　誰かが自分の悪口を言っている
> ✧　何も食べたくない、食事がおいしくない
> ✧　なかなか寝つけない、熟睡できない
> ✧　夜中に何度も目が覚める

（厚生労働省 HP 知ることからはじめよう、みんなのメンタルヘルスより）

メンタルヘルスへの予防対策 〈その3〉
「児童・生徒の言葉に真摯に耳を傾け聴く」

次に、教師特有のストレスケアの方法を考えてみる。前述の「教員勤務実態調
査（平成28年度）の集計（速報値）」の結果にもあったが、教師は授業という営
みに多くの時間をかけている。授業を成立させるために、児童・生徒の実態をも
とに、教材研究を丁寧に行い、指導計画、板書計画、評価規準、ワークシート作

成等、考え抜いて教壇に立つ。「教えたい」「理解してほしい」「最低これだけは、わかって欲しい」という使命感を持って臨んでいく日々である。しかし、このような考えで授業という営みを行うと、支配の構造をもたらすことにつながる可能性がある。使命感も度を過ぎると、児童・生徒の自由を奪う危険性が生まれる。「自分がなんとかしたい」と抱え込み、「自分一人で」頑張りすぎ、結果、大きな問題をつくりだしてしまう。こうならないために心得ておくことは、児童・生徒を心の底から尊重し、対等な人間として真摯に児童・生徒の言葉に耳を傾けて聞き取ることである。「教師なんだから、児童・生徒の気持ちはわかっている」「あの子の心の中は理解できている」「あの子はこう教えればきっと理解できるはずだ」等と思うことは、教師の思い上がりに他ならない。

　筆者の経験であるが、「人間の心の中はわからない。だから少しでも理解できるように耳を傾け聞くことが大切だ」という意識を持って授業に臨むと、教師が教えたいという意識が少なくなり、児童・生徒のわからなさが見え始める。そして、そのわからなさに最後まで付き合っていこうという意識が生まれ、楽な気持ちで児童・生徒と向き合えたのである。教える教師ではなく、一緒に課題を解決している人になっていたのである。この感覚が、授業に向かう時の「楽しさ」「面白さ」ともなり、ストレスを強く感じることがなくなったのである。この「児童・生徒の心の中はわからない。だから、まず聞く。そして、一人ひとりの悩みや不安を受けとめ、児童・生徒と一緒に考えていく」という考えで実践を積み重ねると、授業中の行動や考え方にゆとりが生まれるとともに教室内がゆったりした雰囲気に包まれるのである。

メンタルヘルスへの予防対策　〈その４〉
「ラインケア」

　学校現場の問題が多様化する中で、児童・生徒の人格の完成を目指し、日々活動する教師にとって、心の健康を維持することは努力を要することであり、課題とも言える。児童・生徒に問題が発生すると、教師は問題を解決するために懸命に努力をしていくことになる。そして、多忙さがストレスを生み、メンタルヘルス不調に発展する。そして、それらの弊害は、一教師の中にとどまらない。一つのクラスの問題が学年の問題となって広がり、さらには学校全体の問題へとより

広がりが大きくなることもある。余裕がなくなった教師同士に不信感が広がり、お互いを非難したり、責任を押し付けあったりしていくことは珍しいことではない。学級崩壊や規範意識の崩壊に伴う逸脱行動は、力で管理する指導をもたらし、それが、ますます教師と児童・生徒との溝を広げる結果となってしまう。場合によっては、保護者との関係にも悪影響を及ぼすことにつながることがある。こうした教師集団の歯車の狂いが、児童・生徒の問題をますます助長し、学校全体が悪循環に陥ってしまう。

　この悪循環を断ち切るのは、校長等による日常の状況把握と初期対応である。この対応をラインによるケアの充実（ラインケア）として、前述の「教員のメンタルヘルス対策について（最終のまとめ）に紹介されている。ただ、（最終のまとめ）の中の問題点として、校長等に対する「自校の教職員のストレスの状況を把握していますか」との問いに肯定的な回答をした割合は約78％にとどまっており、自校の教職員のメンタル面の状況把握が十分ではないと回答した割合が2割を超えている。このことは、校長等として教職員の健康管理に対する認識が必ずしも十分ではないと考えられる。

　このような状況を打破し、校長が早めに進んで、問題に関わっていくような学校は、メンタルヘルス不調が生じることは少ないと考えられる。校長等は、定期的に教職員との面談を実施したり、周囲の教職員の気づきを捉えたりして、日常的に教職員の勤務状況や健康状態の把握に努め、業務の負担が偏り長時間労働が続いていないか、メンタルヘルス不調の初期症状が見られないかといった点に留意し、言動の変化等がある場合には話をしたり、産業医や精神科医に相談したりするなどの初期対応を行うことが重要である。　一つのクラスの問題を担任教師にだけ背負わせず、学校としてわけて持つと同時に、教師自身が悩みを吐露できる雰囲気をつくる努力が求められる。場合によっては、学校内に抱え込まず、PTAや地域の協力、さらには外部期間の専門家の支援を得ることも有効である。真に「開かれた学校」「地域の学校」として存在し、教師自身が「健康」な状態で、生き生きと児童・生徒に向き合うことが求められる。

　そのためには、教師は、教室の中の問題を抱え込むことなく、教師自身が自らを開き、自らのクラスを開いていくことである。そして、職場の同僚や管理職への信頼感が不可欠である。また、互いのミスを共有し、かばい合える精神的な余

裕も必要である。

〈ラインケアの視点〉

以前と異なる状態が続く場合は、体調などを聞く。

> ✧ 服装が乱れてきた
> ✧ 急にやせた、太った
> ✧ 感情の変化が激しくなった
> ✧ 表情が暗くなった
> ✧ 一人になりたがる
> ✧ 不満、トラブルが増えた
> ✧ 独り言が増えた
> ✧ 他人の視線を気にするようになった
> ✧ 遅刻や休みが増えた
> ✧ ぼんやりしていることが多い
> ✧ ミスや物忘れが多い
> ✧ 体に不自然な傷がある

（厚生労働省 HP 知ることからはじめよう、みんなのメンタルヘルスより）

4. ま と め

　一般的に、仕事のストレスは「人間関係」が原因であると言われている。教師についていえば、わがままな児童・生徒、高圧的な保護者、建前を振りかざす管理職がストレッサーとなる場合が多い。誰しも、「○○先生のことは嫌い」「○○さんの保護者は、文句しか言わないから苦手だ」等、嫌いだ、苦手だという感情を持つことは誰にでもある。しかしそうした意識で相手と接していてはストレスが大きく、気づかないうちに相手との関係が気まずくなりトラブルを引き起すことになる。大切なことは、嫌わないこと、苦手意識を持たないことではなく、自分の内面を切り替えていくことである。教員の業務の特徴として、対人援助職であるために決まった正解がない事例も多く、成果を実感しづらい。それゆえ自分の行動が適切かどうかの迷いや不安を抱きながら対応していることもある。バーンアウト（燃え尽き症候群）のリスクも高い。 また、学校現場での人間関係に

ついては、次のような特徴がある。

> 職場内の雰囲気やコミュニケーションの状況について、校長とその他の教職員との間に認識のギャップがある。

> 同僚に対して意見を言いにくい、干渉されたくないという気持ちがあり、良好な人間関係が十分に形成されにくい。

> 上司や同僚が相談を受けても、仕事の仕方等についてのアドバイスが中心になりがちで、さらに精神的負担を感じてしまうことがある。

> 同僚や上司、部下の人間関係に加えて、児童生徒や保護者等との人間関係も相互に影響し合う（重層的な人間関係）。

このような特徴を踏まえ、〈働きやすい環境〉〈早期発見・適切な対応〉〈職場復帰支援と再発予防〉の3つの予防手段を恒常的に実施し、「セルフケア」「ラインケア」「専門機関によるケア」の3つのケアを効果的に実施・活用する必要がある。

特に「ラインケア」につながる『同僚性』という人と人の関係に目を向けることが重要であろう。児童・生徒の学習過程において主体的・対話的で深い学びの姿を求める学校は、教師たちも、互いに探求し合う過程を通し、教材や活動の価値、内容の中核は何かという問いを得て授業実践し、児童・生徒の姿をもとに実践を振り返っていく学校文化が成立している。言い換えるなら、「児童・生徒を主人公」にした、学びを中核にした学校である。これは児童・生徒の学びと教師の学びには類似性があることを教師自身が理解しているのである。教え込みの上から下への知識伝達の授業が横行している学校は、教職員の組織も管理職からの一方向に管理された硬直化していることが多いのではないか。主体的に誰もが語り合える対話的な活動が学校内に満ちている「同僚性」が発揮されている状況が、実は児童・生徒と教職員それぞれが居場所のある、ストレスが軽減された職場なのである。

教師の仕事は、どこまで行っても終わりのない、多忙で、ストレスに襲われることが予想される。このストレスを低減し精神的な支えとなり、メンタルの健康を支えることができるのもまた、語り合える同僚の力である。

●●● **学習課題** ●●●

1. 教職員のメンタルヘルス不調の背景は何か。

2. 教職員のメンタルヘルス不調の要因は何か。

3. 予防的取り組みとは何か。

4. 同僚性とメンタルヘルスの関係性とは何か。

【引用・参考文献】

藤田圭一・浮谷秀一編『現在社会と応用心理学1クローズアップ「学校」』福村出版　2015

秋田喜代美・佐藤学編「新しい時代の教職入門」(改訂版) 有斐閣アルマ　2006

文部科学省「教職員のメンタルヘルス対策について」(最終のまとめ)

　　https://www.mext.go.jp/content/20211220-mxt_syoto01-000019568_00102.pdf

国立教育政策所編「教員環境の国際比較 ― OECD 国際教員指導環境調査 (TALIS) 2013 年調査結果報告書」(株) 明石書店　2014

教職員のメンタルヘルス。公立学校共済

　　https://www.kouritu.go.jp/aomori/kousei/kanri/020101a.../files/saifirst.pd

有田 秀穂　メンタルストレスとセロトニン　Anti-aging medicine ／ 日本抗加齢医学会［編］ 11(1)=54:2015.2. 18-23 ISSN 1880-1579

=======ミニ教育用語事典④「GIGAスクール構想の実現と教育のICT化」=======

Society5.0 の到来により、社会は大きな変革を求められている。このような社会と時代を担う子どもたちにとって、日常生活において ICT（情報通信技術）を用いることが必要不可欠となっている。それと同時に、学校教育における ICT 化が推進されている。

　文部科学省は 2019 年に「GIGA スクール構想」という教育改革案を発表した。GIGA というのは、Global and Innovation Gateway for All の頭文字をとった略称で「すべての児童・生徒にグローバルで革新的な扉を」という意味が込められている。具体的には、「児童生徒向けの 1 人 1 台端末と、高速大容量の通信ネットワークを一体的に整備し、多様な子どもたちを誰 1 人取り残すことなく、公正に個別最適化され、資質・能力が一層確実に育成できる教育 ICT 環境を実現すること」、また、「これまでの我が国の教育実践と最先端の ICT のベストミックスを図ることにより、教師・児童生徒の力を最大限に引き出すこと」を目指す。そして、これまで蓄積されてきた教育の実践に ICT 環境が加わることで学習活動の一層の充実をはかり、主体的・対話的で深い学びの視点から授業改善が可能になる。

　なお、我が国における学校の ICT 環境整備状況は非常に脆弱かつ危機的な状況である。平成 31 年「学校における教育の情報化の実態等に関する調査」では、教育用コンピュータ 1 台あたりの児童生徒数は 1 台につき 5.4 人である。また「OECD 生徒の学習到達度調査」（PISA, 2018）によれば、日本の学校の授業におけるデジタル機器の使用時間は、OECD 加盟国で最下位となっている。また同調査では、学校外での ICT 利用に関しても学習面（コンピューターを使って宿題をする、学校の勉強のためにインターネット上のサイトを見る）では、OECD 平均以下、学習外（ネット上でチャット、ゲームで遊ぶ）は OECD 平均以上となっている。

　「新学習指導要領」においては情報活用能力が、言語能力、問題発見・解決能力と同様に、「学習の基盤となる資質・能力」と位置付けられ「各学校において、コンピューターや情報通信ネットワークなどの情報手段を活用するために必要な環境を整え、これらを適切に活用した学習活動の充実を図る」ことが明記され、小学校におけるプログラミング教育が必修化され、今後の学習において積極的に ICT を活用することが求められている。とりわけ、課題や目的に応じてインターネット等を用い、さまざまな情報を主体的に収集・整理・分析する調べ学習、長文の作成や音声・動画など資料を用いた多様作品の制作などの学習や遠隔教育により、大学や海外の専門家との連携、過疎地、離島の学校との交流、情報モラル教育が ICT の活用により充実すると考えられる。

〈参考文献〉

文部科学省　GIGA スクール構想の実現について
　https://www.mext.go.jp/a_menu/other/index_00001.htm

第 **5** 章

教員の資質向上と研修

　学校教育活動は昔から途切れることなく延々と続いている活動であり、そこには幼児、児童、生徒、学生等（以下、児童生徒と記す）が学び、その活動を担うのは教員だ。教員がどのような学校教育活動を実践するかによって、児童生徒の学びや成長の度合いは大きく変わることは当然のことで、だからこそ教員には児童生徒に必要な教育を実践するための資質能力が求められる。

　本章では、教員に必要とされる資質能力を見定めるために必要な、諸外国との比較を踏まえた学校教育の現状、教員養成教育の現状、教員になってからの研修の現状に加えて、児童生徒が学校での学びを経て巣立つこれからの社会を予測したうえで、これからの時代に必要な教員養成と研修について考えていく。

　教員養成や研修に取り組むときは、「不易と流行」の観点から、文部科学省の言う「チームとしての学校」の意義や、新たな教育課題に対応するための教員養成、教員研修の重要性を踏まえるとともに、いつの時代においても教員に必要とされる資質能力について身に付けることも忘れてはならない。

1. はじめに

　教員が学校教育活動を実践する際、「指導の引き出し」という言葉を使うことがある。児童生徒に同じ内容を指導する時も、児童生徒の理解を深めるためには一つの指導方法ですべての児童生徒の理解を深めることは難しく、児童生徒の力量等に応じて様々な指導方法を使わなければならない。その一つひとつの指導方法のことを「指導の引き出し」と言う。同じ内容を指導する際に、多くの引き出しを持って児童生徒の力量に応じてそれを使い分けることのできる教員のこと

を、「指導の引き出しを多く持っている教員」等と言い、このような教員のことを教科指導や学級運営、部活動指導等において資質能力の高い教員だと言うことができる。

　また、「アンテナを高く張る」という言葉も使う。これは、学校教育活動のあらゆる場面で児童生徒の行動や言動を見逃さないように注意を払うことを言い、その内容に応じて必要な指導（ほめる、しかる、サポートする等）を適切なタイミングで行える教員のことを、「いつもアンテナを高く張っている教員」等と言い、このような教員も教師としての資質能力の高い教員だと言える。

　逆に、児童生徒への暴言や体罰、セクシャルハラスメント、パワーハラスメント等、教員の不祥事についての報道が後を絶たず、教員としての資質能力が本当に備わっているのかと疑問を持たざるを得ない事象が起こっていることも事実である。

　資質能力が高いと言われる教員はどのようにしてその力を身に付け、そして高めているのだろうか。逆に不祥事を起こす教員は、教員としての資質能力をもともと身に付けていなかったのか、それとも一旦身につけた資質能力を維持し、高めることを放棄したのだろうか。いずれにしても一人ひとりの児童生徒にとって在籍するクラスの担任は一人であり、授業を受け持つ教員も各科目につき一人である。部活動を担当する教員も基本的に一人であるし、小学校の場合は基本的に一人で全科を指導しなければならない。担任であれ、授業担当であれ、部活動顧問であれ、そこにいる児童生徒が学ぶのはその教員からなのだから、教員はこのことを十分に理解し、指導の引き出しを増やしたりアンテナを高く張る等、目の前の児童生徒のために責任を持って最大限の教育活動を展開する覚悟が必要である。そのために教員は、学び続け、自らの教員としての資質を向上させていかなければならない。

　もともと教員になるには、取得したい免許状に対応した教職課程のある大学・短期大学等に入学し、法令で定められた科目及び単位を修得して、卒業後に各都道府県教育委員会から教員免許状を授与されること（養成）と、教員採用試験に合格して採用されること（採用）が前提となる。この2つの関門を通過するということで、教員として一定の資質能力を持っているということが認められたということになる。教員になってからもその時代の不易と流行を踏まえ、資質能力の

向上をめざして学び続ける（研修）ことも、教員にとって重要である。

　教育基本法第9条においても、「法律に定める学校の教員は、自己の崇高な使命を深く自覚し、絶えず研究と修養に励み、その職責の遂行に努めなければならない」「前項の教員については、その使命と職責の重要性にかんがみ、その身分は尊重され、待遇の適正が期せられるとともに、養成と研修の充実が図られなければならない」とあり、教員の資質能力の向上についてその養成・採用と研修の重要性を、教員は責務として認識しなければならない。

　では、これから教員をめざす人や現在教職に就いている教員は、どのような資質能力を身に付けなければならないのだろうか。また、一旦身に付けた資質能力をどのように維持するとともに、より素晴らしい資質能力へと向上させていけばよいのだろうか。本章では、時代を踏まえて教師に求められる資質とは何か、それを身に付け、さらに向上させていくにあたっての養成、研修の在り方はどうあるべきかについて、それぞれの段階を踏まえて記述していく。

2. 教員に必要とされる資質能力の不易と流行

　教育基本法第1条には、教育の目的として、「教育は、人格の完成をめざし、平和で民主的な国家及び社会の形成者として、必要な資質を備えた心身ともに健康な国民の育成を期して行われなければならない」とある。この目的を達成するために教師に求められる資質とは、不易と流行の双方を見据えて学校教育活動を実践することのできる力量だと言えるのではないだろうか。ここで言う不易とは、時代を超えて変わらない価値のあるものを伝えることのできる力量のことであり、流行とは、時代の変化とともに変えていく必要があるものを踏まえて教育を実践することのできる力量のことである。

　教員が備えるべき不易な資質能力には、例えば使命感や責任感、教育的愛情、教科や教職に関する専門的知識、実践的指導力、総合的人間力、コミュニケーション能力等がこれまでの答申等においても繰り返し提言されてきたところである。では、今踏まえるべき流行とはどのようなことを言うのだろうか。

　令和4年8月に改訂された文部科学省の「教師の資質向上に関する指針・ガイドライン」では、教師に共通的に求められる資質の具体的内容として、教職に

必要な素養に加えて学習指導、生徒指導、特別な配慮や支援を必要とする子供への対応、ICT や情報教育データの利活用の 5 点があげられている。その中で流行と言えそうなものについては、

①　教職に必要な素養に主として関するもの

・「令和の日本型学校教育」を踏まえた新しい時代における教育、学校及び教職の意義や社会的役割・服務等を理解するとともに、国内外の変化に合わせて常に学び続けようとしている。

・子供達や教職員の生命・心身を脅かす事故・災害等に普段から備え、様々な場面に対応できる危機管理の知識や視点を備えている。

②　学習指導に主として関するもの

・関係法令、学習指導要領及び子供の心身の発達や学習過程に関する理解に基づき、子供たちの「主体的・対話的で深い学び」の実現に向けた授業改善を行うなど、「個別最適な学び」と「協働的な学び」の一体的な充実に向けて、学習者中心の授業を創造することができる。

③　生徒指導に主として関するもの

・キャリア教育や進路指導の意義を理解し、地域・社会や産業界と連携しながら、学校の教育活動全体を通じて、子供が自分らしい生き方を実現するための力を育成することができる。

・子供の心身の発達の過程や特徴を理解し、一人一人の状況を踏まえながら、子供達との信頼関係を構築するとともに、それぞれの可能性や活躍の場を引き出す集団づくり（学級経営）を行うことができる。

④　特別な配慮や支援を必要とする子供への対応に主として関するもの

・特別な配慮や支援を必要とする子供の特性等を理解し、組織的に対応するために必要となる知識や支援方法を身に付けるとともに、学習上・生活上の支援の工夫を行うことができる。

⑤　ICT や情報教育データの利活用に主として関するもの

・学校における ICT の活用の意義を理解し、授業や校務等に ICT を効果的に活用するとともに、児童生徒等の情報活用能力（情報モラルを含む。）を育成するための授業実践等を行うことができる。

・「個別最適な学び」と「協働的な学び」の実現に向け、児童生徒等の学習の

　改善を図るため、教育データを適切に活用することができる。
などがあげられる。上述したものの中には不易と言えるものもあると思われる
が、児童生徒が学校を卒業した時、今とは違う社会に直面することを踏まえて、
不易な内容を踏まえつつも流行として学びを深めてほしいものである。

　教員をめざす学生や現職の教員は、これらの身に付けるべき能力を養成・研修
のどの段階で何から学んでいけばよいのだろうか。これを考えるにあたり、まず
は学校教育の現状と、学校での学びを経た児童生徒が巣立っていく未来を見据え
ることから踏まえたい。

3. 今とこれからの時代を見据える

（1）学校教育の現状

1）児童生徒の状況

　文部科学省の調査では、不登校児童生徒の状況（1,000人当たり不登校児童生
徒数）が平成13年度から令和3年度で、小学校で3.6から13.0で3.6倍に、中
学校で28.1から50.0で1.8倍に増えており（図5-1）、学校内での暴力行為の件
数は平成25年度から令和3年度で、中学校で11.3から7.5と減少しているもの
の、小学校で1.6から7.7と4.8倍に増えている（図5-2）。このことから不登校
児童生徒への対応のみならず、知・徳・体全般に渡っての学びに対する興味・関
心を高めることの必要性も高まってきていることが分かる。

　いじめについては、小・中・高等学校及び特別支援学校におけるいじめの認知
件数は令和3年の文部科学省の調査結果で615,351件（内、小学校500,562件、
中学校97,937件、高校14,157件、特別支援学校2,695件）（前年度517,163件）、
児童生徒1,000人当たりの認知件数は47.7件（前年度39.7件）となっており、
多くの都道府県、市町村ではいじめ防止基本方針を策定したり、いじめ問題対策
連絡協議会等を設置しているにもかかわらず、依然として数多く発生している状
況にあり、特に小学校での増加傾向が顕著である。このことから、いじめ問題へ
の対応は今後も喫緊の課題であると言える。

　また、2012年のOECD、生徒の学習到達度調査（PISA）によると、高校1
年生の順位の推移では日本の生徒の学力は科学的リテラシー、数学的リテラシー

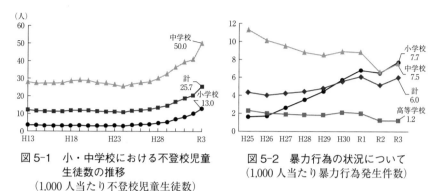

図 5-1　小・中学校における不登校児童
　　　　生徒数の推移
　　　（1,000 人当たり不登校児童生徒数）

図 5-2　暴力行為の状況について
　　　（1,000 人当たり暴力行為発生件数）

出典：文部科学省「令和 3 年度児童生徒の問題行動・不登校等生徒指導上の諸問題に関
　　　する調査結果の概要（令和 4 年 10 月）

についてはトップレベルを維持しているのだが、読解力については高得点グルー
プに位置するも前回に比べると低下傾向にある。

　次に平成 30 年度の内閣府の調査によると、自己肯定感については、「私は自
分自身に満足している」という質問に肯定的に捉えている生徒の割合が、日本が
45.1％に対してアメリカ 87％、韓国 73.5％となっている。「私には体力に自信が
ある」という質問では肯定的に答えた生徒の割合は日本が 34.2％なのに対してア
メリカ 70.7％、韓国 48.6％という調査結果があり、日本の高校生は他の 3 か国に
比べて自己肯定感が低い傾向にある。このことから、日本で学ぶ児童生徒に対し
て自己肯定感を高めるための取り組みも、今後よりいっそう必要になってくる。

2）学校の役割についての諸外国との比較

　教員の役割について国立教育政策研究所の 2017 年の調査では、諸外国と比べ
て担当する役割が比較的多いというのが現状である（表 5-1）。教員が担当とされ
ているもの（○）と部分的にあるいは一部の教員が担当する場合があるもの（△）
を足すと、日本は 30 項目であるのに対して、イギリス 7、フランス 9、アメリカ・
シンガポール 14、韓国 19、ドイツ 22、中国 29 となっている。つまり、日本の教
員は受け持つ役割が多いということが言え、学校運営に関わる業務は日本とドイ
ツ、中国だけが教員の役割となっている。なお、「出欠確認」「授業」「教材研究」
「体験活動」「試験問題の作成、採点、評価」「試験監督」「避難訓練、学校安全指
導」については、すべての国で担当されている役割なので掲載されていない。こ

表 5-1　諸外国における教員の役割分担

		アメリカ	イギリス	中国	シンガポール	フランス	ドイツ	日本	韓国
児童生徒の指導に関わる業務	登下校の時間の指導・見守り	×	×	×	×	×	×	△	×
	欠席児童への連絡	×	×	○	○	×	○	○	○
	朝のホームルーム	×	○	○	×	×	×	○	○
	教材購入の発注・事務処理	×	×	△	×	×	×	△	×
	成績情報管理	○	×	△	○	○	○	○	○
	教材準備（印刷や物品の準備）	○	×	○	○	○	○	○	○
	課題のある児童生徒への個別指導、補習指導	○	×	○	○	○	○	○	○
	体験活動の運営・準備	○	○	○	×	×	○	○	○
	給食・昼食時間の食育	×	×	×	×	×	×	○	×
	休み時間の指導	○	○	○	△	×	×	○	○
	校内清掃指導	×	×	○	○	×	×	○	×
	運動会、文化祭など	○	○	○	○	×	○	○	○
	運動会、文化祭などの運営・準備	○	○	○	○	×	○	○	○
	進路指導・相談	△	○	○	○	○	○	○	○
	健康・保健指導	×	×	○	○	○	○	△	○
	問題行動を起こした児童生徒への指導	△	○	○	○	○	×	○	○
	カウンセリング、心理的なケア	×	×	○	○	○	×	△	×
	授業に含まれないクラブ活動・部活動の指導	△	×	○	△	×	△	○	△
	児童会・生徒会指導	○	○	○	○	×	×	○	○
	教室環境の整理、備品管理	○	×	△	○	○	○	○	○
学校の運営に関わる業務	校内巡視、安全点検	×	×	○	×	×	×	△	×
	国や地方公共団体の調査・統計への回答	×	×	△	×	×	○	△	×
	文書の受付・保管	×	×	△	×	×	○	△	×
	予算案の作成・執行	×	×	×	×	×	○	×	×
	施設管理・点検・修繕	×	×	△	×	×	×	×	×
	学納金の徴収	×	×	○	×	×	×	△	×
	教師の出張に関する書類の作成	×	×	△	×	×	○	○	×

	学校広報（ウェブサイト等）	×	×	△	×	×	○	○	×
	児童生徒の転入・転出関係事務	×	×	○	×	×	×	△	×
外部対応に関わる業務	家庭訪問	×	×	×	×	×	×	○	△
	地域行事への協力	○	○	△	×	○	×	△	△
	地域のボランティアとの連絡調整	×	×	△	×	×	○	△	×
	地域住民が参加した運営組織の運営	△	×	×	×	×	△	△	△

の表からは、日本の教員の多忙さの一因について読み取ることができる。国ごとの違いを踏まえて役割の見直しについても検討する必要を認めつつも、教育は止めることができない活動であることから、現状を踏まえて、教員として持つべき、学ぶべき、伸ばすべき資質について認識してほしい。

3）諸外国との比較による日本の教員の現状

OECD の国際教員指導環境調査（TARIS、2018、参加国は 48 の国と地域）によると、日本の教員（中学校）の現状は、

① 教員の仕事に関して誰から学ぶのかについて、校長や校長以外の学校運営チームのメンバーから学ぶことは各国とも高いのだが、それ以外の校内の同僚から学ぶ割合は高い（日本 88.9%、参加国平均 70.6%）。

　このことから、諸外国に比べて教員としての成長に多くの教員が関わってくれるということであり、この機会を如何に活かしていくかが重要となる。

② 周りの教員から学んだ担当教科等の指導法が、その後の指導実践に良い影響を与えたと感じている教員の割合が、諸外国に比べて高い（日本 72.8%、参加国平均 61.4%）。担当教科等の分野に関する知識と理解についても同様である（日本 68.4%、参加国平均 52.4%）。

　このことから、教科教育についても同僚教員から有益な学びを得る機会が多いということであり、若い先生方はこの文化を積極的に活用すべきである。

③ 教員の協働の観点からは、学級内でチームティーチングを行う割合が高く（日本 58.3%、参加国平均 23.2%）、諸外国に比べて日本の教員の協働意識は高く、学びあえる機会は多いのだが、教員が自身の専門性を高める勉強会に参加する機会は低い（日本 5.9%、参加国平均 23.0%）。

　この結果からは、教員としての資質向上のためには学校現場での指導実
践を通して高めていくことが必要となってくるが、研修内容によっては職
務を合理化して研修の時間を確保することが必要となる。

④　学校の雰囲気として、「教職員が率先して新たな試みを行うよう促してい
る」という質問には、日本 62.1％に対して諸外国では 82.6％と日本の方が低
い。これは、現状維持、前年度踏襲という日本の教員文化が少なからず影
響していると思われる。ICT の活用をはじめとして日本社会が大きく変わ
ろうとしている現在においては、学校教育活動の改善については、教員が
想像力を発揮して創造しるなど、積極的に教員文化を変えていく必要があ
ると考える。

⑤　日本の教員は、「児童生徒が学習の価値を見出せるよう手助けする（日本
33.9％、参加国平均 82.8％)」「デジタル技術の利用によって児童生徒の学習
を支援する（日本 35.0％、参加国平均 66.7％)」「児童生徒に勉強ができると
自信を持たせる（日本 24.1％、参加国平均 86.3％)」のいずれの側面におい
ても、高い自己効力感を持つ教員の割合が参加国平均を大きく下回る。

　これらの内容から、教員として伸ばすべき資質能力の一端が見えてくる。生徒
一人ひとりが巣立っていく未来を見据えて、教員としてどのような資質能力を身
につけ、伸ばしていくかについて考えてほしい。

　学校教育の現状の一部について見てきたが、これは一部に過ぎず、これ以外に
もより詳細な児童生徒の状況、教員の置かれている状況、施設・設備や教材等の
学習環境、地域や学校外の組織との連携状況等を踏まえることが資質能力の向上
のための現状認識として必要であるが、ここでは上記の内容にとどめたい。

（2）　教員養成教育の現状

　教育職員免許法第 3 条には、「教育職員は、この法律により授与する各相当の
免許状を有する者でなければならない」とあり、大学で教員免許取得のために必
要な科目を履修し、学びを始めるところから教員としての資質向上の取り組みは
始まる。教員をめざす者は将来教壇に立つことを意識し、つまり教員採用試験に
合格するだけでなく、その後長年に渡って多くの児童生徒の「先生」になること
を意識して学びを深めてほしい。

　教員免許状を取得するためには、平成 29 年 11 月に公布された、「教育職員免許法施行規則及び免許状更新講習規則の一部を改正する省令の公布について（通知）」により、平成 31 年 4 月からは、①教科及び教科の指導法に関する科目、②教育の基礎的理解に関する科目、③道徳、総合的な学習の時間等の指導法及び生徒指導、教育相談等に関する科目、④教育実践に関する科目、⑤大学が独自に設定する科目によって構成された科目を定められた単位数について履修、修得することが必要となってくる。

　また、教育実習（養護実習）の単位の一部に学校体験活動の単位を含むことができることとなるが、学生が長期間にわたり継続的に学校現場等で体験的な活動を行うことは、学校現場をより深く知ることができるとともに、自らの教員としての適格性を把握するための機会としても有意義であると考えられるため、こういう機会を充実させることも期待されている。

（3）　教員になってからの研修の現状

　教員になってからの研修には、国レベルの研修、都道府県等教委が実施する研修等をはじめとして、市町村教委が実施する研修、民間団体が実施する研修等様々な研修がある。

　国レベルの研修としては、各地域で学校教育において中心的な役割を担う校長・教頭等の教職員に対する研修としての中堅教員研修、校長・教頭等研修、海外派遣研修等があり、学校現場が抱える喫緊の重要課題について、地方公共団体が行う研修等の講師や企画・立案等を担う指導者の養成等を目的とした研修等がある。都道府県教委等が実施する研修としては、法定研修でもある初任者研修と 10 年経験者研修、職能に応じた研修としての生徒指導主事研修、新任教務主任研修、民間企業等への長期派遣研修や教科指導、生徒指導等に関する専門的研修等がある。このような研修の中から、初任者研修と 10 年経験者研修について詳しく見ていきたい。

1）　初任者研修

　教育公務員特例法第 23 条に、「公立の小学校等の教諭等の任命権者は、当該教諭等に対して、その採用の日から 1 年間の教諭の職務の遂行に必要な事項に関する実践的な研修を実施しなければならない」「任命権者は初任者研修を受ける者

の所属する学校の副校長、教頭、主幹教諭、指導教諭、教諭又は講師のうちから指導教員を命じるものとする」「指導教員は、初任者に対しての教諭の職務の遂行に必要な事項について指導及び助言を行うものとする」と規定されている。公立の小学校等とは、公立の小学校、中学校、高等学校、中等教育学校、特別支援学校及び幼稚園を指し、教諭等とは、教諭、助教諭及び常勤の講師を指している。

　研修内容としては、校内研修として、拠点校指導教員や校内指導教員が講師となって、週10時間、年間300時間程度実施するものとされており、実施上の留意点としては、個々の初任者の経験や力量、個々の学校の抱える課題に重点を置くこと、授業の準備から実際の展開に至るまでの授業実践の基礎（指導案の書き方、板書の仕方、発問の取り方等）について、きめ細かく初任者を指導することとされている。また、校外研修としては、年間25日間程度にわたって、①教育センター等における教科等に関する専門的な指導、②企業・福祉施設等での体験研修、③社会奉仕体験活動研修及び自然体験活動研修、④宿泊研修（4泊5日程度）を実施すること。実施上の留意点としては、①校内研修との有機的な連携を保つ、②初任者が自己の問題意識に応じて講師や研修内容を選択できるようにする、③参加型・体験型研修、課題研究・討論等、課題解決的な研修を多く取り入れる、④異なる規模の学校や他校種での研修等、他の学校での経験を得る機会を確保するとされている。

　文部科学省（2007）が小・中学校の研修項目例として具体的に提示しているものとしては、大項目として基礎的教養、学級経営、教科指導、道徳、特別活動、総合的な学習の時間、生徒指導・進路指導と分類されており、それぞれの大項目に中項目・小項目を定めている。例えば大項目の学級経営を、中項目を○数字、小項目を（　）内として見てみると、①学級経営の意義（学級経営の内容と果す役割・学級経営案の作成と活用・学級経営と学年経営）、②学級経営の実際と工夫（学級の組織作り・教室環境づくり・児童生徒による活動の運営・児童生徒との関わり方・学級集団づくり・日常の指導）、③保護者と連携を図った学級経営（授業参観と保護者会・学級通信・保護者への助言）、④学校事務の処理（年度当初、各学期当初の学級事務・成績等に関わる諸表簿の作成等の学級事務・各学期末、年度末の学級事務・学級事務と情報処理の活用）と詳しく例示されており、任命権者は学校の状況等を踏まえて研修内容を定めて実施している。

2）10 年経験者研修

　教育公務員特例法第 24 条に、「公立の小学校等の教諭等の任命権者は、当該教諭等に対して、個々の能力、適性等に応じて、公立の小学校等における教育に関し相当の経験を有し、その教育活動その他の学校運営の円滑かつ効果的な実施において中核的な役割を果たすことが期待される中堅教諭等としての職務を遂行する上で必要とされる資質の向上を図るために必要な事項に関する研修を実施しなければならない」「任命権者は、中堅教諭等資質向上研修を実施するに当たり、中堅教諭等資質向上研修を受ける者の能力、適性等について評価を行い、その結果に基づき、当該者ごとに中堅教諭等資質向上研修に関する計画書を作成しなければならない」と規定されている。

　教育委員会が対象者を評価するために作成した評価基準をもとに、勤務校の校長が必要な評価とともに研修計画書を作成し、それを教育委員会が調整して研修を実施する。研修は、長期休業中の研修として 20 日間程度、教育センター等において、教科指導、生徒指導や適性に応じた得意分野づくり等について実施され、課業期間中の研修としては、年間 20 日程度、主として学校内で研究授業を実施しての助言や、教材研究等についての助言を、校長、教頭や教務主任等が行う。

（4）これからの時代を見据える

　児童生徒が学校での学びを経て社会に巣立つ時、その社会で充実した幸せな生活を送るために、学校では何を教えるべきなのだろうか。これからの時代を可能な範囲で予測するために、文部科学省は、日本のこれからの教育を考えるための未来の情報として、「今後 10 ～ 20 年程度で、アメリカの総雇用者の約 47％の仕事が自動化されるリスクが高い（マイケル・A・オズボーン、オックスフォード大学）」や、「2011 年度にアメリカの小学校に入学した子供たちの 65％は、大学卒業時に今は存在していない職業に就くだろう（キャシー・デビッドソン、ニューヨーク市立大学教授）」等の研究結果を紹介している。ICT の普及、AI 化の進展に伴って、教育を人（教師）がするのではなく、AI がとって代わる時代が来るのだろうか。すべてをとって代わることはないにしても、教育のどの部分を AI がとって代わり、人（教師）はどの部分を担当するのだろうか。「教育

は人なり」と言われるように、AIではできない教育を教師が実践することはなくならないと思うが、必要とされる教員数が減っていく可能性はある。

　また教育現場にタブレット端末等のICT機器が導入されてきており、それを活用しての教材作成や成績処理能力も必要となってくる。10〜20年後の将来を見据えてどのような力を児童生徒に身につけさせれば良いのかについて検討し、その力を身につけさせるための資質能力を向上させるための研修についても積極的に取り組まなければならない。

4. 教員の資質能力向上のために必要なこれからの教員養成と研修

　教員の資質能力向上のために必要なこれからの教員養成と研修を考える時、「2. 教員に必要とされる資質能力の不易と流行」で記述したように、時代を超えて変わらない価値のあるものを伝えることのできる力量と、時代の変化とともに変えていく必要があるものを踏まえて教育を実践することのできる力量の、両方の力量を教員養成過程で、また教員になってからの研修で身につけていくことが重要である。この目的を達成するために、養成、研修のそれぞれの段階での資質能力向上方策の改革の具体的な方向性について、中教審答申「令和の日本型学校教育」の構築を目指して〜全ての子供たちの可能性を引き出す、個別最適な学びと、協働的な学びの実現〜（答申）（令和3年1月）から見ていきたい。

　答申では2020年代を通じて実現すべき「令和の日本型学校教育」の姿を、①個別最適な学びと、②協働的な学びに分類して記述されている。
　①　個別最適な学び
　・新学習指導要領では、「個に応じた指導」を一層重視し、指導方法や指導体制の工夫改善により、「個に応じた指導」の充実を図るとともに、コンピュータや情報通信ネットワークなどの情報手段を活用するために必要な環境を整えることが示されており、これらを適切に活用した学習活動の充実を図ることが必要
　・GIGAスクール構想の実現による新たなICT環境の活用、少人数によるきめ細かな指導体制の整備を進め、「個に応じた指導」を充実していくことが

　　重要

・その際、「主体的・対話的で深い学び」を実現し、学びの動機付けや幅広い
　資質・能力の育成に向けた効果的な取組を展開し、個々の家庭の経済事情
　等に左右されることなく、子供たちに必要な力を育む

②　協働的な学び

・「個別最適な学び」が「孤立した学び」に陥らないよう、探究的な学習や体
　験活動等を通じ、子供同士で、あるいは多様な他者と協働しながら、他者
　を価値ある存在として尊重し、様々な社会的な変化を乗り越え、持続可能
　な社会の創り手となることができるよう、必要な資質・能力を育成する「協
　働的な学び」を充実することも重要

・集団の中で個が埋没してしまうことのないよう、一人一人のよい点や可能性
　を生かすことで、異なる考え方が組み合わさり、よりよい学びを生み出す
　としたうえで、教職員の姿を

・学校教育を取り巻く環境の変化を前向きに受け止め、教職生涯を通じて学び
　続け、子供一人一人の学びを最大限に引き出し、主体的な学びを支援する
　伴走者としての役割を果たしている

・多様な人材の確保や教師の資質・能力の向上により質の高い教職員集団が実
　現し、多様なスタッフ等とチームとなり、校長のリーダーシップの下、家
　庭や地域と連携しつつ学校が運営されている

・働き方改革の実現や教職の魅力発信、新時代の学びを支える環境整備によ
　り教師が創造的で魅力ある仕事であることが再認識され、志望者が増加し、
　教師自身も志気を高め、誇りを持って働くことができている

　これを踏まえて、具体的には、以下のような資質能力の向上が望まれる。

（1）　教員養成段階

　教員の養成・研修の各段階において教職大学院を含む大学等と教育委員会が連
携し、教員のキャリアステージに応じた学びや成長を支えていく中で、ICTの
利活用、特別支援教育、外国語教育、道徳等新たな教育課題や、アクティブ・
ラーニングの視点からの授業改善等に対応できる教員養成・研修が必要であると

している。

　教員養成段階では、「教員となる際に必要な最低限の基礎的・基盤的な学修」を行う段階であることを認識し、実践的指導力の基礎を身につけるとともに、教職課程の学生に自らの教員としての適性を考えさせる機会として、学校現場や教職を体験する機会を持つことが求められているとしている。教員養成段階にいる学生等は、上記の内容を踏まえ、教壇に立ち、児童生徒を指導することを念頭に、主体的に学んでほしい。なお、現場や教職を体験する機会については大学の判断に委ねられてはいるが、大学の取り組みの有無にかかわらず、学校現場に行くことによって得られることは多くあることから、個人的にであってもぜひ行くべきであると考える。

（2）教職に就いてからの研修

　教職に就いてからの研修としては、「教員は学校で育つ」ことを意識し、同僚の教員とともに支え合いながら OJT（On-the-Job-Training：職場での日常業務を通して、必要な知識や技能、意欲、態度などを意図的、計画的、継続的に高めていく取り組み）を通じて日常的に学び合う校内研修の充実や、自ら課題を持って自律的、主体的に研修を行うことが求められている。

　継続的な研修の推進の観点からは、経験年数の異なる教員同士のチーム研修やベテランの教員やミドルリーダークラスの教員がメンターとして若手教員等を育成するメンター方式の研修等を実施し、先進的事例を踏まえた校内研修の充実を図ること、また、管理職に対する研修や校内研修リーダーの養成、校内研修実施のための手段（ツール）や資源（リソース）等を整備し、校長のリーダーシップの下、研修リーダー等を校内に設け、校内研修の実施計画を整備し、組織的・継続的に研修することが求められている。

　初任者研修では効果的な若手教員研修が行えるよう、チーム研修やメンター方式の研修を参考に組織的な初任者研修へと改善が図られようとしており、10年経験者研修では、教員免許更新制の意義や位置付けを踏まえつつも、10年が経過した時点で受講すべき研修から、学校内でミドルリーダーとなるべき人材を育成すべき研修に転換し、それぞれの地域の実情に応じ任命権者が定める年数に達した後に受講できるよう実施時期を弾力化するとしている。

　研修実施体制の整備・充実としては、「チームとしての学校」の理念の下、オンライン研修の普及、研修機会の確保やアクティブ・ラーニングの視点に立った学びの推進等が必要だとしており、新たな課題に対応した研修手法やプログラムの開発・評価・普及を図るため、研修リーダーの養成や指導教諭の職務の明確化、指導教諭・指導主事の配置促進等、指導体制の充実を図るとしている。

（3）　新たな教育課題に対応した教員養成・研修

1）　アクティブ・ラーニングの視点からの授業改善

　養成段階では、児童生徒の深い理解を伴う学習過程の理解や各教科の指導法の充実を図り、教職課程における授業そのものをアクティブ・ラーニングの視点から学ぶこと、研修段階では、特定の教科ではなく、学校全体の取り組みとしてアクティブ・ラーニングの視点で実践するための資質能力の向上を図ることとしている。

2）　ICT を用いた指導法

　養成段階では、ICT の操作方法はもとより、ICT を用いた効果的な授業や適切なデジタル教材の開発・活用の基礎力を養成し、研修段階では、ICT を活用した授業力の育成や、児童生徒の ICT の実践的活用や情報活用能力の育成に資する指導のための研修を充実することとしている。

　日本でも第 5 世代移動通信システム（5G：5th Generation）がまさに始まろうとしている現代において、教育にもこれが活用されようとしており、文部科学省は令和元年 12 月に「教育の情報化に関する手引き」を出した。ここには児童生徒の情報活用能力や情報モラル教育の必要性と共に、教科指導における ICT の活用、校務の情報化の推進などが明記されている。

　これを踏まえて文部科学省は GIGA スクール構想を立ち上げた。GIGA スクールとは、学校における高速大容量のネットワーク環境の整備と義務教育段階の児童生徒に一人 1 台の端末を令和 5 年度までに整備するというものだ。自治体によっては、すでに高校にも一人 1 台を実現すると発表しているところもある。

　クラウドの活用も構想の中に書かれており、教員研修も進められるであろうが、これから教員を目指す場合は、ICT 環境を学校教育活動に活用するための力量が教員の重要な資質の一つになることを念頭に置く必要がある。

3) 道徳教育の充実

養成段階では、「特別の教科」としての道徳科の趣旨を踏まえ、教職課程における理論面、実践面、実地経験面からの学びを深め、研修段階でも同様の趣旨を踏まえ、道徳科の目標や内容を理解し、児童生徒が議論する問題解決的な学習へのいっそうの転換を図る等計画的な研修を充実させ、道徳に関する校内研究や地域研究を充実させるとしている。

4) 外国語教育の充実

養成段階では専門性を高める教科及び指導法に関する科目を教職課程に位置付けるとし、研修段階では、小中高の接続を意識した指導計画の作成や学習到達目標を活用した授業への改善が求められている。

5) 特別支援教育の充実

養成段階では、発達障害を含む特別な支援を必要とする幼児、児童、生徒に関する理論及び指導法を学び、研修段階では、基礎的な知識・技能を身につけること、特別支援学級の担任、特別支援学校教員等の職に応じた専門性を向上させることが求められている。

以上、文部科学省からの資料を中心に、学校教育の現状を踏まえてこれからの時代の教員に求められる資質能力とは何か、それを養成や研修のどの段階で身につけていくべきかについて見てきた。教職という職は、高度職業専門人として高い専門性を必要とする職業であること、不易と流行を踏まえる必要があることを常に意識し、教職に就こうとしている、もしくは教職に就いているすべての人たちが、児童生徒や保護者等から信頼される教員となるために、養成段階はもとより、研修段階でも資質能力の向上をめざして、校内、校外を問わず主体的に研修に取り組むことが望まれる。

●●● 学習課題 ●●●

1. 身につけるべき資質能力のうち、不易な能力を3つ挙げ、その能力をいかにして獲得していこうとするのかについて、グループ内で発表しあいなさい。
2. 身につけるべき資質能力のうち、これからの時代に必要な能力を3つ挙げ、その能力を学校教育活動のどのような場面で発揮しようとするのかについ

て、グループ内で発表しあいなさい。

3. 教員は高い専門性を身につけることが求められているが、あなたがどの領域において高い専門性を身につけているか、または身につけようとしているのかについて、グループ内で発表しあいなさい。

4. あなたが学んだ、またはあなたが勤務している学校での課題と思われることを一つグループ内で発表し、その課題をどのように改善していくのかについてグループで話合い、グループで考えた方策を発表しなさい。

【引用・参考文献】

兵庫教育大学教員養成カリキュラム改革委員会『教員養成と研修の高度化』ジアース教育新社　2014

北村文夫【学級経営読本】玉川大学出版部　2012

秋田喜代美、佐藤学【新しい時代の教職入門】有斐閣　2015

吉田辰雄、大森正【教職入門―教師への道―】図書文化社　2014

中央教育審議会「今後の教員養成・免許制度の在り方について（答申）」2016.7

中央教育審議会「教職生活の全体を通じた教員の資質能力の総合的な向上方策（答申）」2012

中央教育審議会「これからの学校教育を担う教員の資質能力の向上について～学び合い、高め合う教員育成コミュニティの構築に向けて～」2015

中央教育審議会、教員養成部会（第98回）配付資料「新しい時代の教育に向けた持続可能な学校指導・運営体制の構築のための学校における働き方改革に関する総合的な方策について」2017

文部科学省初等中等教育局児童生徒課　平成27年度「児童生徒の問題行動等生徒指導上の諸問題に関する調査」における「いじめ」に関する調査結果について』2016

（財）国立青少年教育振興機構「高校生の生活と意識に関する調査報告書」2015

国立教育政策研究所「学校組織全体の総合力を高める教職員配置とマネジメントに関する調査研究報告書」2017

文部科学省初等中等教育局教職員課「初任者研修目標・内容例（小・中学校）」2007

===== ミニ教育用語事典⑤「生徒指導提要」の改訂 =====

現代の様々な社会・経済情勢の変化を反映し、子供たちの意識や行動が大きな変化を見せている。例えば、いじめの認知件数は 2010 年度の 77,630 件から 2019 年度の 612,496 件と約 8 倍にに増加した。大津市の中学 2 年の男子生徒が（当時 13 歳）が 2011（平成 21）年 10 月に自殺した問題を受け、「いじめ防止対策推進法」が 2013（平成 25）年に施行され、いじめを積極的に認知するようになったという理由もある。このような状況の中で、各小学校・中学校・高等学校・特別支援学校等では、自校の実態を踏まえつつ明確な生徒指導方針を策定し、より体系的・組織的な指導が求められている。

そこで、各学校における教員向けの生徒指導の際に手引の基になるものとして作成されたのが、1965（昭和 40）年の『生徒指導の手びき』である。1981（昭和 56）年に改訂され、2010（平成 22）年に『生徒指導提要』という名称でまとめられた。これは、『生徒指導の手引（改訂版）』から、約 30 年ぶりの全面改定となる手引書であり、小学校段階から高等学校段階までの生徒指導性の理論・考え方と指導の実際を、時代の変化に即して網羅的にまとめられた生徒指導の基本書であった。

今回、文部科学省は、12 年前に作られた教員向けの手引き『生徒指導提要』を初めて改訂することにした。8 月に公表された改定案では、「自由に意見を表明できる」「差別されない」といった子供の権利を新たに明記するなど、個の尊重を求めた点である。頭ごなしに規範を教え込んだり、命令して従わせたりする指導より、自発的、主体的な発達を支える「発達支持的生徒指導」を促している。

不適切な指導についての記述も新たに盛り込まれた。「威圧的、感情的な言動」や「他の児童生徒に連帯責任を負わせる」などの例をあげ、不登校や自殺につながる場合もあるとして注意を呼びかけた。意義を適切に説明できない理不尽な校則の見直しを促した。

個別課題を巡る記述も増やした。近年急増している児童生徒の自殺をめぐっては、予防のあり方から事後対応までそれぞれの場面での対応に言及している。児童生徒が出すサインの具体例も挙げつつ、対処法も記した。同様に相談件数が急増している児童虐待では、厚生労働省のガイドラインを引用し、禁止されている親権者による体罰を例示した。児童相談所への通告義務といった学校の役割や、関係機関との連携や情報提供についてもまとめた。

課題は、学校現場に浸透するかどうか。『生徒指導提要』はそもそも法的拘束力がない教員向けの手引書である。改定案では 13 章 281 頁と内容が多岐にわたり、多忙な教員が全てを理解するには難しい面もあるのではないだろうか。

第6章

「教育制度改革」の現況把握

　教師として、教育現場に立った際、どんな教育実践を進めていけばいいのか。その方向性を示してくれるのが、「教育制度改革」の今を知ることである。本章では、「将来、教師になりたい！」その思いを達成するためにはどうすればいいか。本稿では、最新の教育改革の流れを把握することで、今後の学校経営や教育実践の在り方、その方向性を探る方途を探りたい。

1.　今、進んでいる「教育制度改革」は…

（1）　新教育課程はどうなるか。アクティブ・ラーニングの活用で、子どもたちに「生き抜く力」を！

　2030 年以降を生き抜く子ども達に必要な資質・能力を身につけさせるために、次期学習指導要領の告示があった。

　この次期学習指導要領の方向性は、「幼稚園、小学校、中学校、高等学校及び特別支援学校の学習指導要領等の改善及び必要な方策等について」の答申（中央教育審議会、2016）によって示された。2020 年以降の社会を生き抜く資質や能力をどう育成するか、そのための学校教育の在り方が提示されたのである。アクティブ・ラーニングの活用によって、「主体的・対話的で深い学び」を実現していくことの大切さ。また、評価についても、現行の４つの観点から、３つの観点（①知識・技能　②思考・判断・表現　③主体的に学習に取り組む態度）になることが示された。そして、この答申を受け、学校と社会の連携・協働による「社会に開かれた教育課程」の実現を理念とした次期学習指導要領が告示されたのである（図 6-1 参照）。

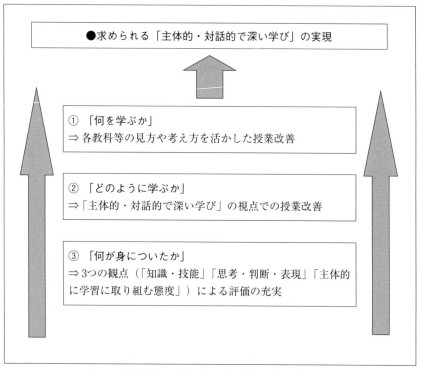

図6-1 求められる「主体的・対話的で深い学び」の実現

（2）「特別の教科道徳」の新設

　2011年の大津市のいじめ自殺事件をきっかけとして、道徳の教科化が提言された（他に、「いじめ防止対策推進法策定」など）。すなわち、道徳教育の充実に関する懇談会の報告、中央教育審議会答申を経て、学習指導要領に特別の教科として、道徳が位置付けられたのである。

　小学校は、2019年度、中学校は、2020年度から全面実施されるが、そのメリットとしては、児童生徒全員が、教科書を手にし、小中で系統的な学びがより進むということである。

　そこでは、全教育活動を通して行う道徳教育と、「特別の教科　道徳」の目標を、「道徳性を養う」とした指導の工夫にある。

　その第1には、「考え、議論する道徳」を実践すること。第2には、問題解決

的な授業をめざすこと。第3には、道徳的行為について体験的な学習を進めること。そして最後第4には、いじめ防止が強調されていること　などである。

　また、そこでの評価は、プロセスに注目した評価が大切となる。つまり、ポートフォリオのようなファイルの蓄積を活用した評価や、心のノート、道徳ノートへの継続した記入への評価などの工夫が必要であろう。

　つまりここでは、児童生徒が自己を振り返り、自己の生き方やあり方の考えを深める中で、教師の肯定的な評価が大切であり、個人内評価を重視していくことになる。

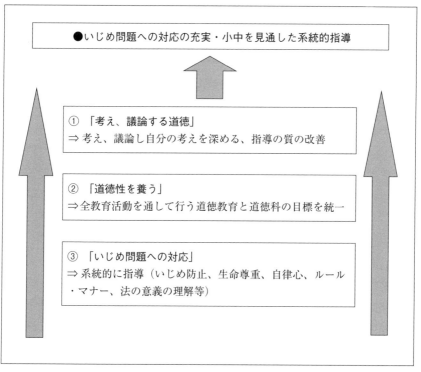

図6-2　道徳科の新設、いじめ問題への対応の充実と小中を見通した系統的指導
（文部科学省「資料」を基に作成）

（3）「小学校英語の教科化」が進む

　次期小・中学校学習指導要領にあっては、小学校中学年での外国語活動、小学校高学年での英語教科化、中学校での英語を基本とした授業実施などの英語教育の改革が図られる。

　「今後の英語教育の改善・充実方策について（報告）」（文部科学省、2014）において、小学校の中学年で、主に学級担任が ALT や英語が堪能な地域の人材等との TT を活用しながらの指導、高学年では、学級担任が英語の専門性を高めた指導、併せて専科指導を行う教員を活用することによる指導体制の構築等が明記されている。

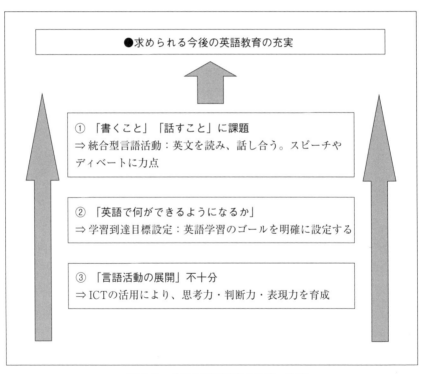

●求められる今後の英語教育の充実

① 「書くこと」「話すこと」に課題
⇒ 統合型言語活動：英文を読み、話し合う。スピーチやディベートに力点

② 「英語で何ができるようになるか」
⇒ 学習到達目標設定：英語学習のゴールを明確に設定する

③ 「言語活動の展開」不十分
⇒ ICTの活用により、思考力・判断力・表現力を育成

図 6-3　今後の英語教育の改善・充実
（文部科学省「提言」を基に作成）

（4）「チームとしての学校」が求められる

　学校が、複雑化、多様化した課題を解決し、児童生徒に必要な資質や能力を育んでいくためには、学校のマネジメントを強化し、学校組織として、指導体制を整備して教育活動を推進していかなければならない。このような学校の機能をいっそう強化した「チームとしての学校」の体制の中で、教職員一人ひとりの専門性を発揮することで、児童生徒の教育活動の充実を図っていくのである。

　求められる「チームとしての学校」体制としては、図6-2のように、以下3点が重要な視点となる。①「専門性に基づくチーム体制構築」　②「学校のマネジメント機能強化」　③「教職員一人ひとりが力を発揮できる環境整備」以上である。

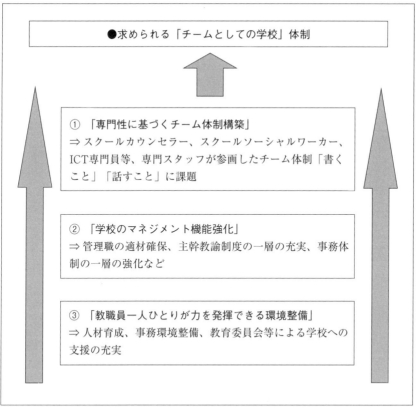

図6-4　求められる「チームとしての学校」体制
（文部科学省「答申」を基に作成）

（5）いじめ問題にどう立ち向かうか

　2013年に、「いじめ防止対策推進法」が制定施行された。この法律では、各校において、「学校いじめ防止基本方針」を策定することが義務づけられた。国において、「いじめ防止基本方針」が見直され、重大事態調査のガイドラインが公表された。今回の改訂では、いじめの未然防止、早期発見に重点を置いている。このことによって、「けんか」や「ふざけあい」のいっそう丁寧な事実確認等が求められる。その人間関係の経過等も追っていくことが大切である。

　文部科学省が「いじめの認知件数が多い学校は、解消に向けた積極的な取り組みがなされているという肯定的な評価をする」（2015）としているように、いじめの防止には、認知件数とその解消率での評価が求められるようになったのである。

　また、いじめが解消したとの判断は、次の2つの要件の確認が必要であるとされた。①被害者に対する心理的または、物理的な影響を与える行為が止んでいる状態が相当の期間（3カ月を目安とする）継続していること。②いじめによる影響で、被害者が心身の苦痛を感じていないと認めること。この2つであるが、被害の重大性からは、さらなる長期の注視が必要と考えられる場合は、注意深く観察を継続していくことが求められるのである。

　また、学校はいじめ防止の取り組みの内容をHP等で公開することや、年度当初等に児童生徒や保護者に必ず説明することが求められている。また、その取り組み状況はいじめ認知件数と併せて、学校評価の一項目として位置づけることも示されたのである。

　さらには、学校や設置者に「ネットいじめ」が重大な人権侵害にあたること、そして、被害者に深刻な傷を与えかねない行為であることを児童生徒に理解させる取り組みを行うことが求められたのである。ネット上のいじめは、刑法上の名誉毀損罪、侮辱罪、民事上の損害賠償請求の対象となり得ることを、児童生徒その保護者に十分理解させ、トラブル発生時の対処法や協力体制を事前にシミュレーションしておくことも大切である。

　このガイドラインに示された内容では、児童生徒やその保護者からなされたいじめの申し立てが、たとえ疑いであったとしても、個人情報等の取り扱いに注意しながらも、すぐに対応しなければならないのである。

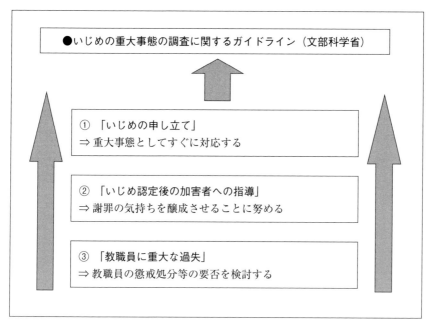

図6-5　ガイドラインに見るいじめの重大事態の調査

（6） 特別支援教育の一層の充実

　2007 年に、学校教育法の改正があり、特殊教育から特別支援教育に転換した。それ以降、障害者基本法の改正、障害者差別解消法の施行等、特別支援教育においては大きな改革がなされてきたと言える。いっそうの充実のために、インクルーシブ教育システム構築、合理的配慮の提供等が求められている。

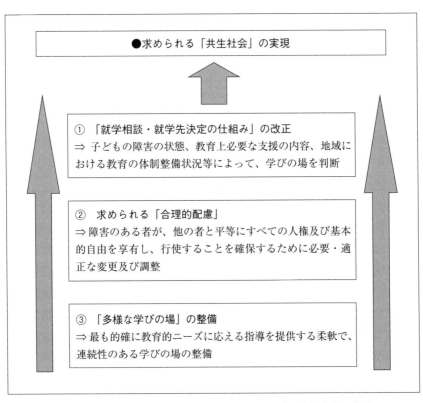

●求められる「共生社会」の実現

① 「就学相談・就学先決定の仕組み」の改正
⇒ 子どもの障害の状態、教育上必要な支援の内容、地域における教育の体制整備状況等によって、学びの場を判断

② 求められる「合理的配慮」
⇒ 障害のある者が、他の者と平等にすべての人権及び基本的自由を享有し、行使することを確保するために必要・適正な変更及び調整

③ 「多様な学びの場」の整備
⇒ 最も的確に教育的ニーズに応える指導を提供する柔軟で、連続性のある学びの場の整備

図 6-6　インクルーシブ教育システム構築で「共生社会」の実現

（7）　押し寄せる教育の情報化の波

　情報処理機器の発達によって、教育の情報化はますます進んでいる。学校においても ICT 活用や業務改善の一環としての校務情報化が求められるようになった。次期学習指導要領では、小学校でのプログラミング教育が必修化される。

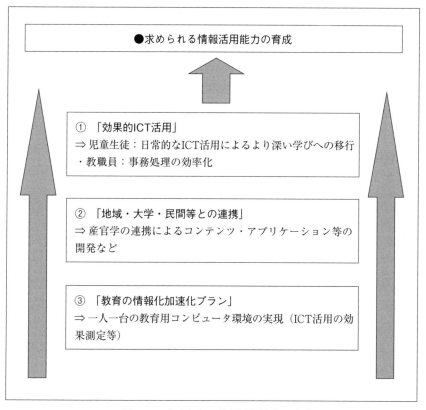

図6-7　求められる情報活用能力の育成

2. ま　と　め

　以上、「教育制度改革」の現況について概観したが、これらの教育制度改革以外にも、小中一貫教育や教職員のメンタルヘルスの問題、不登校重大事態への支援、子どもの貧困対策等、最新の教育制度改革の流れを把握することで、今後の学校経営や教育実践の在り方をより堅実なものとしたい。

【引用・参考文献】

金子一彦編「最新の教育改革 2017」教育開発研究社　2017

住本克彦「大学におけるアクティブ・ラーニングを取り入れた授業展開への試み ―『保育原理』の授業実践を通して進める『主体的・対話的で深い学び』―」新見公立大学研究紀要 第 37 巻 2016

中央教育審議会 答申「新たな未来を築くための大学教育の質的転換に向けて ―生涯学び続け、主体的に考える力を育成する大学へ―」9、2014

田村学「対話的な学びとは何か」月刊教職研修、9、20-23、2016

国立教育政策研究所「教育課程の編成に関する基礎的研究報告書 5 社会の変化に対応する資質や能力を育成する教育課程編成の基本原理」26-30、2013

溝上慎一「アクティブ・ラーニングと教授学習パラダイムの転換」東信堂、25-48、2014

住本克彦「いじめ防止教育プログラム」の開発研究Ⅰ ―総合質問紙『i-check』を活用した「いじめ防止教育プログラム」、環太平洋大学研究紀要、8、135-146、2012

梶田叡一「主体的能動的な学習 ―アクティブ・ラーニングの精神を生かす―」、教育フォーラム 58、6-8、2016

文部科学省「小学校学習指導要領解説　特別の教科　道徳編」2015

文部科学省「中学校学習指導要領解説　特別の教科　道徳編」2015

文部科学省「学習指導要領の一部改正に伴う小学校、中学校及び特別支援学校小学部・中学部における児童生徒の学習評価及び指導要録の改善等について（通知）」2016

文部科学省「今後の英語教育の改善・充実方策について　報告（概要）―グローバル化に対応した英語教育改革の五つの提言―」2014

文部科学省「チームとしての学校の在り方と今後の改善方策について（答申）」2015

文部科学省「いじめ防止等のための基本的な方針」2017

文部科学省「いじめの重大事態の調査に関するガイドライン」2017

文部科学省「いじめ防止対策推進法の公布について（通知）」2013

文部科学省「共生社会の形成に向けたインクルーシブ教育システム構築のための特別支援教育の推進」2012

2020 年代に向けた教育の情報化に関する懇談会「2020 年代に向けた教育の情報化に関する懇談会　最終まとめ」2010

=====ミニ教育用語事典⑥「リカレント教育」=====

　企業や労働者を取り巻く社会環境が急速に変化し、労働者の職業人生も長期化・多様化しているなかで、再び学び直す機会を持つ必要性が高まってきている。つまり労働者がそれぞれのタイミングで学び直し、仕事で求められる能力をさらに向上していくことが求められている。この学びのことを「リカレント教育」と呼んでいる。recurrent とは「繰り返す」「循環する」という意味である。

　リカレント教育は、個人が全生涯にわたり労働と余暇などの活動と教育を交互に行うという考え方であり、1969 年スウェーデンのオロフ・パルメ教育相がこの考え方を国際的に紹介し、OECD（経済協力開発機構）が採用。1973 年に「リカレント教育 ― 生涯学習のための戦略 ―」報告書を公表したことで広く認知された。

　従来、我が国では、教育を受けたあと、企業等で定年退職まで勤務するというライフステージが、時の流れとともにまっすぐつながる単線型であった。このような状況では、教育機関をいったん離れて就職してしまうと学び直しを行うことが非常に難しいとされてきた。

　しかし、平均寿命が延び、人生 100 年時代など、生涯現役で暮らすライフスタイルへの変化を求められている。このようななかで、教育を受けたあと、いったん仕事についた後、学び直し、留学、フリーランスや起業等、組織にとらわれない働き方を経てようやく引退へといたるマルチステージ型の人生を送るというスタイルが今後なおいっそう求められる。

単線型

マルチステージ型

　なお、リカレント教育と混同されやすいのが、「生涯学習」である。どちらも学びであることには変わりないが、前者は、仕事に生かすための知識やスキルを学ぶ。例として、外国語や各種資格取得のための学習である。いっぽう、生涯学習は、生涯にわたっておこなうあらゆる学習をさし、学校教育、社会教育、スポーツ、ボランティア活動など、必ずしも職業に直結しない学習のことを指す。

【参考資料】

文部科学省　リカレント教育：https://www.mext.go.jp/content/1422060_017.pdf

第Ⅱ部　実　践　編

第1章

教員という仕事

　幼稚園・小学校・中学校・高等学校等で実際に教員として勤務された方々が"教員という仕事"の生きた経験を書き綴った。また筆者の中には各学校園において管理職を経験されているので、文中にはその立場での教師像を述べている。

　教育現場では、21世紀の新しい時代に対応できる高い資質・能力を持った教員がますます求められており、教員をめざして教職課程で学ぶことの重要性はいっそう増してきている。

　「教職論」や「教職入門」を受講する学生は、将来幼稚園・小学校・中学校・高等学校・特別支援学校等の教員をめざしており、本章では教員の日々や一日の生活が具体的事例として取り上げられているので、教員の姿をありのままイメージすることができる。

　本章で学んだ経験を活かしつつ、今後の「学校支援ボランティア」や「インターンシップ」及び「教育実習」で実践的な指導力を養ってほしい。

第1節　幼稚園教員の仕事

1. 幼稚園教育の基本と特性

　幼稚園は満3歳から小学校入学までの幼児を入園させて教育を行う学校であり、文部科学省の管轄のもと、学校教育法により法的に位置づけられている。義務教育ではないが公教育として存在している。

　幼稚園教育の目的は、学校教育法第77条によると、「幼児を保育し、適当な

環境を与えて、その心身の発達を助長すること」にあるとしている。つまり、小学校以降の生活や学習の基盤を培う学校教育の始まりとしての役割を担っている。したがって、各幼稚園で教育方針はさまざまであるが、幼稚園教育要領に基づき、「健康」「人間関係」「環境」「言語」「表現」などの領域から発達を捉え、遊びを通して総合的に指導している。「教育的意図」を織り交ぜた教育課程で指導計画を作成し、幼児の主体性と指導の計画性をバランスよく絡ませ、充実した幼稚園生活を作り出すことが大切である。

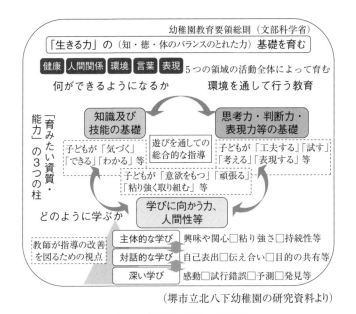

（堺市立北八下幼稚園の研究資料より）

図1-1　幼稚園教育　構造図

　「環境を通しての教育」とは、教科教育の授業ではなく、一人ひとりの実態に応じた指導がなされ、心身の発達に役立つ経験を組み込む生活が営まれることが期待されている。しかも家庭生活とは違って、同じ年齢代の幼児が集まって集団生活を営むのである。ここに集団の持つ力が加味されることによって、より望ましい成長発達を遂げることができるといえる。幼稚園教育の重要性を認識して、幼稚園教員の在り方を学んでほしい。

2. 幼児期の発達の姿

　保育活動を展開するに当たって始めに必要なのは幼児の実態を知ることである。と同時に、発達の筋道を知っていることで各段階の積み重ねの上に次の発達があること、ある幅の年齢期間の中で発達すること、働きかけ等に呼応する結果がすぐには見えにくいことなどを知っておくと幼児の行動や反応を理解しやすい。以下に、3歳児から5歳児の発達の特徴について考えてみたい。

（1）3 歳 児
　食事、排泄の習慣や、衣服の脱ぎ着、簡単な身の回りの始末など、自分でできることが増え、一日の生活の流れがわかる。自由に歩けるようになり、走る、跳ぶ、階段の上り下りなど、基礎的な体力も身についてくる。自我が芽生え、自他の区別もできて、固執や反抗などで大人を困らせたり、自己主張が強くなるため、しばしば友達とのぶつかり合いが起こったりするようになる。しかし、自分の感情や行動を自分でコントロールできる「自立心」が育つ時期である。この時期の「しつけ」は繰り返し教えることと、待つことがポイントである。

（2）4 歳 児
　活力にあふれた活動家で、何でも知りたがったりやりたがったりする。自分の力で自分の世界をどんどん広げていく。行動的で、空想家で、イメージの世界、現実の世界を出たり入ったりして、自分なりの理由を見つけて納得する。自己主張が強く、まだまわりを見て行動することができないので、友達とのトラブルも多発する。感情も分化し、優しい気持ちや悲しい気持ちも味わう。身体を動かすことも自由になり、気に入ったら繰り返し行動を楽しむ。指先の仕事も好むようになり運動能力や生活技能が育つ。

（3）5 歳 児
　運動機能がますます伸び、快活に跳び回り、身体を動かすことを喜ぶ。好奇心が旺盛で、いろいろなものに興味を持ち、全身で取り組む活動性の高まりが見

られる。生活経験が広がると同時に、身の回りの自然事象や物事に対しての興味
や関心も深まり、知的好奇心や探究心が深まり、いろいろな表現能力を身につけ
ていく。また、自分や仲間の意見を大切にし、仲間意識が芽生え、同じ目的に向
かって活動するようになり、集団やグループの活動の中で役割の分担をし、決ま
りを守ることの必要性、責任感を身につけ仲間の一員としての自覚や自信を持っ
て行動する。

　以上のように、各年齢の特徴的な姿を記したが、幼児期は特に個人差が大きい
ので、個々の成長・発達をていねいに見取ることが大切である。

3. 幼児期にふさわしい生活の展開

　幼児教育は、目先の結果のみを期待しているのではなく、生涯にわたる学習の
基礎を作ること、つまり「後伸びする力」を培うことを重視している。

　そのためには、教師との信頼関係、興味や関心に基づいた体験、友達と関わっ
て展開する生活が大きな意味を持ってくる。その生活を保障する保育内容や活動
を精選することが、ふさわしい生活の展開といえるのである。

（1）　遊びを通しての総合的な指導

　幼児の生活は遊びが中心である。実際の保育の場では、「遊び」のとらえ方は
さまざまである。時間を区切って、知識を一方的に教えることを遊びととらえる
園もあるようだが、本来、保育においては、遊びを通して発達を促していくこと
が求められている。幼児の遊びが充実するためには、発達にふさわしい環境を用
意することが大切になる。「環境による教育」であることを考えたとき、幼児が
喜んで環境に関わる活動が重要となる。教師は、幼児に対して、いろいろな人や
ものに出会わせるきっかけをつくることが大切になる。そのためには、ねらいに
基づき、それを実現するために必要な「もの」や「場」を整えていかねばならな
い。また、遊びを楽しいだけに終わらせるのではなく、遊びを通して、生活の知
恵が学ばれ、達成感、挫折感、葛藤、充実感などの多様な感情体験が得られるよ
うにすることが重要である。

（2）保育の形態

　幼稚園では、個々が課題を持ち自分の目的に向かって取り組む活動もあれば、グループやクラスの目的に向かって友達と力を合わせて取り組む活動もある。保育の形態は、保育の方法や内容と関連している。ここでは、自由保育と一斉保育について紹介しよう。

①　自由保育

　自由保育は、幼児の自発的で自由な活動を尊重して保育を実践する保育形態である。例えば、絵を描く、ままごと遊びをする、積み木を積んで遊ぶ、砂遊びをするなど、保育室や園庭等で、一人ひとりの欲求・要求に基づき、それぞれがしたい遊びをするのである。したがって、自由感があり、幼児が自分の興味・関心に基づいて主体的に活動を選び、好きな場所で、好きな遊びを心ゆくまで楽しむ保育といえる。この自由な保育は、幼児がただ好き勝手に遊ぶということではなく、遊びの中にたくさんの学びがあるものである。友達と関わり、いっしょに遊ぶ楽しさや、時には思うようにならない体験をすることも、人との関わりを学ぶ上で重要であるし、考える力や表現力なども培われるのである。この保育の展開に当たっては、発達の理解とねらい・内容が明確でなければならない。それらがあいまいな場合には放任の保育になることもある。そのための環境の構成がしっかりと考えられていなければならない。

②　一斉保育

　一斉保育は、保育者がクラスの幼児全員に対して、計画された活動を同一場所、同一方法で一斉に行わせる保育形態である。みんなで歌をうたったり、絵を描いたり、ダンスやゲームをしたりするなどの活動があげられる。これは、クラス単位、または学年や園全体で行う場合もある。したがって、必ずしも自発的な活動と言うわけにはいかない。もちろん、園によってさまざまな特色があるため、内容は多様であり、それぞれに違いが見られる。学年や園全体で行う活動には発表会や運動会などの行事があげられる。一斉保育は、みんなが同じように経験を重ねていくことができるので、経験の偏りをなくすという特徴がある。また、クラスのみんなでやった経験をもとにして、自分たちの自由な遊びの中に再現させ、新たに遊びを展開させていくこともある。

4. 指 導 計 画

　幼稚園教育要領では、幼児期に何を育てたらよいか、どういう視点を持たなければならないか、幼児の発達をとらえる視点として次の 5 つの領域を示している。
・心身の健康に関する領域〈健康〉
・人との関わりに関する領域〈人間関係〉
・身近な環境との関わりに関する領域〈環境〉
・言葉の獲得に関する領域、〈言語〉
・感性と表現に関する領域〈表現〉

　これらの領域をもとに各園の教育課程によって教育の道筋を見通しながら、具体的なねらいや内容、環境の構成、活動の展開と保育者の援助など、指導内容や方法を明らかにしたものが指導計画である。指導計画には、長期を見通した年、学期、発達の節目でとらえた期、月などの長期の指導計画と、具体的な幼児の生活に密着した週や日の短期の指導計画がある。季節など、自然環境の変化や行事なども考慮して位置づけ、生活の流れを大筋で予想しながら計画していく。指導計画は仮説である。したがって、計画に幼児の活動を当てはめるのではなく、幼児の実態に合わせることが大切であり、同時に柔軟な対応が求められているといえるだろう。指導計画は実践によって始めて完成される。幼児の実態に合わせるということは、作成段階だけでなく、展開の段階でも絶えず見直しが必要なのである。

　2017（平成 29）年の幼稚園教育要領改訂では、「幼児期の終わりまでに育ってほしい姿（10 の要素）」として具体的な姿が明確化された。これは、到達目標ではなく「育っていく姿としての方向性」を示している。さらに、小学校学習指導要領も同時に改訂されたが「小学校入学当初においては、幼児期において自発的な活動としての遊びを通して育まれてきたことが、各教科等における学習に円滑に接続されるよう、生活科を中心に、合科的・関連的な指導や弾力的な時間割の設定など、指導の工夫や指導計画の作成を行うこと」と記載され、幼児教育と小学校教育のつながりが強調された。幼児教育においては「知識及び技能の基礎」

「思考力、判断力表現力等の基礎」「学びに向かう力、人間性等」として示され、幼児教育の遊びや活動という独自性を持ちながら、小学校教育とどのように接続していくかが問われている。

5. 幼児教育を取り巻く状況の変化に伴う課題

　子ども子育て支援新制度が2015（平成27）年に開始され、認定こども園が普及するとともに地域型保育事業が創設された。

　認定こども園とは幼稚園と保育所両方の機能をあわせもち、教育・保育を一体的に行う施設である。就学前の子どもに幼児教育・保育を提供し、地域における子育て支援行う機能を備える施設として都道府県から認定を受ける。幼保連携型、幼稚園型、保育所型、地域裁量型の4類型がある。

　地域型保育事業は主に3歳児未満の保育需要に対応するために比較的小規模な保育施設（事業）である。「家庭的保育」「小規模保育」「事業所内保育」などの3類型で実施されている。

　教育・保育施設数が増加し種別の多様化も進み、それぞれの施設で特色として打ち出している教育・保育の内容や方法も様々である。各施設において『幼児教育の基本理念』を踏まえた教育・保育を進めていくことが必要である。また、それらを支える保育者の確保と、研修や管理職・中堅職員による技術継承などを通した資質・能力の向上が求められている。

　一方、近年幼児教育を取り巻く状況が急激に変化する中、新たな課題に柔軟に対応した幼児教育の充実が必要となっている。2023年から子ども家庭庁が設置される予定である。これからの幼児教育に携わる教職員は、幼児の育ちをめぐる環境や親の子育て環境などの変化に対応する力、特別な教育的配慮を要する幼児に対応する力、小学校等との連携を推進する力などの総合的な力量が必要とされている。さらに、子育てに関する保護者の多様な悩み受け止め、適切なアドバイスができる力など、深い専門性も求められている。このように変化する時代にあっては世の中の変化を感じ取る感性や情報処理能力が必要である。教科書がない幼児教育だからこそ「幼児を見る目」「教育・保育目標」「保育内容の充実」「教育者・保育者の役割」「評価」を広く確かなものにし、カリキュラムマネジメ

ントの視点を持ちながら、より良い保育の創造につとめることが大切である。

●●● **学習課題** ●●●

1. 幼児に関わる職業として、どのような資質・能力が必要であるか考えてみよう。
2. 幼児期に育てたい力についてまとめてみよう。

【参考文献】

1. 『平成29年告示　幼稚園教育要領　保育所保育指針　幼保連携型認定こども園教育・保育要領〈原本〉』チャイルド本社　2017

第2節　小学校教員の仕事

1. 学校教育目標の具現化に向けて

　小学校学習指導要領第1章総則第1の2に「学校の教育活動を進めるに当たっては、各学校において、第3の1に示す主体的・対話的で深い学びの実現に向けた授業改善を通して、創意工夫を生かした特色ある教育活動を展開する中で、…中略…児童に生きる力を育むことを目指す」と示されている。このことを受け、各学校では、これまでの教育活動の成果と課題を踏まえた上で、学校教育目標や指導の重点を設定し教育実践を進めていく必要がある。

　そして、教育実践を進めていくには、学校が組織として機能することが大切であり、教員一人ひとりが自分の役割を自覚し、教育目標の達成に向けて努力していかなければならない。

（1）　地域に開かれ信頼される学校づくりに向けて

　地域に開かれ信頼される学校をつくるためには、学校教育における画一性や閉鎖性を打破し、学校の役割を明確にしながら、学校の自主性・自立性を発揮する必要がある。そして、家庭や地域との連携・協力を進めながらも、学校教育目標

や具体的な取り組みについて公表し、その説明責任を果たしていかなければならない。このような学校づくりには、保護者や地域の人との協働を心がける教職員一人ひとりの自覚とチーム力の発揮が重要となる。

（2） 教員の職務

　人間の心身の発達に関わる教員の職務は、児童の人格形成に多大な影響を及ぼすものである。そのため教員に対しては、教育者としての使命感、人間の成長や発達についての深い理解、広く豊かな教養、そして教員自らも変化の激しい時代に生きる社会人として、豊かな人間性や社会性を身に付けていくことが求められている。

　また、教育目標達成に向けて取り組むことが教員としての仕事であるが、それには、大きく分けて「教科等の学習面での指導」「生徒指導等生活面での指導」「校務分掌として位置づけられた仕事」の３つが挙げられる。

　以下これらのことについて述べていく。

2. 教科等の学習面での指導

　学校教育法施行規則第50条において「小学校の教育課程は、国語、社会、算数、理科、生活、音楽、図画工作、家庭、体育及び外国語の各教科、特別の教科である道徳、外国語活動、総合的な学習の時間並びに特別活動によって編成するものとする」（以下、教科等と示す）と規定されている。

　学校は地域や学校及び児童の実態等を考慮し、学校の創意工夫を生かして調和のとれた教育課程を編成し、それを受けて教員は、各教科等の指導を推進していかなければならない。

　特に、新しい時代に必要となる資質・能力の育成、言い換えれば、「生きて働く知識・技能」の習得、「未知の状況にも対応できる思考力・判断力・表現力等」の育成、「学びを人生や社会に生かそうと学びに向かう力・人間性」の涵養が求められている。このような資質・能力を育てるためには、「主体的・対話的で深い学び」（アクティブラーニング）を具現化していくことが教員の最も重要な仕事となる。

　そのために、小学校の教員は各教科等の授業力をいかに高めていくかということを日々考え、それぞれの教科等の内容を把握し、深い児童理解のもと、問題解決的な学習や言語活動の活性化をめざした授業改善が不可欠となる。その際、年間指導計画をもとに、月ごと、週ごと、そして単位時間ごとの指導計画を立て、教材研究を十分に行うことが重要である。

3. 生徒指導等の生活面での指導

　小学校学習指導要領第1章総則第4の1の（1）では、教育課程の編成及び実施に当たって配慮すべき事項として、「学習や生活の基盤として、教師と児童の信頼関係及び児童相互のよりよい人間関係を育てるため，日頃から学級経営の充実を図ること」と示されている。

　小学校の場合、教員の多くが学級担任として仕事を行う。その中で特に大切になるのが生徒指導等生活面での指導である。この生活面と教科等の学習面での指導が車の両輪のようにバランスよく機能してこそ、教育目標を達成することができる。生徒指導に関しては、第3章第2節で詳しく述べているので、ここでは、生活面での指導を進めていく上で留意すべきことについて述べていく。

（1）　一人ひとりの思いを共感的に受け止め、児童理解を深める。

　児童一人ひとりの個性を生かし、それぞれを望ましい方向に導いていくには、児童理解に努め、そのことを生かしながら様々な事象に対応していくことが大切である。児童理解を深めていくには、児童の言葉や態度の奥にどんな思いや気持ちが隠されているのかをしっかり受けとめるようにし、日常の何気ない行動や様子の変化が児童の心のサインであることに気付く教員の感性を磨いていく必要がある。

（2）　生徒指導担当を中心に、学校が組織として対応する。

　生徒指導の課題を解決していくには、学校が組織として対応していくことが大切である。学級担任の教員だけで対応するのではなく、生徒指導担当や学年主任、同学年の教員、そして、学校カウンセラー等が連携して対応することで効果を上げることになる。

　児童の問題行動に対する対応等は、一人ひとりのプライバシーや人間形成に関わる課題があるので、慎重に、しかも迅速に行動しなければならない。各学校の生徒指導の体制が十分機能するよう管理職への報告、連絡、相談を大切にしながら進めていくことが重要である。

（3） 家庭・地域や関係機関との連携を密にする。

　心身ともに健全な児童の育成を図っていくには、家庭・地域に学校としての生徒指導の考え方や具体的な方針について常に発信し、理解を得るとともに、保護者と一体となって、また地域の人々の協力を得ながら指導を進めていく必要がある。最近では、小学校でも児童の問題行動が複雑化し、関係機関との連携が必要となることも多くなっている。児童の家庭背景や保護者の子育てに対する悩みや問題点等を把握し、児童相談所等関係機関との連携を密にしておきたい。

4. 校務分掌として位置づけられた仕事

　学校が組織として機能していく上で大切な役割を果たすのが、校務分掌である。校務分掌は、各学校の創意工夫とこれまでの実績の中で決められるもので、学校の規模や実態によっても変わってくる。

　一般的に校務分掌を大きく分けると、「主に教科等の指導や生徒指導、学校行事の担当等の児童の指導に直接関わる分掌」「主に就学事務や備品整理等の学校の事務処理に関わる分掌」「主にPTAや地域の団体との連絡調整等の渉外に関わる分掌」に分けられる場合がある。

　組織としては、校長、教頭や教務主任、主幹教諭、指導教諭、学年主任等から構成される企画委員会（運営委員会）等の会議があり、それを経て職員会議に議題が提案される場合が多い。

　職員会議は月１回程度開かれ、学校運営の最高責任者である校長の補助的機関として位置付けられ、学校運営の最終判断は校長が行う。この他に学年や各種委員会等の組織が位置付けられている。

　校務分掌には、事務処理的な仕事だけでなく、学習活動をはじめ行事の企画立案等の学校運営に関わる内容も多い。それぞれの分掌が主体的に案をつくり、そ

れを企画委員会等の会議を経て、職員会議による話し合いで、よりよい計画として練り上げ、積極的に実行していくことが重要である。

5. 学級担任としての仕事

　学級担任の仕事は、児童が教科等で学習した内容を統合・発展させ、集団生活の仕方を総合的に実践できるように指導・支援していくことである。それは、児童の学力向上や心身の成長、安全の確保等を行い、学級・学校という集団（小さな社会）の活動の中で、社会性や協調性を育て、それぞれ望ましい人格の形成を図るものである。

　ここでは、教科等の指導以外の学級担任の仕事内容と主な留意事項※について取り上げる。

活動時間	教員の一日の仕事内容
始業前	・教室内外の安全点検（教室内外の環境づくり） ・登校の様子を確認 ・朝の係活動、当番活動の指導 ・連絡帳や宿題等の提出物の点検 ※児童が登校してくる時刻にはできるだけ教室にいて、児童と直接挨拶をかわし、朝の様子を把握しておく。
朝の会	・朝の会の運営の仕方や参加態度への指導、諸連絡（今日のめあてや予定等） ・健康観察（健康状況の把握、出席簿への記入及びデータの入力） ・朝の読書等の指導 ※気持ちよく一日のスタートが切れ、学習に集中できるような雰囲気づくりを心がける。
授業時間	・教科等の指導 ※一人ひとりの児童に活躍の場をつくり、頑張ったり努力したりしている様子を認め励ます。
休み時間	・教室内外での過ごし方の指導（特に雨の日は要注意） ・係や当番の活動についての支援 ・学習の準備や教室移動の指導 ※休み時間の安全管理に配慮し、児童と一緒に遊ぶ等、関わりを深め、児童理解に努める。 ※児童どうしのトラブルがあった場合には、個別に話を聞いたり、解決策を一緒に考えたりする。

給食の時間	・手洗いの確認と当番の仕事の指導（身支度、安全な運搬と配膳等） ・当番以外の児童の動きや配膳の方法の指導 ・給食の食べ方や片付け等の指導 ※準備の様子や配膳の様子に気を配り、アレルギーには、十分気をつけながら安全に協力して活動できているか見守る。 ※食事中はマナーを守って楽しく給食を食べているかに留意し、必要に応じて、栄養教諭とともに、栄養面等の指導を行う。
清掃の時間	・合理的な清掃の方法の指導 　（正しい掃き方、拭き方、片付け方や反省の仕方等） ※児童が、自分たちで協力して掃除ができているか見守り、掃除の意義等の指導を通して、学級や学校に貢献していることが実感できるようにする。
終わりの会	・一日の振り返りと明日の準備についての連絡 ・学校からのお知らせ等のプリントの配付と下校の指導 ※児童とともに一日の活動を振り返り、よかったことや課題等について話し合うとともに、明日への新たな気持ちがもてるよう支援する。 ※学習面だけでなく当番や係の仕事、遊びの場面での様子等、さまざまな場面での児童のよさや可能性をとらえ、全体の児童に知らせるようにする。
放課後	・児童が帰った後の教室の整備 ・児童のプリントやノートの処理 ・教材研究と明日の行事や授業の準備 ・今日の学校生活で気になった児童の家庭への連絡 ・校務分掌に関わる仕事の処理 ・職員会議、学年連絡会、その他の会議、授業研究会等への参加 ※作品の貼り替えや掲示物の作成、椅子や机の整頓等を行い、次の日に気持ちよく一日のスタートが切れるように教室環境を整えておく。 ※教員自身も児童の様子や指導を振り返り、改善点を考え、次の日の指導に生かすようにする。 ※保護者との連絡については、連絡帳や電話を通してだけでなく、できるだけ家庭訪問をして、直接その場の状況や学校の対応等について伝えるようにする。また、児童が努力していること等、成長が感じられることについても知らせ、信頼関係を深めるようにする。

　これらの指導を行うためには、「児童の学級や学校生活の充実と向上のための学級や学校における生活上の諸問題の解決や学級内の組織づくり」「児童が希望や目標をもって学校生活を送るための基本的な生活習慣の形成、望ましい人間関係の形成、心身ともに健康で安全な生活態度の形成」「食についての教育や望ましい食習慣の形成」等、留意しなければならないことが多くある。

6.　教員として仕事を行う上で大切にしたいこと

　教員とは、常に児童や保護者、地域の人々から尊敬され信頼される存在でありたい。そのために、教員として、以下の3点について、強い信念を持ちながら、職務を遂行していかなければならない。

（1）　規律の保持に努め、教員の誇りをもって指導に当たる。
　地方公務員法第33条に「職員は、その職の信用を傷つけ、又職員の職全体の不名誉となるような行為をしてはならない」と規定されている。教育公務員として周りに与える多大な影響を考え、規範意識を高め、教員という仕事に自信と誇りをもって取り組まなければならない。
（2）　一人ひとりの児童の人権を尊重し、守秘義務を守る。
　地方公務員法第34条「職員は、職務上知り得た秘密を漏らしてはならない。その職を退いた後も、また、同様とする」と規定されている。教員は、個人情報を含めさまざまな情報を得て仕事を進めていくことになる。しかし、これは職務上知り得た秘密であり、それを他に漏らすことがあってはならない。個人情報の取り扱いが問題になっている今日、特に留意する必要がある。
（3）　日々の実践や教員研修を通して常に自分を磨いていく。
　教育公務員特例法第21条に「教育公務員は、その職責を遂行するために、絶えず研究と修養に努めなければならない」と規定されている。教員は研修によって常に自分を磨き、自分の取り組みを振り返って反省し、自分自身を高めていく努力をしなければならない。自分の仕事に対して常に厳しい視点を持ち、児童とともに成長していく教員でありたい。

　以上、教員の仕事について述べてきたが、放課後も学級の事務や分掌の仕事、教材研究や生徒指導等さまざまな仕事が待ち受けている。そのような忙しい毎日であるが、時間をかけて準備をした授業では、児童は積極的に発言したり意欲的に活動したりする姿として返してくれる。
　児童はいつも先生を待っている。そのことに情熱を持ち、教員生活を充実したものにしたい。

●●● 学習課題 ●●●

1. 小学校の教員の仕事について、始業前から放課後まで、簡潔にまとめなさい。
2. 教員の仕事を「学習指導」「生徒指導」「校務分掌」の３つに分けて述べなさい。
3. 教員の守秘義務について述べなさい。

【参考・引用文献】
中田正浩編著『次世代の教職入門』（第５章、第１節　大野光二）大学教育出版　2011
中田正浩編著『人間教育を視点にした教職入門』（第５章、第２節　金山憲正）大学教育出版
2014
文部科学省『小学校学習指導要領』2017

第３節　中学校教員の仕事

1. 中学校の教育とは何か？

　中学校の教育は義務教育として行われる普通教育であり、前期中等教育に位置づけられる。教育基本法は中学校での教育と小学校での教育からなる義務教育を次のように位置づけている（第五条二項）。

　　義務教育として行われる普通教育は、各個人の有する能力を伸ばしつつ社会において自立的に生きる基礎を培い、また、国家及び社会の形成者として必要とされる基本的な資質を養うことを目的として行われるものとする。

　さらに学校教育法は、中学校を次のように位置づけている（第四五条）。

　　中学校は、小学校における教育の基礎の上に、心身の発達に応じて、義務教育として行われる普通教育を施すことを目的とする。

　現行（2022 年 11 月時点）の法制では、すべての人を対象とした義務教育は中学校までであり、社会の形成者、つまり市民の育成に関して最終的な責任を負っ

ているとみることができるだろう。

　歴史上、初等教育である小学校での教育や高等教育である大学での教育は古くから整備されてきた。これらに対して、中等教育は初等教育の延長上で実務に役立つ教育を行う学校か、もしくは大学への進学準備教育を行う学校であった。日本においても学校教育が整備された戦前には、中等教育を行う学校は、青年学校や実業学校、高等女学校や師範学校、そして男子のみに進学が許された旧制の中学校であった。中等教育段階の学校は分岐型の学校体系を象徴していた。

　今日のように誰もが通い、普通教育を受ける中学校が整備されたのは戦後のことである。民主的な社会をつくるために、すべての人が社会の形成者として、また一人ひとりの生涯のために必要な知識や技能を学習する場を提供しようとしたのである。

2.　中学校教員の仕事

（1）　教えるということ

　大村はまは、国語科の担当教員として戦後に発足した中学校の教育を担った代表的な人物である。大村は「教師としての子どもへの愛情というものは、とにかく子どもが私の手から離れて、一本立ちになった時に、どういうふうに人間として生きていけるかという、その一人で生きていく力をたくさん身につけられさえすれば、それが幸せにしたということであると思います」（大村 1996、pp.108-109）と述べている。生徒はいつか教師の助けを借りずに社会の中で生きてゆかなくてはならない。大村は、生徒が自ら生きてゆく力を身につけさせることが教師の使命であると考えた。

（2）　中学校教員の仕事

　では、中学校教員の仕事には具体的にどのようなものがあるだろうか。今日の制度や実情を鑑みながら確認をしていこう。中学校教員には大きく分けると次の4つの仕事がある。第1に生徒の指導に関することであり、授業や学級経営、生徒指導などがある。第2に校務分掌、第3に研修、そして第4に外部機関との連携や対応がある。

（3）　生徒の指導に関する仕事 ― 授業、学級経営、生徒指導 ―

　中学校教員の仕事の中心は、生徒の指導に関することである。中学生は思春期の時期にあたり、精神的にも身体的にも大きく成長する。だが、それゆえに不安定な時期でもある。子どもから大人へと成長してゆく生徒らに寄り添いつつ、指導を行ってゆくことが教員には求められる。

　中学校の授業は教科ごとに専門の教員が教える教科担任制をとっている。生徒の学習を促すような、より効果的な授業を行うためには、生徒の学習状況の理解や、教材の解釈、それらを踏まえた学習指導の計画が必要である。教師自身が教材を深く学び、解釈したうえで、生徒の反応を想定しておくことが生徒の学習につながる。さらには、教科ごとの「ものの見方、考え方」、つまり「教科の本質」に基づいて授業を行うことが求められる。

　教科担任制をとる中学校は、小学校のように一日の多くの時間を同じ教員が教えるのではなく、複数の教員が教える。だが、多くの場合、生徒らは学級単位で授業を受ける。そのため、学級が集団としてどのようなものとなるか、このことに生徒の学習は大きな影響を受ける。いじめなどの問題がなく、お互いに高め合えるような集団となれるかどうか、日々、安心して過ごせる場となるかどうか、こうしたことは、生徒が落ち着いて学習に取り組むための基本的な条件となるだろう。中学校教員、とりわけ担任をもった教員には、学級経営や生徒指導上の指導が強く求められる。生徒の問題行動を未然に防ぐような指導を行うとともに、ひとたび問題が発生すれば、家庭とも連携しながら、迅速に対応しなくてはならない。

（4）　校　務　分　掌

　中学校教員の仕事は、生徒の指導に関することだけではない。中学校は多くの教員、事務職員、スクールカウンセラー、スクールソーシャルワーカーといった専門職員からなるチームである。一人ひとりの教員が専門性を発揮して、生徒の教育にあたることはもちろん大切であるが、学校がよりよく機能するための役割を一人ひとりの教員が担うことが求められている。こうして教員一人ひとりに割り当てられる仕事を校務分掌という。校務分掌には、生徒指導、教務（教育課程の編成や実施、評価）、総務、研修等がある。

（5）研　　修

　中学校教員の仕事は生徒を教え導くことだけではない。教員自身が学び続ける必要がある。時代が変われば、社会の状況も変わり、学校で教えるべき内容も変わってくる。また、生徒の実態も変わり、学校教育に求められる役割も変わってくる。大学での学習（養成）は、教員となるための準備であり、教員として採用された後も学び続ける必要がある。

　このことは法律にも明記されている。教員に関する主な法律は地方公務員法と教育職員特例法である。教員は研究と修養に励まなくてはならず、そのための機会も保障されている。生徒指導、学習指導、学級経営等に関する研修がある。また、教職大学院をはじめとした大学院における修学機会も用意されている。

（6）外部との連携・対応

　教員の仕事は、学校の内部だけで行われるものではない。教員は学校の外部とも連携をとりながら学校を運営していく必要がある。教育委員会との連携や保護者との連携などである。さらに最近は、学校支援地域本部や学校運営協議会を設置する学校（コミュニティスクール）も増えてきた。地域社会における学校の位置づけや期待される役割を地域の人達や保護者と話し合う中で明確にしたり、学校教育への協力をとりつけることも求められるようになってきた。

3.　変化する中学校教育の位置づけ

（1）中等教育学校、義務教育学校の導入

　ここまで、中学校教員の仕事について学んできた。最後にここ約二十年間の中学校教育（前期中等教育）の変化に注目しておこう。1998（平成 10）年の学校教育法の改正によって中等教育学校が学校教育の中に位置づけられた。これは、中学校教育（前期中等教育）と高等学校教育（後期中等教育）を一貫して行うものである。その目的は、大学等への進学準備教育を進めることや、高等学校入学時の試験をなくすことで受験の弊害をなくすことなどである。中等教育学校以外にも、中高一貫教育を推進する方策として、併設型の中学校と高等学校、さらには連携型の中学校や高等学校がある。

　また、2016（平成28）年の学校教育法の改正によって義務教育学校が法制度
上に位置づけられた。これは初等教育と前期中等教育を一貫して行うものであ
る。学年の区切りも柔軟に設定することができる。これまでに指摘されてきた小
学校と中学校との違いから生じる生徒の不適応現象である「中1ギャップ」の緩
和・解消が期待されている。

（2） 夜間中学校の設置の奨励 ― 就学機会の確保 ―

　2016（平成28）年には、「義務教育の段階における普通教育に相当する教育の
機会の確保等に関する法律」（教育機会確保法）も成立した。これにより、不登
校の児童や生徒の就学機会の確保、また夜間に授業を行う学校での教育機会を確
保することを進めることとなった。

　学校での課題や心身の不調等、様々な理由から不登校となった児童生徒の学習
の場として、これまでにもフリースクールが大きな役割を果たしてきた。教育機
会確保法では、フリースクールでの就学も法律の中に位置づけられている。

　教育機会確保法はまた、教育機会を確保するために夜間中学校の設置も奨励し
ている。夜間中学校は、1966年から設置されている中学校であり、就労や貧困
など様々な事情から中学校へ通うことが難しい生徒へ就学の機会を開いてきた。
2016（平成28）年には東京都や大阪府など8都府県31校が設置されている。こ
れからは不登校の生徒の学習の場としての役割も期待されており、各都道府県に
少なくとも1校を設置することがめざされている。

4. 中学校教員となるにあたって

　中学校の教育を含む中等教育は歴史的に初等教育と高等教育の間に挟まれた
制度上、不安的な教育段階であった。だが、このことは別の観方をすれば、子ど
もや社会一般、地域社会の状況に応じて中学校教育を柔軟に組み替えることの可
能性もまた示唆していよう。教員となったとき、配属先が中学校になるか、義務
教育学校になるか、それとも中等教育学校になるかで教員としての仕事内容も変
わってくる。だが、「義務教育として行われる普通教育を施す」という中学校教
育の目的の重要性は変わるものではないだろう。目の前の生徒をいかに教育し、

市民へと育てていくのか。中学校教員に期待される役割は大きい。

●●●　学習課題　●●●

1. あなたにはあこがれた中学校の先生はいますか。また、どうしてあこがれたのでしょうか。中学生のときを振り返りながら、クラスメートと意見交換をしてみましょう。
2. この章の内容を使いながら中学校教員の仕事を整理してみましょう。
3. あなたは中学校教員となるとしたら、どのような先生になりたいですか。理想の先生の姿（ビジョン）、取り組んでみたい教育活動を書き出してみましょう。

【引用・参考文献】

大村はま『教えるということ』筑摩書房　1996 年
曽余田浩史編著『教職概論』協同出版　2014 年
フリースクール全国ネットワーク・多様な学び保障法を実現する会編『教育機会確保法の誕生　―子どもが安心して学び育つ―』東京シューレ出版　2017 年

第4節　高等学校教員の仕事

　先生という職業は同じでも校種によってその先生の役割、仕事の内容はさまざまである。また時代と共に高等学校における教育課程や制度も生徒の多様化に対応、幅広い教育内容に変化してきている。例えば、その昔、勤労少年少女のために設置された通信制高等学校は、今や勤労少年少女のための学校であるだけではなくなってきた。その変化が顕著にあらわれたのが、低学力や素行の問題で全日制高等学校に入学できない生徒の受け入れ先となった。それがいつしか不登校の受け皿となり、今では全日制高等学校の出席や時間の束縛などから、やりたいことが限られる生徒たちが、やりたいことの時間の確保ができる高等学校として通信制高等学校は変化してきた。その他にも義務教育ではない、多種多様の高等学校が存在することも、まず高等学校教員の仕事を考える前に、しっかりと理解しておくことが必要である。

1. 高等学校とは

　高等学校は学校教育法　第一条に定められる学校である。中学校から高等学校への進学率（高等学校※通信制課程を含む・中等教育学校後期課程・特別支援高等部）は、高度経済成長期より上昇しはじめ、昭和29年50%、昭和40年70%、45年80%、昭和50年には90%を超えた。それ以降漸増し令和3年では98.9%と、ほとんどの中学生が入学、まさに高等学校が義務教育化してきた。その後考えられることは、多様な生徒が入学するということである。時代の変化と共に、これまで要しなかった新たな指導課題が生まれ、意欲や関心がなくても登校し、そこには本来やっておくべき基本的な生活習慣を身につける必要が発生したり、倫理観や規範意識の低下が起これば、集団生活に慣れさせ規則を守るといった、基本中の基本を指導していかなくてはならない。これは、高等学校が生徒に対し確認、活用はしても指導することではなく、入学前に理解し行動できるものとされてきた。しかし、現在この指導に時間と労力をかけている学校が多くなってきているのが現状である。

2. 高等学校における目標

　学校教育法の第六章　高等学校の項、第五十条に記載「高等学校は、中学校における教育の基礎の上に、心身の発達及び進路に応じて、高度な普通教育及び専門教育を施すことを目的とする」。また第五十一条には「高等学校における教育は、前条に規定する目的を実現するため、次に掲げる目標を達成するよう行われるものとする」とあり、その具体的目標とは以下の3点である。

(1) 義務教育として行われる普通教育の成果をさらに発展拡充させて、豊かな人間性、創造性及び健やかな身体を養い、国家及び社会の形成者として必要な資質を養うこと。

(2) 社会において果たさなければならない使命の自覚に基づき、個性に応じて将来の進路を決定させ、一般的な教養を高め、専門的な知識、技術及び技能を習得させること。

（3）個性の確立に努めるとともに、社会について、広く深い理解と健全な批判力を養い、社会の発展に寄与する態度を養うこと。

　いかに義務教育で培った技術、知識、学力、人間力が大切であるか。その上に高度な普通教育、専門教育を施していくかが求められているのが高等学校である。

3. 高等学校に関する主な制度

（1）高等学校の教育課程による分類

　高等学校には課程の違いによる分類（授業形態による区分）授業時間、方法などの違いにより以下の3種類の過程と2種類の区分がある。

1）過程

・全日制課程

　　平日（月曜日〜金曜日、場合によっては土曜日も含む）の朝8時過ぎから午後4時半程度までの日中に学習する課程。

・定時制課程（夜間部）

　　夜間部は平日（月曜日〜金曜日、場合によっては土曜日も含む）夕方17時30分頃から21時程度の時間帯に学習する課程。

・単位制課程（昼間部・夜間部）

　　昼間定時制課程は授業時間帯を午前（8時30分頃から12時30分程度）・午後（13時頃から17時程度）において、自分の生活スタイルに合った時間帯を選んで1日4時間学習する課程。

・通信制課程

　　自主学習が基本。レポートと呼ばれる課題の添削（添削指導）を受け学習を進めていくと同時に面接指導（スクーリング）が、一般的には月に数回程度(全日制の課程の約8単位時間分の授業に相当）が行われ、添削指導、面接指導、試験などを通じて単位が得られる課程。

2）区分

・学年制

　　各学年毎に決められた科目を系統的計画的に履修、修得でき、学年ごと
に進級認定を行う仕組み。

・単位制

　　学年の区切りがなく、3年間の中で定められた科目の単位を取得する形態
をとり、学年による教育課程の区分並びに学年毎の進級認定も設けず生徒
の履修計画に基づき生徒自ら進路希望に応じて主体的に科目を選択し時間
割を作っていく仕組み。

（2）　学科の種類による分類（学習する内容による区分）

・普通科

　　一般的な学校。3年間、決められた学年にて決められた時間割で学習。
多くの学校では学年が上がり、進路選択に応じて、文系や理数系などに分
かれる。また難関大学への進学をめざし、特化した学習を行う、特進や進
学などのクラスもある。

・専門学科

　　工業科、商業科、農業科、水産科、情報科、国際科など主として職業に
活かせる科目を学ぶ学校。校内に特別な施設を設置している。より具体的
な学習ができることから、職業選択を決めている生徒にとっては非常に有
意義な学科である。

・総合学科

　　多科目の中から好きな科目を選び自分で時間割をつくる。必修科目の修
得はもちろんだが、選択科目が多いことから、自由度の高い学校である。自
主的、主体的に学ぶことができるのが特色である。

4.　高等学校教員とは

　これまでに高等学校は何を目標にし、目的に向けてどのような教育活動を行うのか、また生徒のニーズに合わせた課程、生徒の進路に応じた教科の専門性が多岐にわたり設置されるなど、時代の変化と共に高等学校教育も進化を遂げてきた。高等学校教員としては、それまでの小学校、中学校の教員と大きな違いを、発育発達や年齢からみた児童生徒との違いと簡単に片づけずに、まずは高等学校の教育システムを知り、その上ですべての校種とつながっていかなければならないこと（校種連携）をしっかりと理解することが肝心である。

　この高等学校のシステムを基に、基本的な高等学校教師の役割、仕事内容、教師の一日を考えてみたい。

（1）　高等学校教師の役割

　高校教師の役割は、近未来社会に出ていく生徒に対し、今後どのような時代が到来するのかを予測し、それに対応するためにはどのような教育が必要かを検討し、学習内容、学習・指導法、学習評価を考えなければならない。それによって生徒の人間的な成長や、学力伸張を図り「人間性の育成」および「進路実現に向けた援助」を行うことである。

　これからの変化の激しく厳しい時代に心折れずに辞めない、そして希望であった職を失わずに生きていくために必要な汎用的能力、特に人格形成につながる部分の育成は重要であり、情報化・機械化が進む中でも人と人とのコミュニケーションが図れる、豊かな人間性を確立する力をつけ、自ら問題を解決していける「大人」を育成する重要な役割を担っている。

　もちろん進路を踏まえてのことになるため、教師の根本的な役割は、生徒の学力向上であることは言うまでもない。進路指導をする上で生徒たちが夢の実現をさせるために学習指導と生徒指導は両輪でなくてはいけなく、どちらに重きを置くとか、おろそかにするとかいう問題でもなく、計画を立て常に先を見据え生徒に寄り添い、一緒に歩むことが高等学校教師の役割である。

（2） 高校教師の仕事内容

　高校教師の仕事内容は非常に多岐にわたる。生徒の時には分からなかった教師の裏事情などもたくさんある。代表的な高校教師の仕事内容を挙げてみましょう。

1） 授業の組み立て

　教科主任と共に学習指導要領に沿って当該学年の1年間の授業を組み立てる。また授業に関する教材研究や都度必要な参考プリントや練習問題や小テストを作成、定期考査に向け問題を作成する。

2） 生徒の観察、信頼関係の構築

　高等学校教師は常に生徒の情報を収集、生徒の気持ちや状況を正確に把握し、適切な助言や指導をすることが求められる。問題が発生した場合は生徒への問題解決の助力とならなければならない。

3） 保護者対応

　面談などを通して、生徒や保護者が抱えている悩みを一緒に考え、解決しなければならない。生徒と保護者は思いや考え方に多少なりともズレがあることを認識し、対応することが必要。

4） 進路相談・指導

　卒業後の進路によって、将来が大きく左右される場合がある。生徒や保護者が決めている進路であっても、冷静に中立な立場から考え、必要であれば考え直させることも必要。

5） クラブ活動

　クラブ活動には責任教諭として部長、顧問が必要である。自分がやってきた競技、専門はもちろん、専門外であっても顧問を引き受けなくてはならないことがある。その時も生徒と共に学んでいく姿勢で取り組むことが必要となってくる。

6） 研修

　教師は学び続けなくてはならない。学校の長期休暇や休日を利用し、内外部の研修を受講、また自分の専門教科や配属された課や部また顧問をしているクラブ活動の研修にも参加、自分磨きが生徒の未来を開いていく。

7）　学事、行事、イベントの企画、実施

　学校には様々な学事、行事がある。生徒の特別活動への指導も教員の仕事である。修学旅行、文化祭、運動会など年間を通してあり生徒が参加、自主的な活動ができる、その土台作りをするのが教師の役割である。

　以上のように、学校には、様々な仕事があり、教師はその仕事を分担し、他の教員と力を合わせ、チームとして学校が掲げる教育目標の実現に向って努力をしていく。教師は陰ながら生徒がより良い学校生活を送れるように支えていかなくてはならない。

（3）　高等学校教師の一日

　出勤から帰宅まで高等学校教教師はどのような一日を過ごしているのか時系列でみてみる。※時間については学校によって多少異なる。

8:00　出勤始業時間の30分前には出勤し準備を行う。

8:30　職員朝礼

　　　　本日の出張や欠席する教員の有無、それに対しての授業の代理決め、また教室でのホームルームで生徒に言わなければならない事柄、渡すプリントなどを整理する。また、そのあとに学年ごとに分かれて、簡単なミーティングがある場合もある。

　　　　朝礼終了後、当番制など、校門指導や郊外パトロールに出る。

8:45　教室でホームルーム

　　　　朝の職員会議で伝えるべき事項を伝える。朝は生徒が遅刻して不在の場合も多々あるので、そのときは放課後のホームルームで伝える。

9:00〜12:30　授業や授業準備、教材研究、係や課、部の業務、生徒面談や校内巡回、問題行動に対する処理などを行う。

　　　　時間割に即して教壇に立つ。もし授業がなければ次の授業の時の準備をしたりする。プリントやテストなどもここで作成する。

12:30〜13:00　昼休み　もちろん昼食や休憩の時間であるが、生徒はこの時間を利用し職員室に授業に関する質問などを受け付けたり、また友人関係や学校生活についての相談にものる。

13:00 ～ 16:00　授業や授業準備、教材研究、係や課、部の業務、生徒面談や
　　　　校内巡回、問題行動に対する指導や処理などを行う。

16:00 ～ 16:30　終礼や清掃　生徒面談、また職員会議や課や部の会議や打ち
　　　　合わせ、またクラブ顧問をしていればクラブ指導にでる。

勤務時間はもちろん 8:30 ～ 17:30　実質勤務時間は 8 時間ではあるが、定時
　　　　に退勤することは少なく、多くの教師は授業準備に追われ、退勤は 19
　　　　時や 20 時頃となることもある。

　　　　高校教師は授業だけを教えていればいいというわけではない。それに
　　　まつわる様々な業務を時間の中で駆使し他教員と調整しながら生徒の事
　　　を日々考え、悩み、努力し続ける。

　ここで高校教師の一年間の流れを示す。

　高校教師は 4 月から新学期が始まり、3 月で一区切りする。ここでは、1 年の
流れを教師側の視点に立って大まかに説明してみたい。

　4 月

　新しい生徒の顔を覚える。生徒一人ひとりと接する時間を多く設け、生徒の性
格や特長、人柄、考えていることなどを把握する。また、部活顧問の受け持ちな
どもここで決まる。

　5 月～ 6 月

　今年度の授業を指導要領に沿って進めるために授業の計画を立て、それを実践
する。

　7 月

　秋に催される修学旅行の準備を始める。旅行会社やカメラマンと契約したり、
しおり作り、現地の視察や旅行日程のプラン作りなど。多くの場合は新人と熟練
教員が数人で行う。また、下旬の夏休み前には期末テストがあるので、その準備
を進める。

　8 月

　生徒は夏休みで登校はしない。昔は教師も登校する義務はなかったが、現在は
休暇と、ともに勤務する必要がある。また、この長い休みの期間にこれまでの授

業の運びを確認し、9月以降の授業計画を再度練り直す。

　高校教師にとって8月は非常に忙しく、近隣の学校などと連携して授業や教育活動に対する意見交換会や、授業の質を上げるための模擬授業なども開催される。

9月〜11月

　多くの学校ではこのシーズンに文化祭や運動会、修学旅行が催される。生徒と一致団結をして、よりよいクラス作りをすることが求められる。また、修学旅行の時は生徒がはめを外しやすく、問題行動も起きやすいので終始生徒に気を配らなければならない。

12月〜3月

　2年生を受け持っている場合は、生徒一人ひとりと面談して3年に向けた進路を決める。多くの学校は文系と理系や進学クラスなどに分かれるため、生徒の意見を尊重しつつ、また生徒の親との面談なども行い高校を卒業した後の進路などもここで大まかに決めなければならない。

　3年生を受け持っている場合は非常に多忙になる。生徒一人ひとり進路が異なるので、細心の注意が必要である。

　例えば、就職するのであれば、就活の面倒や職探しの手伝いなどをしなければならないし、大学に進路を決めているのであれば、AO試験、各種推薦入試、一般入試のどれに受験するのかを考えなければならない。特に推薦の場合は高校の成績が関与してくるので、教師の器量が問われる。

　教師は自分のクラスの生徒一人ひとりのことを考えなければならない時が多くあります。学生生活にとって一番大切な進路を決めなければならないのが2年生と3年生なので、教師も相応に覚悟しなければならない。

5.　ま　と　め

　高等学校の教員を学んだ今、どのように感じたか、まさに今、社会問題になっている「教員の多忙化」この言葉が頭をよぎったのではないか。確かに教師の仕事は多忙である。やればやるほど終わりは見えない。しかし、教員も人間であるし生活や家族、家庭をもっている。時間は待っていて来るものではなく、自分か

ら時間をどれほど有効に使っていくかは教師のみならず社会人としては大切な自
己管理である。

【引用文献】

中田正浩編著『次世代の教職入門』大学教育出版　2011

中田正浩編著『人間教育を視点にした教職入門』大学教育出版　2014

中田正浩　松田智子編著『次世代の教育原理』大学教育出版　2012

佐々木正治　山崎清男　北神正行編著『新教育経営制度論』福村出版　2009

佐々木正治編著『新教育原理・教師論』福村出版　2011

教職問題研究会編『教職論』ミネルヴァ書房　2009

佐久間裕之『教職概論』玉川大学出版部　2015

橋本雅子著『これからの教育に必要な教師の授業力』龍谷教職ジャーナル　第3号　2015

高知県教育委員会編集『学級経営ハンドブック夢・志を育む学級づくり（高等学校編)』高知県
　教育委員会　2014

清水一彦代表編著『最新教育データーブック』時事通信社　2008

==========ミニ教育用語事典⑦「デジタル教科書」==========

　学習者用デジタル教科書を制度化する「学校教育法等の一部を改正する法律」等関係法令が平成31年4月から施行された。また、令和2年度より実施された新学習要領を踏まえた「主体的で対話的で深い学び」の視点からの授業改善、特別な配慮を必要とする児童および生徒の学習上の困難を軽減するために、これまでの紙の教科書を主たる教材として使用し、必要に応じて学習者用デジタル教科書を併用できるようになった。

　また令和4年4月には、文部科学省は、国で今後取り組むべき情報化施策の方向性を示す「学校教育情報化推進計画」案を公表し、令和6年度にデジタル教科書の本格的な導入を目指し、」学校現場での活用を推進するとしている。

　一般的に学校で使用される教科書は、文部科学省が著作の名義を持つ、もしくは同省の検定を経たものだけが認められている。しかし、デジタル教科書に関して、内容は紙の教科書と同じため、デジタル教科書に限定した検定は行われていない。紙の教科書には記載のないたとえば音声や動画といったコンテンツはデジタル教科書の範囲には含まれておらず、デジタル教科書による学習をサポートするデジタル教材として、学校教育法第34条第4項に規定する補助教材に位置付けられている。また、近年スクリーン等の大型提示装置において教師が補助教材として提示する指導者用デジタル教科書の普及が進んでいるが、学習者のためのデジタル教科書は、学習用のコンピュータを用いて児童生徒一人ひとりが使用するものである。

　新学習指導要領において、児童生徒の学習の充実や学習上の支援のためにICTを適切に使用することが求められている。また、学習用デジタル教科書の導入により、デジタル機能の活用による教育活動がより一層充実することが求められている。

　たとえば、デジタル教科書を用いることにより、教科書の紙面を拡大して表示したり、ペンやマーカーで書き込むことを簡単に繰り返したり、あるいは特別な配慮を必要とする児童生徒等に対しては、教科書の紙面を機械音声で読み上げたり、教科書の紙面の背景色・文字色を変更することで視覚的に見やすくすることが可能となる。

　デジタル教科書と学習者用のデジタル教材を一体的に使用することにより、数学の立体図形や理科の実験、ネイティブスピーカー等の話す音声を動画や音声を使って効果的に学べる利点があるが、デジタルは紙に比べて記憶に定着しにくいとする脳科学者らの研究成果も国内外で発表されている。つまり、デジタル化により、学習を効率化することはかえって逆効果になりかねないという懸念の声も出ており、今後の利活用のあり方を考慮する必要がある。

【参考資料】

文部科学省　https://www.mext.go.jp/a_menu/shotou/kyoukasho/seido/1407731.h

第2章

学 級 経 営

　学級経営案は、学校や学級の教育目標の具現化を図るものであり、学級における教育活動の指針となるものであって、学級全体についての総合的な見直しをもって作成される。学級担任は、年度当初に作成した学級経営案を、児童生徒たちの変化を把握しながら修正を図り、活用していくことになる。

　学級担任は、幼児・児童・生徒相互の人間関係を育てる場としての学級の役割を重要なものとして認識し、個や集団に働きかけ、幼児・児童・生徒相互の好ましい人間関係を育てるために学級経営を充実させたいと願う。したがって、学級経営案には、学級の教育目標及び学級の経営の方針、学級の実態、学級経営の計画、学級事務、学級経営の評価等は記述される。

　本章では、幼稚園・小学校・中学校・高等学校における具体的な学級経営案の事例をもとに、一人の教師として学級経営デザインができるようになることを期待している。

第1節　幼稚園の学級経営

1．幼稚園の学級経営

　少子化・核家族化・情報化の進行など、社会状況の変化は、家庭や保護者の意識、地域社会にも影響を及ぼし、幼児の生活にも大きな影響を与えている。例えば、虐待であったり、成長に見合わない過度の早期教育であったりなどである。また、幼児が幼稚園や保育所で過ごす時間も長時間化しており、家庭や地域社会

での生活も減少している。

　このような時代に、乳幼児期の成長をよりよいものにするためには、どのような生活を保障していけばよいのか、幼稚園や保育所の生活を見直し、幼児が幼児らしく成長するための方策を講じていかねばならない。

　そのために教師は、幼児の発達の特性や発達過程を理解し、発達及び生活の連続性に配慮して保育しなければならない。その際、教師は幼児と生活や遊びを共にする中で、一人ひとりの幼児の心身の状態を把握しながら、その発達の援助を行うことが必要である。

　乳幼児期は、自分の思いを表現し、人との関わりやつながりの中から自分を見つめたり、相手を受け入れたりしていく力の基盤が培われていく大切な時期である。この時期にこそ、様々な人との関わりを積極的に行い、人の優しさに触れ、信頼感や思いやりの心が伝わる体験を積み重ねることで大きく成長発達していくのである。

　近年、非認知的能力は生涯にわたって重要であると言われている。安定した情緒、思いやり、根気強さ、好奇心や探求心、自信、相手の気持ちの受容、色、形、音等の美しさや面白さに対する感覚、といったことを非認知能力と呼んでいる。その育ちは乳幼児期からの大人のていねいな対応や応答的姿勢、あたたかな受容から育まれ、「応答的」という言葉がキーワードになっている。教師自身がその一翼を担えるように接していくことが大切である。特に乳幼児期における保育は、養護と教育が一体となって展開されていく。こうした養護と教育の一体性における保育を通して、豊かな人間性を持った幼児たちを養育することが重要である。

2. 環境を通しての総合的な指導

　環境を通して教育するという考え方は、小学校教育と対比するとはっきりする。小学校の場合は教材があって、それを使って学習する。つまり、教科書、子どものノートや資料、教師が黒板に提示するものなどで学ぼうというのが小学校の方法である。幼稚園は園の環境にあるすべてが潜在的に環境である。積み木や絵本や砂場などは教材らしいものである。それ以外にダンゴムシやチョウチョな

どの虫であったり、落ち葉やドングリで遊んだりするかもしれない。雨が降ったら泥んこ遊びをしたり、雪が降ったら雪遊びをしたりする。風が吹いたらイメージを広げて絵を描いたりお話づくりをしたりしていく。つまり、幼児のまわりにあるすべてのものや出来事を教材にしていくのである。教師側が用意して、幼児がそれに従って何かして学ぶということではなく、置かれているものについて幼児が自分なりに工夫したり考えたり感じたりしながら活動して、それを自分のものにしていくことを言っている。幼児は、遊びの中で主体的に対象に関わり、心と身体を思い切り動かしながら、自己を形成していく。外の世界に対する好奇心が育まれ、探求し、考えることによって将来にわたる学びの基礎も形成されていく。幼児の体も心も頭もアクティブに働かせるもの、それが主体的に関わるという意味である。さらにそのことに対し試行錯誤しながら考えていく。「何度も試す」、そういう時間的なゆとりの中でやっていく。

　試行錯誤とは同じことを繰り返すという意味ではなく、その都度どうしようか、こうしようかと工夫しながら試していくことである。そうすることで試行錯誤することと、考える、工夫することがつながっていく。

　小学校教育は授業という形の中で教材が教えるべき内容を示していて、45分の授業のやり方の中で工夫しているが、幼稚園の場合には園という環境の中で幼児が能動的・主体的に関わる中で試行錯誤しながら身につけていく。そういう幼児教育のプロセスを大事にしていくという考え方である。その上で、教師がそれを幼児とともにつくっていく。それが教師の役割である。つまり、教師は、幼児の遊びを見通しながら、計画的に環境を構成し、一人ひとりの成長に必要な援助をしながら保育を展開していくことが必要である。重要なのは、幼児の興味や疑問をうまく拾って、さまざまな活動へ発展させる力量のある保育者の姿勢と、遊びたくなる環境づくりである。幼児がワクワクとおもしろいものを生み出す体験を重ね、達成感を味わうことが大切である。それが主体的に学ぶ力となっていくのである。

3.　小学校教育との連携の推進

　幼児期から学童期にわたる発達や学びの連続性を確保する観点から、園生活において一人ひとりの幼児が他の幼児と共に将来にわたる学びの基礎となる多様な体験を積み重ねていくことが求められている。特に小学校以降の学びでは思考力や言葉による表現力などが大事になることから、幼児期には自分なりに考えることと、それをみんなに表現する体験が大事になる。また、個々の幼児の生活経験を理解し、一人ひとりの幼児にとって小学校との生活の段差が大きくなりすぎないように関係者が相互理解を図り配慮していくことや、幼児が小学校生活を見通して就学に期待を持つようになる機会をつくるなどの配慮が求められてくる。

4.　特別な支援を必要とする幼児への配慮

　現在ほとんどの保育所や幼稚園において発達障害を持つ幼児や、発達上の課題を抱えている幼児が在籍している。幼稚園教育要領等にも、特別な配慮を必要とする幼児への対応が明記されており、障害のある幼児、愛着の形成に課題のある幼児、虐待を受けている幼児、海外から帰国した幼児などへの、より専門的な理解や多面的な支援が必要となっている。

　このような状況にある幼児に対して、個々の幼児の実態に応じた支援を計画的かつ組織的に展開していくとともに、すべての幼児が安心できる集団づくりへの配慮や保護者との連携も課題となっている。

5.　子育て支援のあり方

　現在、地域では、多くの子育て支援がなされている。それらがバラバラに支援を実施している実情がある。そこで今後は、地域にある施設や機関が積極的に連携して、それぞれの機能と役割を分担して地域の子育て支援のニーズに応えていくことが求められてくる。園では気軽な相談を通して保護者の子育ての悩みを軽減していくことが中心になると思われる。むしろこうした日常的な保育を通し

ての子育て支援によって、保護者の子育て力を高めていくことが大事になるといえる。これまでのような保護者のニーズに何でも応えることを中心とする支援ではなく、保護者が子育ての喜びと自信を得られるように支援していくことが求められている。つまり、親子関係を充実させていくような子育て支援の方向性を見失ってはならないのである。

6. 預かり保育や長時間保育、一時保育について

　現在では、多くの保育所や幼稚園において、子育て支援の一環としていわゆる長時間保育や預かり保育を実施している。幼稚園の教育課程後に行う保育（預かり保育）では、仕事と子育てを両立させるためだけでなく、保護者が家庭や自分の都合で時間が必要なとき、保護者が地域活動やボランティア活動に参加するとき、家庭に帰っても子どもが孤立しているときなど、さまざまな理由で教育課程後の保育が必要になる。また、保育所では長時間保育だけでなく、地域にいる親子がさまざまな理由で一時的に幼児を預かってもらう一時保育の充実が求められている。そこでこれからは、こうした幼児が安心して過ごせるよう、専用の保育室や専任の保育者を確保する方向性が求められてくる。

　また、預かり保育や長時間保育については、昼間の保育との調和を図りながら、計画性を持って展開していくことが求められてくる。

＊本文中、「幼児」と「子ども」の記述に関しては、幼稚園5歳児までを幼児、小学校1年生から18歳までを子どもとしている。

●●● **学習課題** ●●●

1. 幼児が主体的に遊びを展開できるような環境の構成について考えてみよう。
2. 幼児が今おかれている社会状況についてあなたはどう考えますか？
   またそれを打開するためにどのような方策があるか調べてみよう。
3. 保育は、一斉保育やチーム保育、自由保育、異年齢混合保育といったように
   いろいろな形態がみられる。その内容について調べ、それぞれのメリット、
   デメリットについて考えてみよう。

【参考文献】

「平成29年告示 幼稚園教育要領 保育所保育指針 幼保連携型認定こども園教育・保育要領
〈原本〉」チャイルド本社 2017
「初等教育資料 4月号」2017
前野隆司『脳はなぜ『心』を作ったのか』筑摩書房 2005
岡本夏木『幼児期』岩波新書 2005
中田正浩編著『次世代の教職入門』大学教育出版 2011

第2節 小学校の学級経営

1. よりよい人間関係を育てる学級経営

　学級経営に関しては、様々な意見があるが、「学級における教科指導や生徒指導等がより充実して行われるように一人ひとりの児童生徒や学級集団と教師との人間的な触れ合いを通して行われる教師のすべての教育活動である」と「小学校学級経営事典」に示されている。

　学級経営という概念には、学級担任の教員が、学校教育目標の達成をめざして、授業の効果を高めるために基礎となる条件を整備するという考え方や、学級の児童および集団に対する授業を除いたすべての教育活動であるという考え方がある。

　小学校学習指導要領第1章総則第4の1の（1）には、「学習や生活の基盤として、教師と児童との信頼関係および児童相互のよりよい人間関係を育てるため、日頃からが学級経営の充実を図ること」と示されている。学級経営の充実を

図るには、学級を構成する児童一人ひとりが学級全体の中で安定した居場所を得て、学級集団における人間関係を育てることが重要である。

　小学校の教員は1年生から6年生（6歳〜12歳）までという発達の幅が大きい児童の教育を担当するので、当然のことながら発達に応じた柔軟な学級経営をしなければならない。また、学級は、生活背景が異なる最大40人の児童が、多くの時間を共に過ごす場である。家庭の価値観が多様化している今日、児童どうしの意見の対立や葛藤が起こるのも当然である。そのことを踏まえ、友達と仲よくできたり、教員と心を通わせたりする等のよりよい人間関係を築くことが重要である。

　今日の学校では、学級崩壊、いじめ、不登校等の大きな課題があるが、これらの中には学級内の人間関係がその要因となることもある。また、家庭や地域における人間関係の希薄さや社会体験の不足から、他者との適切な関わり方を学ぶ機会が減っていることも大きな要因となっている。

　児童のよりよい人間関係を育てる学級経営は、年度当初、人間関係が希薄で組織されていない集団に働きかけ、時間の経過とともにその関係を深めていく長期的な営みである。これを可能にするためには、学級担任がその学年の発達課題に応じた明確な学級経営に対する方針と具体的な指導の構想を持たなければならない。

2. 児童の発達課題に応じた学級経営

（1） 低学年における学級経営

　低学年が学級の中で関わる主な人は担任と友だちである。特に、低学年は価値観が他律的傾向にあるので、教員の価値観や言動に大きな影響を受けやすい。だからこそ教員は、自らの価値観に偏りがないよう配慮しなければならない。

　また、低学年は自己中心的な傾向もあり、友だちとのトラブルの原因等が保護者に正しく伝わらないこともあるので、家庭への丁寧な連絡が必要である。

　児童一人ひとりの居場所と出番をつくるためには、以下のような指導や支援が必要となる。

　① 集団生活に慣れない児童には、細かいステップで活動の仕方を教え、友だ

ちづくりを支援する。

② トラブルが起きたとき、丁寧に話を聞き、自分の思いをうまく伝える方法
を教える。

③ 学習や給食、清掃の準備やその手順等、基本的な学校生活の仕方を身に付
けさせ、良いことと悪いことの区別がつくように自覚を促していく。

（2） 中学年における学級経営

中学年は、「たて」の人間関係から友だちを大切にする「よこ」の人間関係に
進む時期である。

そして、低学年に比べると他者との比較をする意識が強くなる時期でもある。
保護者も低学年は元気で学校へ行くことが第一であったのが、中学年になると学
習の成果を要求するようになる。社会や理科をはじめ教科等の数も増え、授業で
も言語表現や抽象的な思考が求められ、学力差も見えはじめる。

また、生活面でも自分と友だちとの差異が見えるようになるので、他人と自分
を比較しがちな中学年では、担任がその児童を受け入れ、信頼していることを十
分伝えることが効果的な学級経営につながる。

そこで、以下のような指導や支援が必要となる。

① 学校生活や遊びの中で起こるトラブルについて話し合い、学級でのルール
をつくったり、それを守ったり、よりよい生活に向けて集団の意見をまと
めたりする活動を支援する。

② 自分で目標を決めて粘り強く活動したり、学級の活動や学年集会等の取り
組みの中で、集団のまとまりを意識できたりするよう支援していく。

③ お互いのよさやちがいを認め合ったり、言動等について良いことと悪いこ
とを自分で考えたり、集団での話し合いをもとに考えたりする場を多くつ
くり、正しい社会的行動の基礎を育む。

（3） 高学年における学級経営

高学年になると、「自らの内面を見つめる」ことができるようになってくる。
高学年は各自の抱える課題が大きく変わる時期である。それは、高学年としての
責任と役割であったり、男性・女性としての身体的変化が始まったりしていくこ

とにも現れる。さらに、心身ともに大人になる準備が始まり、大人社会の価値観が見えてくる。また、自分で不安を抱えたり、親や教員に反抗したりする言動も見えるようになる。そこで、中学校との連続を考慮しながら以下のような指導や支援が必要となる。

①　高学年としてのリーダーシップが発揮できるように、クラブや委員会、縦割り活動のリーダーとしての役割や責任を果たせる場をつくり、達成感や満足感が味わえるよう支援する。

②　自分のよさや可能性が発揮できる場をつくり、自分を肯定的に認め、自尊感情を高める。

③　多様な価値感や他者のよさを認めることの大切さが実感できるように、共同作品や組み立て体操等、みんなで創り上げる活動や場を設定し、集団での達成感や満足感が味わえるようにする。

　以上、低・中・高学年における児童の発達課題と、それに応じた指導・支援のあり方について述べてきたが、一年間のどの時期にどのような人間関係を築かせるかについて考えながら、よりよい学級経営ができるように、児童の実態やキャリア教育等の広い視野からの指導の構想を持ち、それに沿った段階的かつ計画的な指導が必要となる。

3. 学級経営デザインの作成に向けて

　学級経営デザインとは、明確な学級経営のための目標および方針を設定し、それをもとに具体的な運営や指導方法等を計画・実践し、どの程度目標達成できたかを評価し、見直しや改善をするという「Plan‒Do‒Check‒Action」の一連の内容を示すものである。当然、学期ごと等、定期的に達成状況を把握するとともに目標や方針の見直しを行うことが大切となる。

　この学級経営の目標や方針については、それぞれの教員が独自に設定するのではなく、学校教育目標の達成に向けて、前年度の教職員の教育活動の評価や見直しに基づき、校長が示す学校経営方針をもとに考えていかなければならない。

　また、各学級がそれぞれに学級目標を設定していくと、1年から6年までの児童の発達や実態に合わない目標や学年間で逆転した目標となる場合も考えられる。

　このようなことを考慮しながら、以下学級経営デザイン作成の方法について、簡略に示していく。

〈学級経営デザイン作成の手順〉

---

① 　学校教育目標をもとに、学校全体としての「めざす児童像」を設定する。

　　　この場合、「生きる力…（知）確かな学力、（徳）豊かな心、（体）健やかな体」をもとにつくられることが多い。

② 　めざす児童像をもとに、1年から6年までの学年目標を設定する。

　　　この学年目標は、校長が示す学校経営方針を考慮しながら、学年の実態や発達の特性（知的・身体的・情緒的・社会的）、そして、学年教員集団の教育観をもとに設定することが大切である。

　　　各学年で設定した学年目標については、学校全体で話し合い、1年から6年までの児童の発達や実態に応じて設定していくことが望ましい。

　　　そして、それらのことを全教職員で共通理解しておく必要がある。

③ 　学年目標から学級目標を設定する。

　　　学年の教員集団で話し合い、学年目標の達成に向けた学級目標を設定していく。この時、特別な支援を必要とする児童や日本語の指導が必要な児童等が在籍している場合もある。そこで、各学級の児童の実態を重視しながら、学級担任の思いや願い、音楽やスポーツ等学級担任が得意とすることが生かせるように設定することも大切である。

④ 　学級目標を具現化するための学級経営方針を設定する。

　　　学級経営方針をつくるときには、学校経営方針と学年目標等をふまえた上で、学級目標の達成に向けた調和のとれた方針を設定することが重要である。

⑤ 　学級経営の具体的な取り組みについて考える。

　　　学級経営方針に基づき、具体的な取り組みを考えていく。

　　　ここでは、例えば、「学習指導」「生徒指導」「教室環境づくり」「家庭・地域との連携」等のカテゴリーを決め、その達成に向けた具体的な取り組みを考えていくことが大切である。

　以上、学級経営デザイン作成の方法について述べてきた。

　この順序に沿ってつくった学級経営デザイン（案）を図に表していく。

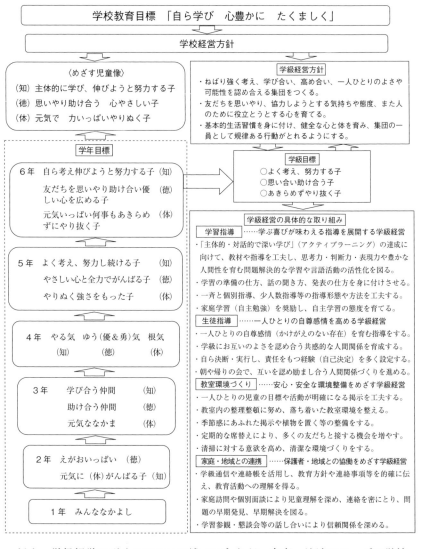

以上、学級経営デザインについて述べてきたが、家庭・地域のニーズや学校・学級の実態等を考慮しながら作成・実施していくことが重要である。

4. 保護者・地域との連携

　変化が激しい社会において、児童の人格の完成をめざす教育は、学校教育だけでは担いきれないことが多くなってきている。このような時代だからこそ、教育活動は学校と家庭・地域との協働で行い、家庭・地域のニーズに応える教育を実践しなければならない。

　小学校の児童は、まだまだ保護者の支援が必要な年齢である。さらに、学級には、障害のある児童や海外から帰国した児童、日本語の習得が必要な児童、そして不登校の児童等、特別な配慮を必要とする児童がいる。担任は、そのような児童一人ひとりに対して、きめ細かな支援を行いながら、それらの児童に対する他の児童たちの関わりを支えていくことが不可欠である。

　そうすることで、児童どうしの人間関係を深め、特別な配慮を必要とする児童が学級集団の中に位置付き、すべての児童が豊かな学校生活が送れるようになるのである。

　また、学級担任は保護者に学校や学級の状況を知らせ、教育観や指導観等を説明し、保護者からの支援を得たり、協働で教育活動を行ったりしながら学級経営を進めていくことが大切である。

　一方、子育てに不安を抱えている保護者もいるので、家庭訪問や連絡帳、さらに学級通信等を活用し、細かく丁寧に児童の成長を伝えたり、時には相談にのったりすることも大切にしていきたい。

　そのためにも、教育課程の中に地域の人や保護者等が参画する機会を設けるとともに、教職員が地域の行事等に積極的に参加し、協働で活動する機会をつくることが大切である。

●●● 学習課題 ●●●

1. 担任として、年度当初の学級開きまでに、どのような準備を行いますか。

2. 4月の学級開きで、担任として、「どのような学級にしたいのか」を児童に話すとき、学級経営を行う上で重要なことを3つあげなさい。

3. よりよい学級をつくるために、どのようなルールが必要だと考えますか。

【参考・引用文献】

中田正浩編著『次世代の教職入門』（第5章、第1節　大野光二）大学教育出版　2011

中田正浩編著『人間教育を視点にした教職入門』（第5章、第2節　金山憲正）大学教育出版　2014

北村文夫編著『学級経営読本』玉川大学出版部　2012

文部科学省『小学校学習指導要領』2017

第3節　中学校の学級経営

1.　教室の空気 — 中学校教育の特徴 —

（1）　発達段階説からみる中学生の特徴

　中学校の学級経営では、中学生が心身ともにどのような状態にあるのかを理解しておくことが重要となる。とりわけ児童期から青年期へ移行する生徒や青年期のなかで不安定な状態にある生徒の発達上の特徴をおさえておこう。こうすることで、目の前の生徒に何ができて、何ができないのか、次の段階へと発達を遂げるためには、どのような指導や支援が必要なのか、おおよその見当がつけられるようになる。そこで、様々な発達段階説を手がかりとして、児童期から青年期にかけての発達の特徴を整理してみよう（表2-1）。

　もちろん生徒一人ひとりは異なる性格をしているし、異なる生活を送っている。学習の習熟度も社会的なコミュニケーションの取り方も異なっている。教員の言葉や働きかけの受け止め方も生徒によって異なるだろう。そのため、教員が一人ひとりの生徒と一対一で向き合うことは大切なことである。しかしながら、あらかじめ発達上の特徴を理解しておくことで、理解しがたい生徒の言動や反応

表 2-1　児童期から青年期にかけての発達課題

	ピアジェ	エリクソン	ハヴィガースト	コールバーグ
児童期 （7-12歳）	具体的操作期	勤勉性対劣等感	基礎学力、日常生活に必要な身体技能・道徳性の獲得、生活習慣の確立	対人的同調
	具体物や行動を伴えば、論理的な思考もできる	新たにできることが増えるが劣等感ももちやすい		他者を喜ばせたり、助けたりして承認を得る
青年期 （13-およそ20歳）	形式的操作期	同一性 対同一性拡散	社会的承認の獲得	法と秩序
	具体物や経験がなくとも論理的な思考ができる	自分自身について悩んだり、自信を持ったりする	親・他人からの独立 職業選択の準備 社会の一員としての準備	権利を尊重し、社会的な秩序を守ることで自己の義務を果たす

藤田・楠本 2008 を参考に筆者作成

も冷静に受け止めることができるし、発達の程度に応じた、より適切な対応をとることもできるようになる。

（2）「優しい」関係とスクール・カースト

　生徒一人ひとりの発達段階の他にも、中学生の学校での状況を理解することも学級経営には欠かせない。近年の学校では、生徒はある種の息苦しさを感じながら、学校生活を送ることがあるという。生徒らは、お互いに傷つけ合わないように細心の注意を払いながら、言葉を発したり、行動をとったりしているという。ひとたび、友人同士のコミュニケーションに齟齬をきたしてしまえば、そのコミュニケーションからはずされてしまいかねないためである。生徒同士はときにスマートフォン等も駆使しながらコミュニケーションをとっている。そこには生徒同士の極めて厳しい「優しい」関係がある（土井 2016）。さらに教室内での生徒の人間関係は、何名かの生徒ごとに細かく区分されており、そのうえで序列がつけられることがあるという。このことをインド社会に残る身分制度に倣って「教室内（スクール）カースト」と呼ぶことがある（鈴木 2012）。こうした事例は、主に高校生の状況を報告したものであるが、程度や具体的な状況は異なるにせよ、中学生の状況にもあてはまる部分がある。

2. 学級の機能

　生徒の発達上の特性や、教室文化を理解したうえで、教員は生徒が学習に取り組んだり、他の生徒との関わりの中で成長できるような学級経営を行う必要がある。だが、学級とはそもそもどのようなものであり、どのような機能をもつのだろうか。学級の思想を初めて考え出したのはコメニウス（J. A. Comenius: 1592-1670）であるといわれる。コメニウスは、「あらゆる人に、あらゆることを全面的に」教えることの必要性を提起した。社会のなかの誰もが、学問や文化を学ぶことで、社会の成員として自立するとともに、幸福な人生を送ることを願ったのである（熊井2014、pp.22-23）。

　学級はやがて、一人の教師が多くの生徒の学習を効率的に進めることを可能にする仕組みとして整えられた。19世紀のイギリスにおいて、ベル（A. Bell: 1753-1832）やランカスター（J. Lancaster: 1778-1838）によって助教法（モニトリアルシステム）という教授法が開発された。その後、学級での教授法として主流の位置を占めるのは、教師による一斉教授法である。これ以外にもペアワークやグループワーク等の学習形態が取り入れられるようになった。こうした学習形態によって生徒は社会性をも身につけることができる。

　学級は生徒にとって学習の場であると同時に生活の場でもある。教科担任制をとる中学校では、学校で一日を過ごす生徒らに、一人の教師が長時間にわたって寄り添えるわけではなく、学校生活の実際を把握することは難しい。だが、教科ごとに担当教員が変わっても、生徒らは一日を通じてほぼ同じ集団で学習に臨むことになるし、一日を過ごすことになる。そのため、学級の生徒集団がどのようなものとなるかは、生徒の学習や成長に対して大きな影響を与えるのである。

3. 学級集団づくり

　では、学級での集団はどのようなものをめざしたらよいのか。ここで注目するのは、「学級集団づくり」と呼ばれる方法である。「学級集団づくりは、子どもたちの集団を、学校制度の教授・学習単位としてではなく、相対的に自立した自治

集団として発展させていく教育活動」のことをいう（折出 1999、p.92）。学級を基盤としながら、生徒の集団づくりを支え、学習や学級活動等をより主体的に行う自治的な集団にまで高めていくことが求められる。それは一人ひとりの生徒に安心できる居場所を提供することにつながるし、落ち着いて学習に取り組むための条件を作ることにもなる。さらには生徒同士が学び合える関係づくりを行っていくこともまた、学級経営においては大切なこととなる。中学校では、担任の教員のみではなく、各授業を担当する教員にも学級集団をつくり、生徒がお互いに高め合えるような工夫をすることが求められているといえよう。

4. 学級経営計画と方法

（1）　年間指導計画

　中学校における生徒集団をよりよいものとしてくためには、学級担任ばかりではなく、各教科担当の教員も意識的に生徒に関わる必要がある。そこで一つの有効な手立てとなるのが、学級経営の計画を立てて、これを教員間で共有するということである。学級経営の計画は、学級担任が自らの教育活動が妥当なものかどうか、順調に進んでいるかどうか、点検をすることにももちろん役立つ。だがそれと同じかそれ以上に、学級経営の計画が学年や学校全体で共有されることで、より多くの教員で学級集団を支えることができるようになる。

　学級経営計画は、学級経営目標を立て、年間の指導計画や学期ごとの指導計画を作成して行う。年間を通じて生徒の成長を願い、めざすべき姿を明確にする。学期ごとの計画に沿って学級経営を実施し、点検・評価をすることで、学期ごとに学級経営を軌道修正することもできるだろう。もちろん、実際の生徒の様子や集団の状況に応じて柔軟に対応していくことも必要となる。

（2）　学級経営の方法 ── 構成的グループエンカウンターを手がかりとして ──

　だが、いくら学級経営計画がしっかりと作成されていたとしても、それをどのように実行するかによって、学級経営は成功も失敗もする。ではどのような方法がありうるのだろうか。授業における学習指導を通した指導も大切であるが、ここでは、教員がより意図的・介入的に学級経営を行うためのプログラムとして構

表2-2　構成的グループエンカウンターによる年間指導計画

月	エクササイズの趣旨・内容
4～5	関係づくりのエクササイズ
	（例）探偵ごっこ：用意した質問項目に該当する人をクラスから探す
6	自己理解のエクササイズ
	（例）Xさんからの手紙：生徒の宛名のみを記した封筒を別の生徒へ配布。生徒は、宛名の生徒に対して思っていることを書く。集めた手紙を封入し、宛名人へ届ける。
7～10	他者理解のエクササイズ
	（例）出会いを大切に：級友の第一印象と現在の印象を紙に書いて渡し、会話を行う。
11～3	自己開示のエクササイズ
	（例）私の好きなこと・嫌いなこと：クラスの生徒全員で円を作り、順番に自分の好きな事や嫌いな事を話していく。こうした活動により、自己理解・他者理解を深める。

植草2000を参考に筆者作成

成的グループエンカウンターの方法を手がかりとしよう（表2-2）。

　表2-2は年間を通じたプログラムの構成例である。関係づくりから始まり、最終的には自己開示を通じた自己や他者の理解へと展開している。実施にあたっては学校の年間計画や行事との関連性も意識する必要がある。また、具体的に実行に移すときには、目の前の生徒や生徒集団の状況に応じて柔軟な対応が求められる。

（3）学級経営上の様々な工夫

　教員から生徒への日々の働きかけも学級経営の鍵を握っている。また教員が様々な指導上の工夫をすることで学級経営はさらにうまくいくだろう。生徒と日々のコミュニケーションを円滑に行えるかどうか、生活ノート（日記）へのコメントをどのように記述するか、朝の会や帰りの会で生徒の自尊感情を高めるような声かけや取り組みをいかに行うか。こうした地道な工夫も学級経営には必要となるだろう。たしかに教師が一日に生徒の指導や支援に割くことのできる時間は限られている。だが、そうした有限の時間の中でも、時期ごとに生徒に適した方法を選択して、効果的に働きかけることで、学級集団の成長を促すことができ

るのである。

●●●　**学習課題**　●●●

1.　学級経営はなぜ行う必要があるのでしょうか。学級が持つ機能を整理したう
　　えで考えてみましょう。
2.　もしもあなたが中学校の教員だとしたら、どのような学級目標を掲げてどの
　　ような指導をしますか。クラスメートとも話し合ってみましょう。

【引用・参考文献】

折出健二「学級集団づくり」恒吉宏典・深澤広明編『授業研究重要用語 300 の基礎知識』明治
　　図書　1999 年　p.92

田中輝美・鹿嶋真弓『中学生の自律を育てる学級づくり』金子書房　2014 年

熊井将太「学級で教えることの思想と実践」深澤広明編著『教育方法技術論』協同出版　2014
　　年　pp.21-40

杉山直子「子ども理解と学級経営の方法 ― 教室の人間学 ―」深澤広明編著『教育方法技術論』
　　協同出版　2014 年　pp.183-202

鈴木翔『教室内カースト』光文社　2012 年

土井隆義「ネット・メディアと仲間関係」秋田喜代美編『変容する子どもの関係』岩波書店
　　2016 年　pp.101-128

深澤広明「学級教授」恒吉宏典・深澤広明編『授業研究重要用語 300 の基礎知識』明治図書
　　1999 年　p.292

藤田主一・楠本恭久編著『教職をめざす人のための教育心理学』福村出版　2008 年

植草伸之「学級づくり年間プログラム」諸富祥彦編著『エンカウンターこんなときどうする』（中
　学校編）図書文化　2000 年　pp.48-53

第 4 節　高等学校の学級経営

　青年中期となる高等学校は中学校よりも教科性の色が濃く専門性も高くなっ
ていく。しかも、発育発達の見地から心と体のバランスが崩れ不安定に陥り生徒
指導上の問題も見られがちな時期である。そのように環境と成長がアンバランス
な状態の生徒を学級という集団を使って育成していくのである。そこには学校教
育目標やめざす学校像、生徒像に基づき指導上の基本となることや留意点を共有

して「学級経営目標」を設定し運営していく。半分大人になりかかっている生徒を相手に行っていくが、ややもすれば、新卒の教員で３年生の担任となった場合、生徒とは４歳しか離れておらず、なかなか指導が浸透せず、学校経営が機能しないことが起こるなど、ここでは中学校と高等学校の違いから、不安や戸惑いの違いなど様々な思いを経験しいろいろな思いを以て入学してくることを理解しながら特にこの時期に必要とされる「社会性の育成」についての学級経営について考えていきたい。

1. 学級と経営の関係性

　先程から出てきている「学級経営」。少し聞きなれない言葉である。ここでは教育と経営がどのような関係があるか少し考えてみたい。経営と聞くと何を創造するか？ 商売、利益、お金などを創造してしまいがちだが、広辞苑には、「継続的・計画的に事業を遂行すること。特に会社・商業など経済的活動を運営すること。また、そのための組織とある」まさに、学校という集団教育を成す組織体にはなくてはならない言葉である。

　次に学級について考えてみたい。学級とは、生徒が同一の時間に共同で学習、生活する集団の場であり、社会から学校に求められている、生活指導、学習指導などを効果的に機能させるために同じ発達段階の生徒で編成された集団である。また、生徒は学級という集団の中で学校生活の大半を過ごすことになる。よって学校生活の基盤が学級であり、生徒の健全な発達や成長を与える影響は非常に大きいと考えられる。よって学級は生徒にとって「安全で安心できる場」「やりたいことが行える活動の場」「守られている、大切にされていると感じれる場」でなくてはならない。学級は、ひとつの社会であり、生徒の人格を形成する上で大きな役割を果たす。

　よって学級と経営との関係は、生徒を成長過程にある生徒に対し集団の中で生活指導、学習指導を継続的・計画的に教育を遂行することであり、学級活動を推進するためには力を尽くし物事を営み、工夫を凝らし計画的に準備や世話を行っていく。まさに経営的な考え、取り組みは不可欠である。

小学校、中学校では「学級」と言う呼び名が一般的であるが、高等学校では「学級」を「ホームルーム」と呼ぶことが一般的である。本書では用語を統一した方が校種によって使い分けするより理解しやすいとの観点から「学級」と表記する。

2. 組織としての学校

学校は言うまでもなく、社会的に定立された学校組織である。学校組織とは「学校における教育活動の営みに関する諸要因を位置付け、これを機能的に活動させる内的秩序の体系」。また、「学校教育目的の効率的な達成をめざし、教職員、児童生徒の活動を秩序立てる協働の体系」。それに「教育指導面の組織と経営、管理面の組織を総称するもの」とされ、とりわけ学校では教職員と生徒が教育的目標の達成に向けて一定の役割関係の中で活動することになる。

3. 学年経営・教科経営と学級経営

一般的に学校は学校、学年、教科・学級といった3層の単位にわけられ経営機能が捉えられている。学級経営を知る上で学年経営、教科経営との関係について考えてみたい。

(1) 学校経営

学校経営とは校長や副校長、教頭がリーダーシップを発揮し、学校や地域、生徒の状況や課題を把握しつつ、組織として機動的に学校のさまざまな特性やその経営に着目し、各学校がそれぞれ独自に設定した教育目標を基に、さらにそれを効果的に達成するため、教育課程の編成、人的、物的（人・物・金など）な各諸条件から組織化を図り、その成果を評価し教育目標の達成について検討を行う。それを受けて学年・教科、学級といった組織は学校が立てた教育目標の達成にむけ教育活動を行っていく。

（2） 学年経営

　では先に学年経営について話してみたい。学年経営は同じ学年に所属する教員、生徒がひとつの組織体となり、その学年の学年主任の下、学年に所属する教員が共通理解を基に学年としての教育目標を設定し、その達成に向けて教育活動を協働的に展開し、最終的には学校経営における学校教育目標の達成へとつながっていく。では具体的に学年教育目標はどのようなものなのか。学年教育目標の設定、学年の教育経営計画の立案、学年委員会の運営、実施、評価などである。また所属教員の人間関係の調整や指導、助言などが行われる。学年は学校経営と学級経営との中間的な調整組織であり、学年経営は各学級、各教員の能力、仕事内容や量を考慮し諸課題の解決に向け学校全体の調整を図っていく組織体であり非常に重要な役目を果たすことになる。

（3） 教科経営

　次に教科経営について関連性を考えてみる。高等学校の教科性は中学校に比べて非常に細かくまた専門性も高くなってくる。そこで教科経営とは学年経営と同様、学校教育目標の達成にむけて各教科ごとに教育目標を設定し、教科の特性を生かしながら授業や教科指導で営まれる内容と方法を計画的に実施、絶えず評価の下、質的な改善を図っていく組織体となる。

　特に高等学校になると教科経営という概念は比較的わかりやすく理解されやすいが、学級担任が教科を指導する小学校ではその認識は薄くなるであろう。高等学校の教科指導は各個々の教員の専門性に委ねられる場合が大きく、時として結果教員間の指導方針や方法、手法や指導力にばらつきが出て、結果的に格差を生むことにもなりかねない問題も生じる。よって教科経営は教科指導力を高め、効果的に行うための取り組みは各種教育目標の達成に非常に重要となり、大きな位置を占めているといえる。

（4） 学級経営

　学級とは学校、学年の中の学級（クラスともいう）である。よって学級経営は独立したものではなく、学校教育目標、学年目標との関連を図り学級経営計画を立てていくことになる。学級経営については、学級という小集団として組織され

た生徒の学習、生活の基本的な単位となるものであり、学校組織の基盤となる組織である。その学級経営は学級担任である教員が学校経営の基本方針の下、学年経営の方針も踏まえ学級の経営目標を設定し、その達成にむけて個々の生徒、またその集団に対し指導を効果的に展開する営みである。よって学校教育目標は学級担任によって具体化、実践に移されるのである。

4. 学級の位置付け

これまでに学級経営については、学校経営の３層構造について、学校の全体経営、学年・教科経営、学級経営といった３つの「経営単位」を挙げ関係性を述べてきた。学校経営を学級経営に結び付け役割を担うのが学年経営であるとともに学級経営を学校経営に結び付ける役割が学年経営であり、教科経営は学年が設定した指導計画を基にした教育活動が展開されていく。

そのような中で生徒の発達段階において共通した経験や傾向、実態などがあり、その中で教育活動や集団への生徒指導、保護者、地域との連携、協力、対応などに共同で取り組むことでよりその効果が期待される。学級経営は組織としての取り組みに於いて学校教育目標や経営方針をなどを学年の段階でしっかりと受け止め、さらに学級の日常の教育活動に浸透させるように計画的に進めることが重要である。

5. 学級経営の必要性と大切さ

学級は生徒の学校生活の基盤であり、その基盤の安定こそが生徒の安全・安心、健全な発達や成長を促していくことは、学級と経営との関係で述べたところである。

ではその学級経営の陣頭指揮を執る学級担任は教師の仕事のどこまでをさすことになるのであろうか。学級経営は、授業効果を高めるための条件整備という見方や、教師の仕事のうち授業を除いたもの全てとする見方など論者によって様々であるが、学習指導要領では生徒指導の充実と関連して、次のように示される。

高等学校学習指導要領第1章総則第5款の5の（3）生徒指導の充実

> （3）教師と生徒の信頼関係及び生徒相互の好ましい人間関係を育てるとともに生徒
> 理解を深め、生徒が主体的に判断、行動し積極的に自己を生かしていくことができ
> るよう、生徒指導の充実を図ること。

　高等学校の学習指導要領の総則には、学級経営という記述はない。それぞれ
各々の解説には、高等学校では学級担任が、生徒指導の基盤となる生徒理解にお
いて中心的な役割を担うことが述べられている。高等学校において学級経営と生
徒指導は深く結びついており、教師と生徒の信頼関係や生徒相互の好ましい人間
関係を育てる上で、学級担任が果たす役割は大変重要である。学級担任は、他の
教員との連携も含めて、広い視野から学級経営を行うことが必要である。

　また、学級担任という面から教師の仕事を考えると、学級担任が行う指導には、
学習指導だけでなく、生徒指導、教育相談、進路指導等のさまざまな側面がある。
まさしく、学級経営とは、自らの学級に対して行う指導の総称であるとも言える。

6. 学級経営と学習指導

　学習指導は、教育活動の中心でありその「目的」は学力の形成にある。学習活
動はただ単に教科に関する理解を深めるだけでなく人間関係を育む時間でもある。

　しかしながら高等学校は中学校と異なり、単位を修得することにより進級、卒
業がなされる。単位の修得には学習面だけでなく生活面での努力も不可欠であ
り、生徒、保護者との連携をしっかりと取りながら進級、卒業へ適切に導いてい
かなくてはならない。

　ポイント

（1）すべての授業の目的や意味ねらいを把握、明確に示し生徒と共有を常に図
　　る。

（2）教科担当教員から授業での生徒の状況を確認、共有し状態を把握、適切な
　　指導を行う。

（3）個人面談などを通じ学習方法や教科内容、課題について、具体的な対策を
　　考え示す。

(4) 生徒の意見や考え方に対し適時適切な評価（称賛、励まし、承認など）を行う。

(5) 定期考査に向けた学習計画を立案、実行する習慣を付けさせ、時間の管理を育成する。

(6) 成績の有無にかかわらず定期的に保護者と連携を取りながら共通理解の基指導を行う。

7. 学級経営とキャリア教育

高等学校の段階では授業や特別活動、様々な体験活動から主体的に自ら考え判断の下行動できる力、進路実現に向かって努力する態度、社会的職業的自立に対する力など具体的な将来設計を行う力を育成。学級活動では高校期にどのような力を育てるかを明確に示し、生徒の実態に即した指導を計画的、継続的に指導していく。

ポイント

(1) 学級活動の中で自己と向き合う場を設定し、良さや特性を捉え、自己理解（肯定的理解）する力を育成。

(2) 担任はキャリア・カウンセリングの機会の確保と質の向上を行う。

(3) 社会的、職業的自立をさせるために考える力を育成する学級活動を行う。

(4) 体験による学びの喜びを学級活動での学習に結び付ける。

8. 学級経営と進路指導

高等学校での進路指導は卒業後の生徒の進学や就職に対し、担任が指導や助言を行う教育活動である。進路指導では生徒が将来設計を立てることができるように支援したり指導を通して生き方について考えたりすることで、自らの将来を切り開く力を育んでいくことを行っていく。自らの将来を切り開く力を育てるためには、3年生になってから始めるのではなく、1年生から生徒の自己理解を進めるとともに適切な進路指導を計画的、継続的に指導援助を行っていく。

ポイント

(1) 肯定的に自己理解させることにより自己実現に対する意欲を高める指導を学級の中に作っていく。

(2) 教室に「進路に関する資料」を置き、自由に情報が得れるように意識付け、工夫する。

(3) 生徒の希望する専門学校、大学や会社などを事前に調査情報を集め生徒に対し資料作りを保護者を交えて面談を行う。

(4) 学校側の進路先提出書類の準備作業として生徒に関する成績、委員会、部活動の役職や、活動実績などの情報を収集、整理する。

(5) 教員対象の説明会に参加、その際よりきめ細かな情報を得るため事前に生徒から情報を得る。

(6) 合格生徒はもとより、不合格生徒が出た場合の学級内の雰囲気、級友の言動に注意するとともに次の選択に向け的確な指導を行う。

(7) 精神的に不安になる生徒や焦る生徒、まったく興味を示さない生徒などがいるのでじっくりと話を聞き自己を見つめ直させるように指導する。

9. 学級経営と生徒指導

生徒理解の深化

　学級経営と生徒指導を進める上でまず重要なことは、確かな児童生徒理解である。多様な個性や様々な人間関係を見すえながら、望ましい集団・人間関係づくりを進めていく学級担任の適切な指導が求められる。また学級担任が行う生徒と関わる上で毅然とした指導が求められる。

　毅然とした生徒指導とは、学校生活に起こる様々な問題について、その行為の過ちや責任をしっかりと自覚させ、健全な成長が図られるよう温かく粘り強く指導していくことである。また、問題が起こる前に、日頃から生徒の自己理解や社会認識を深め、自己指導能力を培う児童・生徒指導の充実を図ることが必要である。

　学級担任の生徒指導において担う役割や責任を強く考えるあまり、様々な問題を自分だけで抱え込もうとしたり、誤っていわゆる学級王国的な考えに陥るよう

なことがあったりしてはならない。

ポイント

(1)　指導する担任が開かれた心をもち、学級経営に取り組む。

(2)　学級に多様な生徒がいることを前提に、学級での生徒との人間的な触れ合い、きめ細かい観察や面接、保護者との対話を深め、一人ひとりの生徒を客観的かつ総合的に理解していく。

(3)　生徒理解を深めるためには、他の教職員との情報交換や連携を深め、生徒に関する幅広い情報の収集と多面的な理解に努める。

(4)　生徒が、自他の個性を尊重し、互いの身になって考え、相手の良さを見つけようと努める集団、互いに協力し合い、主体的によりよい人間関係を形成していこうとする集団づくりに努める。

(5)　生徒のコミュニケーション能力を高め、開かれた人間関係づくりを進める。

(6)　日常の問題行動からしっかりと注意するなど、その行為の意味やそれがもたらす結果や責任などを理解させる毅然とした指導を行う。

(7)　「社会で許されない行為は、子どもでも許されない」といった学校全体の基本的な指導方針の下、学級でも生徒の発達の段階を踏まえて生徒指導の方針を明確に示し、生徒や保護者に対して「社会の一員」としての責任と義務の大切さを伝えていく。

(8)　生徒の自己指導能力を高めていくような、適切な情報提供や案内・説明、活動体験などを主に集団指導の場面で行う。

(9)　日常の学校生活における生徒の不安や悩み、訴えに耳を傾けていく。

(10)　計画的にまた随時教育相談の機会を設け、生徒の学習や生活上の様々な不安や保護者の訴えに向き合う。

(11)　家庭や地域社会との連携を密にする。特に、保護者との間で、学級通信や学年通信、保護者会や家庭訪問などによる相互の交流を通して、生徒理解、生徒に対する指導の在り方について共通理解を深める。

10. ま と め

具体的学級担任としての業務

　学級は様々な生徒が混在して一つの集団を作っている。同じ指導案、同じ教材を使って授業を行ってもその学級が良好な状態であれば、教育的効果は十分に望まれるということを表しているが、逆に、学級経営が良好な状態でなければ、学習指導において十分な効果が見込めないばかりか、生徒指導の面でも、様々な問題が噴出してしまう可能性がある。

　学級担任は、学級経営に関わる様々なことを指導、助言していかなければならない。

学級担任の仕事

　教員志望の大学生になぜ教員を志望するのか？ また教員のどのような仕事を一番してみたいのかとアンケートを取ったところ、志望動機は、「担任の先生に感化され教師を選んだ」との回答が約7割、どのような仕事を一番してみたいのかについては、やはり担任をしてみたいが8割であった。ということは、教師のイメージは担任であることがうかがえる。

　教員になって教科指導は誰しもが経験することである。特に高等学校はそれぞれの専門とする教科の授業を担当することは教員の大きな仕事であるとともになんといっても教員になったと実感が味わえるのは、学級担任である。

【引用文献】
中田正浩編著『次世代の教職入門』大学教育出版　2011
中田正浩編著『人間教育を視点にした教職入門』大学教育出版　2014
中田正浩・松田智子編著『次世代の教育原理』大学教育出版　2012
堀内　孜『公教育経営概論』学術図書出版社　2014
堀内　孜『学校経営の機能と構造』明治図書　1985
堀内　孜『現代公教育経営学』学術図書出版社　2004
佐々木正治編著『新教育原理・教師論』福村出版　2011
教職問題研究会編『教職論』ミネルヴァ書房　2009

菱村幸彦・小松郁夫・若井彌一編著『学校経営の刷新』教育開発研究所　2005

曽我雅比児・皿田琢司編著『教育と人間の探求』大学教育出版　2010

佐々木正治・山崎清男・北神正行編著『新教育経営制度論』福村出版　2009

浅野良一『学校組織マネジメントの実践演習 A』兵庫教育大学大学院研究・連携センター

　　2011

====== ミニ教育用語事典⑧「ギフテッド支援」 ======

　学令和4年11月、文部科学省の有識者会議で、小学生の段階で大学レベルの学問を理解する極めて特異な才能を持つ小中高校生ら向けの支援（ギフテッド支援）について提言がまとめられた。

　海外では、例えばアメリカの連邦法では、「ギフテッド」を「知能、創造性、芸術、リーダーシップ、特定の学問分野の能力のいずれかの特性が並外れて優れた者」と定めている。州、学区、学校で状況は異なるが、小中高校や大学への早期入学や飛び級などが行われている。また従来では知能指数の高さを基準に領域非依存的な才能を伸長する教育が考えられてきたが、近年では、領域依存的な才能を伸長する教育や特異な才能と学習困難とを併せ持つ児童生徒に対する教育も含めて考えられている。また韓国では、2000年に英才教育進行法を制定。才能のある児童生徒を選抜し、英才教育を実施している。

　我が国では、令和3年3月閣議決定の「科学技術・イノベーション基本計画」において「出る杭」を伸ばすと明記。突出した意欲・能力を有する児童生徒の能力を大きく伸ばすことがイノベーション人材育成において重視されている。

　今回の文科省の有識者会議のギフテッド支援策をまとめると次の4点である。

①　特異な才能のある子どもに対する教員の理解を深めるための研修促進
②　授業にとどまらない多様な学習の場の充実
③　教員らが才能のある子供の特性を把握するためのサポート
④　実証研究を実施し指導・支援の事例を蓄積

　そして、特異な才能のある子どもたちが抱える困難に着目し、その困難を解消できるような学べる環境を整備する「支援型」の提言を行っている。また、知能指数など特定の基準や数値で才能を定義することも行わないことを明記した。というのも、選抜によって、過度な競争を発生させるという弊害が懸念されるからである。

　文科省は、令和5年度から実践事例を収集し、学校において、特異な才能のある児童生徒も含め「個別最適な学び」を通じて個々の資質・能力を育成するとともに、「協働的な学び」という視点も重視し、児童生徒同士がお互いの違いを認め合い、学び合いながら相乗効果を生み出すことが重要であるとしている。

【参考資料】

文部科学省サイト「児童生徒の発達の支援」

　https://www.mext.go.jp/a_menu/shotou/newcs/senseiouen/mext_01512.html

第3章

生 徒 指 導

　日々の新聞紙上には、教育現場における生徒指導上の諸問題が報道されている。例えば、2017（平成29）年2月に、兵庫県内の私立高校2年生の女子が公園内で飛び降り自殺を図った。約3か月入院し、現在も自宅療養中であるという。第三者委員会の報告書によれば、同級生から机や椅子にちぎった紙をのりで貼られたり、「さっさと辞めろブス」などと周囲に聞こえるような大声で悪口を言われたというような事案が、公表された。このように、極めて「生徒指導」が深刻化した状況にある。

　この章で取り上げる「生徒指導」とは、「一人一人の児童生徒の人格を尊重し、個性の伸長を図りながら、社会的資質や行動力を高めることをめざして行われる教育活動」【文部科学省『生徒指導提要』2010】と定義されている。また一方、生徒指導と対にあるのが「教育相談」である。「教育相談」とは、「児童生徒それぞれの発達に即して、好ましい人間関係を育て、生活によく適応させ、自己理解を深めさせ、人格の成長を図るもの」【文部科学省『生徒指導提要』2010】と定義されている。

　今回は、幼稚園教員が園児を保育していく中で、子どもを取り巻く環境の変化により、それらを踏まえた幼児教育が必要であることは言うまでもない。しかし、現実的には"他者への関わり"、"自制心や耐性"、"規範意識が十分に育っていない幼児"などの問題も新たに表出してきていることから、新たに"園児指導"という節を設けることにした。

　本章も、幼稚園・小学校・中学校・高校等で実際に生徒指導にあたってきた教員が執筆したものであるので、開かれた生徒【園児】指導の実践が、より具体的に記述されており、生徒指導上の問題点を把握する上で参考になろう。

第1節　幼稚園の園児指導

　核家族世帯が増え地域や近隣社会との交流が薄れてきた昨今、子育ての状況は、厳しいものになっている。多様な人間関係の中で生活してきた大人であっても、新しい人間関係を築く際には、大きなストレスを感じるものである。まして、親の庇護のもとで生活してきた幼児にとって、初めて経験する集団生活は大きな不安材料となる。不安なことがあると問題行動として表れるのが幼児の自然な姿である。不安を取りのぞき、安定して園生活が送れるようにするのが、教師の大きな役割である。また、幼児の抱える問題行動は、保護者の養育態度に要因のあることがほとんどである。それゆえに幼稚園の園児指導は、その保護者の指導も同時に行う必要がある。

1.　発達の個人差が大きいのが幼児期の特徴

　入園当初の3歳児をイメージしてみよう。楽しくてワクワクしている子、おもちゃを出して好きに遊んでいる子、何をしてよいかわからず椅子に座ったままの子、保護者と離れることが不安で泣いている子、乱暴な振る舞いでまわりを困らせる子、落ち着きなく動き回っている子、先生の指示をよく聞いて行動する子など、千差万別の姿を表す。

　このような表出の心理的な説明として、内気、臆病、恐怖心、強い不安、緊張、興奮性、情動の抑制の欠如、自信の欠如と「自分にはできない」という態度、破壊性、敵対的、攻撃的な気持ち、などを挙げることができる。

　これら入園当初の幼児の姿は、幼稚園での生活の仕方がわかり、先生や友達に慣れれば落ち着いてくる場合がほとんどである。特に、その行動には生活経験の差やきょうだい関係、家庭環境の違いが大きな影響を与えることが多いので、幼児一人ひとりの成育環境や家庭背景を理解し、その幼児の行動と照らし合わせて見ていくことで幼児理解が深まっていく。その幼児の良さを引き出しつつ、「寄り添う心」や「人権尊重の姿勢」をしっかり持って指導にあたることが大切である。

　しかしながら、「発達障害」というケースもあるので、気になる幼児や問題行動をとる幼児については特に細かく観察する必要がある。

　「自閉症」に関しては脳の機能障害ということがわかってきて、対処の仕方も研究されるようになってきた。これらは専門的な指導が必要である。症状の軽重にかかわらず、幼児期にその指導を始めると、その子なりの社会適応が可能となるという研究成果も出ている。それ以外にも昨今は、「発達障害」の子たちが多くなってきている現状がある。また、「発達障害の周辺の子どもたち」は、専門機関につながらないことが多く、適切な指導を受けることができないため、社会適応が難しいと言われている。「青少年の罪悪感の感じられない犯罪」や「凄惨ないじめ」、親になってからの「激しい虐待」なども社会問題の一つとして、繋がりがあるかもしれない。

2.　安定するための「居場所づくり」

　幼児の発達を理解すると同時に、個人差を念頭に置いてカウンセリングマインドで、個々の幼児に接することが大切である。環境への適応がうまくいかない幼児は、指しゃぶり、爪かみ、おもらし、夜尿、チック、などの状態を呈することもある。

　環境に順応できるようになるには、不安感をなくしてあげることが必要である。好きな先生や友達といっしょに過ごしたり、好きな遊びをして自分の気持ちを発散したりすることで安心感を持つようになっていく。

　例えば、戸外で滑り台や砂場遊びに関心を持つ幼児もいる。室内でごっこ遊びをしたり気に入った絵本を見たりする幼児もいる。泣きつづけて自分で気持ちを切り替えにくい幼児もいる。そのような幼児に対しては、教師が一緒に手をつないで園内散歩をすることで落ち着くかもしれない。動物好きの幼児は、飼育しているウサギや小鳥に興味を持ち、教師と一緒に餌やりをして楽しむかもしれない。心を開いて遊びに参加できるような環境を整えていくことが大切である。

　集団としての指導の基本はまず「一人ひとり」である。

　「おもしろかった！」「せんせい　だいすき！」「おともだちができた」「ウサギさん　かわいいね」「もっとあそびたい！」など気持ちが安定すると、自分で行

動していくようになる。そのようになったとき教師は幼児から少し距離を置き、自らの力で集団に入っていけるように見守る姿勢が必要である。いつまでもそばにいると、その幼児は依頼心を持つようになる。また、早くに離れてしまうと不安感の解消には時間がかかってしまう。幼児の育ちを見極めていくことが、教師の大切な関わり方となるのである。全体を見ながら常に一人ひとりを把握し、判断し、受容することは幼稚園の教師に最も必要な専門技術のひとつと言える。

　これまで幼稚園でできる「居場所づくり」について述べてきた。一方家庭ではどうであろうか。家庭においては主に母親の関わり方で幼児のようすが変わってくる。多くの精神科医や心理学者が言っているように、心の発達で最も大切な時期は０歳～２歳の時期である。記憶に残らないこの時期の体験が人格をつくると言われている。この時期の幼児（乳児）は何もできずすべて泣くことでまわりの大人（主に母親）に依存しながら生きている。「絶対依存の時期」と言われている。大人（母親）は泣いたらすぐに行って泣いたことの意味を理解して対応している。自分の思いに大人が応えてくれた経験の積み重ねで、「外の世界は自分の要求をかなえてくれる」という安心して依存できる心の奥の安定感が生まれてくる。逆に、「泣いても泣いても要求がかなえられない」ことが重なると外の世界に対する不安感が生まれてしまう。

　今、言われている「非認知能力」はこの時期に獲得されるのかもしれない。母親の「受容」は大きな役割を果たしている。母親が側にいるだけで「居心地の良さ」を感じて成長していく。今、仕事を持つ女性が増え、母親だけで子育てをする難しさが言われている。「母性信仰が母親を苦しめる」「母親だけの責任ではない」という声が大きくなり、母子関係という言葉が使いにくくなっている。肝心なのは、母親が安定した子育てができるように周囲が支えていくことである。夫をはじめとした家族、行政の施策、幼児を取り巻く周囲の人たちの協力で、幼児を大切に育てていきたいものである。

3. 保護者との連携・教師間の連携について

　園児が安定して園生活を送れるようになってきた時点ではさらにいろいろな
トラブルが起こってくる。自己主張が強い幼児のまわりで起こる、けんか、け
が、一方内気な幼児はいじめ、不登園といった状況も起こってくる。この場合教
師はどうあるべきか、悩みは尽きない状況である。

　まず、大切なのはいろいろなトラブルの起こった要因をしっかりつかむことで
ある。先輩の教師に対処法を聞いたり、管理職にも連絡相談を行ったりして、園
全体として対応することが大切である。それとともに保護者としっかりコミュニ
ケーションを取ることが最も大切である。そのうえで、幼児の置かれている現状
を分析し、家庭ですること園ですることなどを明確にし、保護者と信頼関係を築
いて、共に子育てをしようという意識を持つことである。真摯な態度で臨むこと
が問題解決の早道である。

　それ以外にも園の教育方針を知ってもらう手段として、園だよりやクラスだよ
りを有効に活用するとよい。行事やお知らせを伝えるばかりでなく、子育てのヒ
ントになるようなふれあい遊び、園児のかわいいつぶやき、園の行き帰りに歌を
歌う親子のエピソードなども伝えていくと保護者の園に対する理解も深まり、子
どもの見方や接し方も分かってもらえるのではないだろうか。参観日にも教師側
の一方通行ではなく、保護者参加で園児と遊ぶといったことを組み入れることで
親子のふれあいができ、楽しい活動になっていく。

　教師間の連携に関しては、今後もっと必要になってくる。二人担任、バスの添
乗や時間外のスタッフ、園長、主任など多くの人が園児に関わっている。その中
で情報を共有し、それぞれの立場で連携しながら支援していくために研修するこ
とも大切な業務となってくる。教師間もよい人間関係を築くことが、より良い幼
稚園経営につながっていく。

4. 気になる幼児を支えるために

　幼児の問題行動について、まだ十分に説明しきれていない。身体的な事、知的な事、生活習慣的な事など、時と場合によってその表れ方も、さまざまである。食習慣について言えば、偏食であったり、肥満の問題であったり、食事の内容であったりする。生活リズムで言えば睡眠とストレスの関係だったり、行動パターンだったりする。幼児それぞれの実態に応じて対処していかねばならない。

　「気になる子」については「できない」のではなく「わからない」のだということを教師が念頭において、指導法を工夫し、その子のわかりやすい方法で行うことが、遠回りのようでいて、安心してできるので効果的である。けれど、普通の幼児のようなスピードで伸びていくわけではないことを心に止めておいてほしい。ゆっくりていねいに接する中から自分なりにできる力を付けていく。

　トラブルが多く叱ることが多い幼児に対しては、「叱ってはいけない」のではなく、「叱らないで済む方法を考えること」が大切である。その幼児の行動を観察してメモを取ると、どんなときにどんなことでトラブルになるかがわかる。トラブルの原因をなくすことが問題行動を少なくするポイントである。

5. 幼児に関わる職業人として

　保育する人は、人の人生の一番根幹の部分を担当していることを忘れてはならない。幼児に関わる仕事は貴い仕事であるが、同時に責任の重い仕事でもある。

　教師の感情の安定はもちろん、「感性と技術」を持っていることが大切である。「感性」とは印象を感じ取り、受け入れる能力である。感性を磨くためには、本を読んだり音楽を聴いたり映画を見たりなどして、心を豊かにしておきたい。

　例えば、声に関して言うとボリューム、スピード、トーン、表情などを工夫することで幼児を引き付けることができる。また幼児の前に立つ自分の姿をイメージしたり客観的（ビデオ録画）に見たりすることで、スキルアップを図ることができる。幼児は教師の姿をモデルにしながら成長していくので、常に前向きにチャレンジしていこう！

●●●　**学習課題**　●●●

1. スムーズなコミュニケーションを取り、相手に的確に伝えるために必要なスキルを身につけるための方法を調べたり、実践したりしてみよう。

【参考文献】

上原文著『気になる子には、こう対応してみよう』世界文化社　2017

ジェームス H. ハンフレイ著　小林芳郎訳『現代社会における子どものストレス』ふくろう出版 2016

第 2 節　小学校の生徒指導

1.　小学校における生徒指導

　小学校学習指導要領 第 1 章総則 第 4 の 1 の（2）において、「児童が、自己の存在感を実感しながら、よりよい人間関係を形成し、有意義で充実した学校生活を送る中で、現在及び将来における自己実現を図っていくことができるよう、児童理解を深め、学習指導と関連付けながら、生徒指導の充実を図ること」と示されている。

　これは、今まで「学級経営の中で生徒指導の充実を図る」という視点に加え、「学習指導との関連を図ったり、さらに広く社会の中での存在を意識させたりする」ことの重要性が述べられている。生徒指導と聞くと、学校の決まりを守らせたり、問題行動を起こした児童を指導したりするというイメージが強いが、本来は児童の学校生活を豊かにするためのものである。

2.　生徒指導の教育課程上の位置づけ

（1）　教科等の指導と生徒指導

　生徒指導はすべての児童に対して、それぞれの人格のよりよい発達と学校生活の充実をめざして行われるものである。学校教育法施行規則第 50 条において「小

学校の教育課程は、国語、社会、算数、理科、生活、音楽、図画工作、家庭、体育及び外国語の各教科、特別の教科である道徳、外国語活動、総合的な学習の時間並びに特別活動によって編成するものとする」（以下、教科等と示す）とあり、各教科等の目的・目標が定められている。しかし、生徒指導は、各教科等の学習指導と並ぶ重要な教育活動であるが、教育課程上には位置付けられていない。

　生徒指導とは、上述した教育課程内だけではなく、教育課程外も含む学校教育活動全体を通じて行われる教育的な「機能」を意味するのである。

　このように学習指導と生徒指導は、概念は異なるが密接な関係にあり、学習指導を通じて生徒指導が促進され、適正な生徒指導により学習指導の充実が図られるという車の両輪のような関係にあるといえる。そこで、教員は、教科等の目標や内容を理解し、主体的・対話的で深い学びに向けた指導を行う必要がある。教科等の目標や内容に生徒指導のねらいが含まれる場合には、その学習自体が生徒指導につながる。例えば、生活科では、「自立し生活を豊かにしていくための資質・能力」の育成、そして、総合的な学習の時間では、「自己の生き方を考えていくための資質・能力」の育成を目標としており、生徒指導と密接に結びついている。

　一方、生徒指導との関係が見えにくいようにも思われる算数科においても、多様な見方・考え方や解決方法等を話し合い深めていく際、自分とは違った考え方や解決方法を認め、そのよさや価値に気付いていく指導が重要となる。このように、児童の学校生活の多くの時間を占めている教科等の学習における日々のきめ細かで丁寧な指導が生徒指導につながっていく。

（2） 生徒指導と特別の教科道徳（道徳科）

　小学校学習指導要領の道徳科の目標では、「よりよく生きるための基盤となる道徳性を養うため、道徳的諸価値についての理解を基に、自己を見つめ、物事を多面的・多角的に考え、自己の生き方について考えを深める学習を通して、道徳的な判断力、心情、実践意欲と態度を育てる」と規定されている。この目標は、生徒指導の価値観の形成や自己の生き方について考えることと密接な関係がある。生徒指導により児童の悩みや問題を具体的に解決することと、道徳教育により児童の内面に道徳的価値を育むことには相互の関係がある。つまり、道徳の授業が生徒指導に生かされ、生徒指導自体が道徳の授業の適切な資料となる。さら

に、授業における教員と児童、児童相互の人間的な触れ合いも生徒指導の大切な場となる。

（3）　生徒指導と特別活動

　小学校学習指導要領の特別活動の目標では、「集団や社会の形成者としての見方・考え方を働かせ、様々な集団活動に自主的、実践的に取り組み、互いのよさや可能性を発揮しながら集団や自己の生活上の課題を解決することを通して…」と始まり、育てたい資質・能力の一つとして、「…集団や社会における生活及び人間関係をよりよく形成するとともに、自己の生き方についての考えを深め、自己実現を図ろうとする態度を養う」と示されている。この目標からは、生徒指導との密接な関係性が読み取れる。

　また、学習指導要領第 6 章の第 3 の 1 の（3）において、「学級活動における児童の自発的・自治的な活動を中心として、各活動と学校行事を相互に関連付けながら、個々の児童についての理解を深め、教師と児童、児童相互の信頼関係を育み、学級経営の充実を図ること。その際、特に、いじめの未然防止等を含めた生徒指導との関連を図るようにすること」と明記されている。このように、特別活動は、生徒指導の基本的な役割を担う。

　さらに、学級活動では、「一人一人のキャリア形成と自己実現」の視点から、希望や目標を持ち日常生活をよりよくしようとしたり、清掃や係活動等を行う中で、自己の役割を自覚し、社会参画や働くことの意義を見つけたりしていく。そうすることで、自己実現や人間関係の形成を図ることにつながる。

　このことは、キャリア教育の必要性とともに、生徒指導の重要な視点となる。

3.　生徒指導上の諸問題

　生徒指導においては、様々な問題が考えられるが、ここでは、「いじめ」「不登校」に対する組織的な対応、さらに、「体罰」の防止について述べていく。

（1）い じ め

　平成 25 年には、「いじめ防止対策推進法」が制定され、「いじめは、いじめを受けた児童生徒の教育を受ける権利を著しく侵害し、その心身の健全な成長及び人格の形成に重大な影響を与えるのみならず、その生命又は身体に重大な危険を生じさせるおそれがあるものである」と示され、この法律により、学校が実施すべき施策として、以下のことが義務づけられている。

> ①　学校のいじめ防止基本方針の策定
> ②　学校におけるいじめ防止等の対策のための組織づくり（以下、「組織」と示す）
> ③　学校におけるいじめ防止等に関する措置

　また、令和 3 年度「児童生徒の問題行動等生徒指導上の諸問題に関する調査」（文部科学省初等中等教育局児童生徒課）による小学生のいじめ認知件数は、500,562 件で、前年度より 79,665 件増加している。このような状況がある中、いじめの事象を発見した場合、以下のような取り組みを行っていく必要がある。

〈組織的ないじめ対応の流れ〉

> ①　情報を集める

> 教職員、児童、保護者、地域住民、心理・福祉の専門家等から学校におけるいじめ防止等の対策のための「組織」に情報を集める。

> ②　指導・支援体制を組み、方針を決定する

> 学級担任、養護教諭、生徒指導担当、教職員、管理職等で役割を分担し、「組織」で指導・支援体制をつくり、取り組みの方針等を決める。

> ③　児童への指導・支援を行う

> ●いじめられた児童にとって信頼できる人（親しい友人や教員、家族、地域の人等）と連携し、寄り添い支える体制をつくる。
> ●いじめた児童には、「いじめは人格を傷つける行為である」ことを深く理解させ、自らの行為の責任を自覚させる。そして、不満やストレスがあってもいじめに向かわないように継続的に指導を続ける。
> ●いじめを見ていた児童（傍観者や観衆等）には、自分の問題としてとらえさせ、いじめの仲裁をしたり、誰かに知らせたりする勇気がもてるよう指導する。

> ③　保護者と連携する

> ●即日、関係児童（加害、被害児童）の家庭訪問を行い、事実関係や学校のいじめの対応方針を伝え、保護者との連携について話し合う。
> ●児童への聞き取りや指導過程で新たな事実が分かった場合は、すぐに保護者に伝え、今後の連携について話し合う。

> ○事後も被害児童の心のケアや継続的な見守りを組織的に行う。
> ○児童への聞き取りや指導は、2 人以上の教員で、児童の人権を守るため、別室で行う。

　この対応の流れは、一例であり、いじめの事象によって、対応に変化が生じる。そこで、常に状況把握に努め、随時、指導・支援体制に修正を加え、保護者との密接な連携のもと、「組織」でより適切に対応していくことが重要である。

　いじめについては、何よりも、未然防止が重要である。そのために、教員は、日々の学級経営や授業の中で、児童一人ひとりの変化を感じ取り、丁寧できめ細かな対応を行い、児童との人間関係を深めていかなければならない。

　そこで、道徳科等で「学級集団の力でいじめを乗り越えた事例」や「ネットの危険性」等を題材にした教科書教材や自主開発教材を活用し、いじめについて深く考える時間を確保し、心の教育を推進する必要がある。

　さらに、「いじめアンケート」を定期的に実施し、組織によるきめ細かな分析を行い、いじめの兆候を見抜き、いじめに至るまでの過程で、迅速で的確な対応を行うことが何よりも重要である。

（2）不　登　校

　長期欠席者の一つである不登校児童とは、病欠や経済的問題等明確な欠席理由があって登校できないのでなく、登校の意思はありながら、何らかの心理的、情緒的、身体的あるいは社会的要因によって、登校できない状況であるものを示す。

　文部科学省の学校基本調査によると、令和3年度の不登校児童数は81,498人で前年度より18,148人増えている。また、学習指導要領総則では、不登校児童への配慮として、「情報の提供に対する支援」と「教育課程・教育方法上の工夫」の2点が挙げられているが、以下のような継続的できめ細かな指導が必要となる。

〈不登校児童への働きかけ〉

①　継続的な働きかけ……「忘れられていない私」
　　始業式・終業式をはじめ校外学習、修学旅行等の行事では、不登校児童の関心や児童同士の人間関係がある場合も多く、家庭や本人への連絡が不可欠である。
②　多様な登校形式を考える。……「校内での居場所づくり」
　　放課後登校等の部分登校や保健室・相談室等への別室登校、適応指導教室等、不登校児童の実態に合わせた多様で柔軟な登校に対する対応を考える。
③　校内体制の充実……「受けとめてくれる学校」
　　不登校児童への共通理解を図り、スクールカウンセラー（臨床心理の専門家）

も含め、担任以外の教職員もカウンセリングマインドで受けとめる体制をつくる。
④　魅力ある学校づくり……「安心で楽しい学校生活」
　　児童一人ひとりがよさや可能性が発揮できる授業づくりや、すべての児童が楽し
　く充実した活動ができる行事等の計画・実施、さらに、いじめをはじめ学力不振
　等に対して、組織として迅速かつ適切に対応できる学校づくりを行う。
⑤　関係機関との連携……「児童や保護者の心のケア」
　　教育センター等の教育相談機関や適応指導教室、医療機関、スクールソーシャ
　ルワーカー（社会福祉の専門家）の支援も得ながら家庭・学校と関係機関を結ん
　でいく。

　以上、不登校への対応について述べてきたが、不登校には、「本人に係る要因」
と「学校・家庭に係る要因」があるので、家庭・地域との連携や幼・保、小・中
学校との連携の強化を図っていくことが重要である。

（3）体　　　罰

　昭和23年に示された「児童懲戒権の限界について」には2つの例が挙げられ
ている。①身体に対する侵害を内容とする懲戒（なぐる・けるの類）②被罰者に
肉体的苦痛を与えるような懲戒（長時間にわたる正座、直立等）である。有形力
の行使がなくても、児童に肉体的な苦痛を与えることは「体罰」として解釈され
ている。

　体罰が起きる理由の一つとして、教員の指導力不足に原因があるともいわれて
いる。

　教員は、教科等の指導や学級経営を行いながら生徒指導を進めていくので、多
角的な視野や児童の変化に柔軟に対応できる資質・能力を培わなければならな
い。

　また、自分の指導を客観的に見たり、自分の心の中の怒りを押さえたりするこ
とが必要である。その意味で常に研鑽を積み、自己を高めていくことが不可欠と
なる。

　その一方で、児童の問題行動等を担任が一人で解決しようと考えず、専門的な
知識や技能をもった人の協力やアドバイスを得ながら組織で対応していくことが
重要である。

● ● ● **学習課題** ● ● ●

1. 教科等の学習で、生徒指導につながる例を 2 つ挙げなさい。

2. いじめの事象が起こった時、どのように対応するのか、まとめなさい。

3. 不登校の児童に対する対応について、あなたの考えを 3 つ述べなさい。

【参考・引用文献】

中田正浩編著『次世代の教職入門』（第 5 章 第 1 節 大野光二）大学教育出版　2011

中田正浩編著『人間教育を視点にした教職入門』（第 5 章 第 2 節 金山憲正）大学教育出版　2014

島田孝夫『不登校生徒の指導のあり方について』中学の広場 179 号　大阪府公立中学校教育研究会

文部科学省「小学校学習指導要領」2017

第 3 節　中学校の生徒指導

1. 中学校の生徒指導とは

　生徒指導という言葉を聞いてどのようなことを思い浮かべるだろうか。生徒指導には、生徒が起こした問題行動を解決して再発を防止するという面もある。しかしながら、問題行動への対応には多くの時間と労力を注がなくてはならない。そのため、場合によっては本来行うべき授業などの学習指導や問題行動を起こした生徒以外の多くの生徒と向き合う時間が少なくなってしまう。生徒はいつか中学校を卒業して進学をし、やがては社会に出るだろう。事後的な対応だけでは、教員の目を盗む行動をとってしまいかねず、いつまでも自らを律することができなくなってしまいかねない。ではどうすればよいのだろうか。生徒の問題行動を未然に防ぐような指導、生徒自らが事の善悪を考えて判断するとともに、より建設的な形で毎日の生活を送れるように指導や支援をすることが必要ではないだろうか。生徒が自ら考え、行動できるようになれば、問題行動は起こらず、事後的に対応する必要もなくなる。

　こうして考えてみると生徒指導には二つの捉え方があることに気づく。一つは、生徒の問題行動に対して、事後的に対応する生徒指導、つまり、治療的・対

処的生徒指導と呼ばれるものである。もう一つは、生徒の問題行動を未然に防ぐ
ような生徒指導、つまり、予防的・開発的生徒指導と呼ばれるものである。そし
てこのどちらもが生徒自らが、あるべき姿を考え、自ら考え行動できるようにな
る力、つまり自己指導能力を育成することをめざした指導なのである。

2. 中学生の教育上の課題 ―「中1ギャップ」を中心に ―

　では、生徒指導は、どのように行えばよいのだろうか。生徒指導を効果的に行
うためにも中学生一般にみられる課題や問題を理解することが必要となる。そこ
でまずは、図3-1を見てみよう。図3-1は、年間30日以上にわたって学校を欠
席した小学生と中学生の数、つまり、不登校の件数を学年ごとに表したものであ
る。この図を見て分かることは、その件数の多さもさることながら、小学校と中
学校との間にある件数の大きな差である。たまたまこの年の小学校6年生と中学
校1年生全体の数が大きく異なっていたということではない。毎年、このような
件数になっている。

　ではどうしてこのようなことが生じてしまうのだろうか。その原因は、小学校
と中学校との間で、学習の方法や生活環境が大きく異なることに求めることがで
きる。たとえば、小学校は一人の教員が学級の担任となり、児童の生活面はもち
ろんのこと、ほとんどの授業を担当することになる。小学校では、教員が一日を

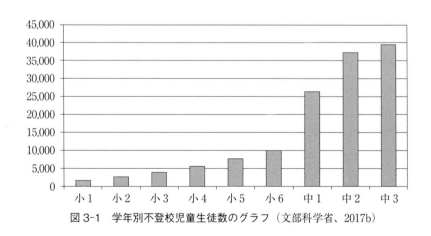

図 3-1　学年別不登校児童生徒数のグラフ（文部科学省、2017b）

通じて子どもの様子を観察し、体調不良等があればすぐに対応することができる。これに対して、中学校では授業内容が高度なものとなるため、教員が担当する授業は教科で分けられている。授業内容を理解することが難しい生徒も出てくる。

　原因は生徒一人ひとりによって異なるが、中学校1年生の不登校件数は、小学校6年生の不登校件数の2倍以上である。このように中学校1年生が学校生活になじめずに起こしてしまう教育問題は「中1ギャップ」とよばれている。

3. 生徒の人間関係づくりとしての生徒指導

　それでは、生徒指導は具体的にどのように行えばよいのだろうか。生徒指導は学校教育の全体を通じて行うことが求められている。生徒が学校で最も多くの時間を過ごすのは、授業である。そのため、授業等の学習指導の場面において、生徒指導を行うことがまず求められるだろう。授業における学習指導を通じて生徒の人間的な成長を促すことは予防的・開発的な生徒指導の一つといえる。あるいは、授業における学習規律を保つことも、生徒指導を効果的に実施するための基礎的な条件といえる。授業以外にも学級活動等の時間を通じて生徒指導を行うことも大切である。こうした点を踏まえたうえで、生徒指導の方法のうち、代表的なものを取り上げていこう。

（1）教育相談

　教育相談は、予防的・開発的な生徒指導の一つである。教育相談において教員は生徒一人ひとりに対して個別の相談活動を行い、生徒の情緒面や生活面に関する状況を把握するとともに、生徒が抱える不安や悩みの相談を受ける。保護者を対象とした相談活動も教育相談に含まれる。教育相談を行うことで、生徒が非社会的・反社会的な行動をとることを未然に防いだり、学校生活になじめずにいれば、これにいち早く気づいて適切な対応をすることができる。生徒が抱える問題によっては、学年や学校をあげてチームで対応することも必要となるであろうし、保護者との連携が必要となる場合もある。

（2） 構成的グループ・エンカウンター

　次に取り上げるのが構成的グループ・エンカウンターである。構成的グループ・エンカウンターとは、生徒同士の出会いや相互理解を通じて（エンカウンター）、お互いの価値観や考え方の違いに気づき、互いを認め合いながら成長するために意図的・計画的に行われる（この点で構成的と呼ばれる）教育方法である。構成的グループ・エンカンウンターは、学年や時期ごとに、教育目標に応じて様々な教材が開発されている。たとえば、「地球脱出」という教材では、仮に地球最後の日まで2週間しかないとしたら、どのようなことをするか、生徒がお互いに考えを表明して話し合う。この過程を通じて、生徒は様々な価値観があることに気付くことができ、連帯感を育むことができるようになる。

（3） ソーシャル・スキル・トレーニング

　ソーシャル・スキル・トレーニングとは、良好な人間関係をつくり、保つための知識や人づきあいの方法を学習し訓練する教育方法である。ソーシャル・スキル・トレーニングは次のようにして行う。①トレーニングの必要性の解説、②手本となる振る舞い方や不適切な振る舞い方の学習、③場面を想定したロールプレイ、④ロールプレイについてのフィードバック、⑤現実生活のなかでの応用を促すための解説、によって行う。たとえば「相手を思いやる言葉かけ」というテーマで実施する場合、友人に対して「冷たく厳しい」言葉かけ、「軽い」言葉かけ、「ポイントを意識した」言葉かけのそれぞれを生徒が行い、言葉かけごとにどのような気持ちになったかをグループで話し合う。そこから実生活の場面を想定した指導を教員が行う。

（4） 非社会的・反社会的行動への対応

　最後に治療的・対処的な生徒指導を考えよう。治療的な生徒指導の対象としてはいじめや不登校等が挙げられる。いじめの場合、問題が表面化せず、対応が難しい場合がある。アンケートや生徒への個別の聞き取り調査を通じて早急に問題の把握に努めなくてはならない。また、いじめは一学級内にとどまらず、学級や学年を超えて生じる場合もある。そのため、いじめへの対応は、教員一人が行うのではなく、学年団や学校全体で対応することが必要となる。

　生徒の不登校についても早急にチームで対応をする必要がある。だが、生徒本人に対して、必要以上に強引な働きかけを行うとかえって問題を深刻なものとしてしまいかねない場合がある。本人の気持ちに寄り添いながら、少しずつ登校を促していくことが必要となるだろう。また、近年はフリースクールや夜間中学校の設置も進んできた。こうした学校への転校も状況を好転させる契機となるかもしれない。

　万引きや暴力行為、暴走行為等、生徒が何らかの反社会的行動を起こした場合も早急な対応が必要となる。だが、問題によっては教員だけでは対応できない場合もある。警察との連携や、次項で触れるスクール・ソーシャル・ワーカーとの連携も必要となるだろう。

（5）　スクール・カウンセラー、スクール・ソーシャル・ワーカーとの連携

　生徒指導は、教員一人ではときに対応が難しい場合もあるし、指導上の効果が限定的になることもある。そのため近年は、スクール・カウンセラー（SC）やスクール・ソーシャル・ワーカー（SSW）が学校の専門職員として配属されるようになってきた。SCは教育相談の専門家として、心身の不調や学校生活に不安を抱える生徒の相談にのり、よりよい学校生活を送るための支援を行う。SSWは学校外での生徒の様子をみたり、家庭を訪問して、保護者との連携を深めたりする。SCやSSWと教員がチームを組み、学校全体で生徒指導にあたっていくことで、より効果的な生徒指導を行うことができるようになる。また、より多くの時間を授業の準備や、多くの生徒と直接向き合う時間にあてることができるようになる。

4. 生徒指導を行うにあたって

　生徒指導は学校教育の全体を通じて、生徒の自己指導能力の育成をめざして行われる。生徒がその後の人生をどのように生きていくのかということにも関わってくる。生徒指導を行う教員は、生徒の発達上の特性等を理解しつつ、効果的な教育活動を行うことが求められているといえるだろう。

●●● 学習課題 ●●●

1. 予防的・開発的生徒指導、治療的・対処的生徒指導とはどのようなもので
   しょうか。それぞれの具体例を挙げながら整理してみましょう。
2. もしもあなたが中学校の教員だとしたら、いじめについてどのような生徒指
   導を行うでしょうか。新聞記事や書籍を手がかりにして調べてみましょう。
   また、クラスメートとも話し合い、意見交換をしてみましょう。

【引用・参考文献】

片野智治・川端久誌・住本克彦・山下みどり編『エンカウンターで不登校対応が変わる』図書
　文化社　2010 年
文部科学省『生徒指導提要』教育図書　2011 年
文部科学省『中学校学習指導要領（平成 29 年告示）解説総則編』東山書房　2018 年
文部科学省「平成 28 年度『児童生徒の問題行動・不登校等生徒指導上の諸課題に関する調査』
　（速報値）について」2017b 年
　http://www.mext.go.jp/b_menu/houdou/29/10/1397646.htm （最終閲覧日：2017 年 10 月
　29 日）。

第 4 節　高等学校の生徒指導

　高等学校の生徒指導を学ぶにあたり、まず生徒指導についての基本から学んで
いきたい。

1. 高等学校期における生徒指導

　発育発達の観点から青年期の一般的年齢区分を学校制度と照らし合わせると、
中学校の時期（13 歳〜 15 歳）を青年前期、高等学校の時期（16 歳〜 18 歳）を
青年中期、その後の専門学校や大学もしくは就職の時期を青年後期（19 歳〜 22
歳）と考え、ここでは青年中期の生徒の発達の過程から何がこの時期に必要なの
かを考えていきたい。
　青年中期が自己の確立と考えた場合、身体的な身長や体重の増加については緩

い曲線を描く成長と落ち着きをみせてくるが、性的発達、また心理的には内省的傾向、自我意識の高まりがみられる一方、不安・いらだち・緊張・反抗など精神的な動揺などの変化が著しく生じはじめこれが青年後期へと続いていく。成人となる青年期の出口、大人につながる大切な時期であり「成長を促す指導」として「課題解決的な指導」「予防的な指導」に重きを置いた指導を心掛ける、それが高等学校期における生徒指導である。

2.　生徒指導とは

　教職をめざす皆さんに生徒指導と聞くとどのようなイメージを抱きますか？厳しい、恐い、そこには声が大きくてスポーツ刈りのジャージを着た体格の良い強面の先生、朝校門前に立っていて登校する生徒を鋭い眼光で睨みつける、また規則や校則を破ったり、問題行動などを起こした生徒を別室に呼び出して叱る専門の先生、とにかく恐い先生たちがいるところ。このような話をよく耳にする。これは筆者も生徒の頃に抱いていたイメージである。ひと言で言えば、生徒指導は生徒がいけないことをしたときに叱ることと思っている人が多いのではないか。

　これから学んでいく生徒指導とは、生徒指導提要第1章第1節1生徒指導の意義にも記載されているように、「一人ひとりの児童生徒の人格を尊重し、個性の伸長を図りながら社会的資質や行動力を高めることをめざして行われる教育活動のことです。すなわち、生徒指導は、すべての児童生徒のそれぞれの人格のよりよい発達をめざすとともに、学校生活がすべての児童生徒にとって有意義で興味深く、充実したものになることをめざしています」と言うように、児童生徒が社会の中で自分らしく生きることができる大人へと育つように、その成長・発達を促したり支えたりする意図でなされる働きかけである。

　よって、生徒指導は教科指導とともに学校教育の重要な機能であり、生徒の人間性の発育発達を目的とする教育活動である。学校生活の集団の中で生徒が自らその社会的資質を伸ばし、さらなる社会的能力を身に付け、それらを使いながら自己実現を図り大人になることを願って生徒の自発的かつ主体的な成長・発達の過程を指導、支援していく活動、言い換えれば「生徒一人ひとりの個性に応じた自己指導力の育成」を目標とした教育活動であり、生徒指導はその体制をいかに

効果的、組織的に回し、その効果を高めるかにある。

3. 生徒指導の目標

　事を進める時、経営学的に考えるとスタートとゴールを見据えなくてはならない。何がゴールなのかそれこそが目標である。スタートではその目標に向かって到達するための計画を立てる。しかし計画は考えたほどスムーズにはいかないものである。生徒は、個々の生まれも違えば環境、生育の過程もさまざまである。また各発達段階にも個人差があり生徒の抱える課題、背景への理解とともにそれに応じた指導が必要となってくる。そこで問題解決に向けて定期的に評価しながら改善を行い目標に近づけていくわけである。その手法としてマネジメントサイクル（PDCA サイク　Plan［計画］→ Do［実行］→ Check［評価］Action［改善］）を使い目標に近づけていくのである。

　生徒指導の目標は、前述した通り、自己指導力の育成である。自己指導力とは、「自らの生活にかかわって発生する問題や課題を主体的に発見し、自らの力で適切な解決法や取るべき進路を選択し責任を以てそれらを処理する能力」とあり、成長段階において自己実現を行っていく上で不可欠なものであり、特に青年中期にある高等学校では心理的発達の著しい時期でもあり、その対応は非常に繊細で微妙なものである。手を差し伸べすぎてもいけないし、放任でもいけない。個々の生徒に応じた丁寧な対応を以て自己指導力の育成にあたらなければならない。

4. 生徒指導の原理

　目標となる自己指導力を育成するにあたり具体的な実践方法は学校によって、また教員によって千差万別である。生徒指導を実際に実践するにあたっては、どのような方法においても、すべての教員が生徒指導の原理を理解した上で行うことが重要である。

（1）　人間尊重の原理

　生徒は身体的にも心理的にもまだまだ発達途上にあり、未成熟な部分が多い。しかしながら、教師は自分が未成熟であるとわかりつつも、生徒に対し、同じ人間であるといった意識が薄れてその結果、教えるといった立場で、校則や規則だけを優先し一方的、且つ強制的に守らせる管理主義的な生徒指導を行ったり、場合によっては、絶対に行ってはいけない体罰や暴力などが行使されたりする。

　どのような生徒指導事案にせよ、その実践においてはまずは根底に「幼児・児童・生徒は一人の人間としてかけがえのない存在である」という確固たる信念に基づいて考えなくてはならない。

（2）　個性別の原理

　生徒は生まれも違えば育った環境、生育過程も違う。たとえ兄弟、姉妹であっても同じではない。特に青年中期は精神的、心理的同様の著しい時期から個性が発揮できなかったり、またゆがんだ形での個性の表現となったりすることも理解しておかなくてはいけない。生徒一人ひとりの個性を正しく伸長する指導においては、常に生徒一人ひとりが独自の個性を持つ存在であることをしっかりと認識、生徒理解につとめ、個々に目を向けた指導でなくてはならない。

（3）　発達支援の原理

　生徒指導の目標である自己指導力は教師が一方的に働きかけて育つものでない。教師の様々な教育活動としての働きかけの中から生徒一人ひとりが自己理解を深め、生徒自らの力で自分を伸ばしていくものである。したがって教師側が一方的に生徒の行動や判断を統制する働きかけでなく、生徒が自ら判断して行動する能力に対し寄り添い、支え、援助するといった原理を踏まえた指導でなくてはならない。

（4）　統合性の原理

　自己指導力は単一それだけの能力ではない。自尊感情、自己有用感を高め、自己理解力、自己統制力、さらには多様な社会的能力など、複数の能力が複雑に絡

み合ったものである。

　したがって、当然のことながら、生徒指導は各教科や道徳、特別活動などの指導と切り離された指導ではなく、むしろそれらの諸活動を統合する複式的な指導が生徒指導にあたる。

5. 生徒指導の形態

　生徒指導の目標となる自己指導力を育成するに具体的な目標や指導形態、その指導方法は生徒の発達発育の段階や発育過程、家庭環境、学校の教育方針などによって一様ではない。指導形態は具体的な目標に対し様々な指導法を用いるが、基本的な形態は以下のように積極的生徒指導と消極的生徒指導に大別する。

（1） 積極的生徒指導

　問題が起こるであろうと思われることを事前に考え、問題行動が起こる前に対策を練る（先取り指導）その対応や事後指導、相談といった生徒指導のことをいい、開発的、予防的生徒指導とも言われるものである。

　教育活動で言えば、体験活動、ボランティア活動、生徒会活動、交通安全指導、喫煙防止指導の実施及び教育相談の充実などがこれにあたる。

（2） 消極的生徒指導

　問題行動が起こったとき、その対応や事後相談といい、治療的・対処療法的な生徒指導とも言われるものである。

　教育現場では、問題行動に対する対応に追われることが非常に多く、生徒指導は、事後対応、事後処理といったイメージが非常に濃く、実際には問題行動の現象にはつながりにくく、そのような問題行動が起こらないためにも今こそ、開発的・予防的生徒指導が求められている。

6.　懲　　　戒

　小・中学校には停学や退学などの懲戒制度がないことが挙げられる。義務教育段階でも「出席停止」と呼ばれる措置があるが、本来は感染症などにかかった児童生徒を登校させないための制度で、懲戒的な意味合いはない。ただ他の児童生徒の学習権を守るという立場から問題行動を起こす児童生徒に対し校長が出席停止を行うとある。義務教育後中等教育とされる高等学校には懲戒について学校教育法施行規則第 26 条（2）に「懲戒のうち、退学、停学及び訓告の処分は校長が行う」とあり、問題行動を起こした生徒に対し各学校さまざまではあるが「懲戒規定」として明文化されているが、これは生徒に対し教育上必要があると認められた時、また学校の秩序の維持並びに学校教育の目的を達成するために行われるものである。これは義務教育後中等教育とされる高等学校以上の学校の特色でもある。

7.　生徒指導の三原則

　生徒指導の目標である自己指導力は、自己受容、自己理解、自己決定と様々な場面において適切な行動を自分で考え、決定し行動する能力、他者のためにもまた自分のためにもなる行動を自らの考える力を育生を図るためには生徒指導の 3 つの機能をあらゆる教育活動に作用させることが大切である。その作用とは以下の 3 つである。

（1）　子どもに自己決定の場を与えること
　自己決定の場を与える自己決定とは、自分で決めて実行するということ常に『相手』と『自分』の両者を中心にすえて行動するということつまり、身勝手な「自己決定」ではなく、他の人々を大切にすることを根拠にして自分の行動を考えさせなければならない。

（2）　子どもに自己存在感を与えること

　自己存在感を与える自己存在感とは、自分は価値ある存在であるということを実感すること教師は、子ども一人ひとりの存在を大切に思って指導することが大切で、子どもの独自性や個別性を大切にした指導が必要である。

（3）　共感的人間関係を育成すること

　共感的人間関係を育成する共感的人間関係とは、相互に人間として無条件に尊重し合う態度で、ありのままに自分を語り、理解し合う人間関係をいう。共感的人間関係は、教師と子どもの関係だけでなく子ども同士の間でも大切である。

8.　生徒指導に求められる教師の資質能力とは

(1)　生徒指導の意義や課題を十分に理解している。
(2)　教師や生徒から信頼される人間性を備える。
(3)　学校教育全般を見通す視野と識見をもっている。
(4)　生徒指導に必要な知識や技能を身に付けその向上をめざす努力と研鑽を怠らない。
(5)　適切な資料の提示、情報交換により全教師の意識を高め、共通理解を図り、全教師が意欲的に取り組むように指導性を備える。
(6)　生徒の実態、地域環境を的確な把握に基づく指導計画を樹立し、それを指導に生かせる。

9.　ま　と　め

　生徒指導とは、問題行動等への処理や指導、また校則、規則の順守などの指導に限定されるものではなく、教科指導、保健指導、特別活動などすべての教育活動においてその役割を果たすものである。また生徒指導は特定の教師だけが行うものではなく、教職員が一丸となって学校全体、全教職員が同じ共通理解の中でそのバランスを重視しながら生徒指導の目的である教職員と生徒との共感的関係を基盤に生徒に対し「自己存在感」をもたせ「自己決定」の場を与え生徒のやる

気を引き出し自己指導力の育成を図ることにある。

【引用文献】

文部科学省『生徒指導提要』教育図書株式会社　2016

文部科学省国立教育政策研究所編集『生徒指導資料第3集　規範意識を育む生徒指導体制』国立教育政策研究所生徒指導研究センター　2008

下村哲夫監修『辞典学校の危機管理』教育出版　2006

諸富祥彦著書『新しい生徒指導の手引』図書文化　2013

秋山俊夫『図説生徒指導と教育臨床』北大路書房　1997

松田文子　高橋　超『生きる力が育つ　生徒指導と進路指導』北大路書房　2006

日本生徒指導学会機関誌編集委員　七條正典編集『生徒指導学研究第11号生徒指導と学級経営』学事出版　2012

奈良県教育委員会『高等学校生徒指導ガイドライン』奈良県教育委員会事務局学校教育課　2011

======ミニ教育用語事典⑨『中等教育学校（中高一貫教育）』======

中学校と高等学校の学校間の区切りを弾力化し、一貫性や系統性を重視した教育を行う中高一貫教育と同時に、小・中一貫教育も「垂直的統合」の意義から必然的な流れになっている。国の文教政策として、1997（平成9）年6月の中教審第二次答申「21世紀を展望した我が国の教育の在り方について」の中で、中高一貫教育の導入などが提言された。同時に、国・地方教育行政において小中連携の意義も次第に強調されるようになってきた。

「中高一貫教育制度」の導入は、1998（平成10）年の学校教育法の一部改正により、1999（平成11）年4月に制度化された。

改正の趣旨は、中等教育の多様化を一層推進し、生徒の個性をより重視した教育を実現するため、現行の義務教育制度を前提としつつ、中学校と高等学校の制度に加えて、中高一貫教育制度を選択的に導入することとし、学校教育法上新たな学校種として中等教育学校を創設するとともに、同一の設置者が設置する中学校及び高等学校において中高一貫教育を負行う制度を設けるものである。

また、併せて中高一貫教育に係る行政措置として、中高一貫教育を実施する公立学校に関する教職員定数の算定並びに教職員給与費及び施設費に係る国庫負担等については、現行の中学校及び高等学校と同様の措置を講ずることとしている。

改正の背景及びその観点として、わが国の中等教育については、これまでも、生徒の能力・適性、興味・関心等の多様化に対応して、現行の学校制度のもとにおいて、総合学科や単位制高校など新しいタイプの高等学校の設置、選択幅の幅広い教育課程の編成を行うなど様々な取組みが進められてきている。

しかし、生徒一人ひとりがそれぞれの個性や創造性を伸ばし、わが国が活力ある社会として発展していくためには、学校制度について、生徒一人ひとりの能力・適性、興味・関心、進路希望等に応じた多様で柔軟なものにしていく必要がある。

中高一貫教育の実施形態には、次の三類型に区分される。

①　**中等教育学校**＝一つの学校において、一体的に中高一貫教育を行う中等教育学校

②　**併設型**＝高等学校入学者選抜を行わずに、同一の設置者による中学校と高等学校接続する併設型の中学校・高等学校

③　**連携型**＝既存の市町村立中学校と都道府県立高等学校が、教育課程の編成や教員・生徒間交流等の面で連携を深める形で中高一貫教育を実施する連携型の中学校・高等学校

公立の中等教育学校においては、学力検査を行わないなど、受験競争の低年齢化を招くことがないように条件が設けられているが、現実には中高一貫校のエリート校化や受験競争の低年齢化が危惧されている。

【参考・引用文献】

『最新教育基本用語2009～2010年版』小学館　2009

『最新教育データブック第11版』時事通信社　2006

第 4 章

教職員の不祥事

　しかし、最近の社会傳体を見渡すと「公の崩壊」が起こっているのではないかと思わせる出来事や事件が相次いで生じている。例えば、国の動向・政策を左右する国会議員が「18歳の女子大生と飲酒」、「事務所賃料脱税疑惑」、「旧統一教会接点問題」などを挙げることができる。

　また教育の世界を眺めてみると、国の教育行政のトップたる文部科学省の幹部が、「全日本私立幼稚園連合会」の前会長（業務上横領事件に絡んで逮捕・起訴）から飲食接待を受け、服務規律違反として懲戒処分を受けた。一方、地方教育行政のトップである茨城県内の教育長が教科書会社の営業担当幹部から料亭で接待を受けた。この件で、教育長は、2016年に教科書教会が自主ルールの設定（＝採択関係者への不当な利益供与の全面的に禁止）をしたことは知らなかったと語っているが、教育長がこのような取り決めの存在を知らなかったという発言も問題であろう。

　また、日々教育実践を行っている教育現場でも、相も変わらず教員の体罰、飲酒運転、盗撮、児童生徒への暴言などの不祥事が生起している。

　最近、教職員の不祥事で数多で見られるのが、スマートフォンでの裸撮影・保存や教員による性加害などのわいせつ教員が著しく増加している。このような現象や教員は、教職員全体から見れば一握りと言えども、教師不信や教育界全体への信頼が損なわれる結果になっている。

　将来、教員を目指す諸君は、くれぐれも教員生活において取り返しのつかない過ちを、犯さないことを願っている。

1. 最近の教育現場における教職員の動向

さて、最近の日本における教育界を眺めてみると、国レベルでは文部科学省の元科学技術・学術政策局長の次男の入試不正（点数加算と合格）に対して、東京医大の応募事業の提出書類の作成協力に便宜を図ったことで、局長らは有罪判決を受けた。また同省の官房長ら幹部6人が"全日本私立幼稚園連合会"の元会長から不適切な飲食接待を受けていたとする問題が不適切として懲戒処分を受けた。

次に地方レベルで眺めてみると、教職員を指導すべき教育長や校長が教科書会社から飲食やゴルフ等の接待を受けていたことが、茨城県（五霞町）や大阪府（藤井寺市）で相次いで生起している。

小・中・高校の現場においても、相も変わらず USB カードによる個人情報の紛失、セクハラやわいせつ行為・児童買春・盗撮などが生起している。しかし、最近特に驚いたことは覚醒剤の所持や大麻草栽培など、教育者としてあるまじき、前代未聞の行為が生起している。

未熟な人間が、教員として採用された事例として、埼玉県（富士見市）の小学校で給食に漂白剤を混入したとして、威力業務妨害の疑いで逮捕された。その理由が、クラス担任を外され不満があって、困らせたかったとのことであった。また大阪府（高槻市）の中学校の授業中にスマートフォンでゲームをしたということで懲戒処分を受けた教員は、ともに24歳と23歳という若さであった。

また私立学校でも、兵庫県（姫路市）のソフトボール部監督が部員に対して、暴言と顎が外れる重傷を負わせたり、福岡県（福岡市）の剣道部の監督の暴言・暴行により自殺をしている。

教職に身を置く人間に規範意識や倫理観が欠如しているかのような問題が相次いでいる。これは「教師の常識、非常識」の非常識を通り越し言語道断である。

このように教職員の不祥事に対して、一般社会からは教育現場の当事者（教育長・管理職・教職員等）に対して、"**こころと品格**"が求められている。

2. 学校園という組織

　ここでは、学校という組織を支え、園児・児童・生徒への教育活動に従事する教職員を人的側面から眺めてみることにする。

　公教育の活動支える教職員として「学校には、校長及び相当数の教員を置かなければならない」（学校教育法第 7 条）とあり、また学校教育法第 27 条に「幼稚園には、園長、教頭及び教諭を置かなければならない」、同法 2「幼稚園には、前項に規定するもののほか、副園長、主幹教諭、指導教諭、養護教諭、栄養教諭、事務職員、養護助教諭その他必要な職員を置くことができる」（小学校・中学校・高等学校に準用）と規定され、この教職員の定数は、その地方公共団体の条例で定められている。

　そのほかには、講師（常勤・非常勤）、若年嘱託員及び嘱託員（退職教員の再雇用）、学校用務員など各種にわたる教職員が勤務している。また、小学校では学校給食のための学校栄養職員と給食調理員、高等学校では理科や家庭科の実習助手などの教職員も存在する。

　最近の学校園では、上述の教職員以外に AET（アシスタント・イングリッシュ・ティチャー）・スクールカウンセラー、短期臨時職員（スクールサポーター・スクールキーパー・心の教室相談員・介助員・TT 特別臨時講師・外部指導員）などが、日々の教育活動に直接的・間接的に学校園を支えてくれている。

　また一方では、教職員以外に児童・生徒の健康管理及び衛生管理の面で学校医・学校歯科医・学校薬剤師の存在も見逃せない。学校では、児童・生徒及び教職員の健康の保持増進のために健康診断を行い、その他保健に必要な措置を講じなければならないと**学校保健安全法【2009（平成 21）年 4 月 1 日より、学校保健法より改題】の第 23 条「学校には、学校医を置くものとする」**同法 2「大学以外の学校には、**学校歯科医及び学校薬剤師を置くものとする」**と設置が義務づけられている。その健康診断・健康相談等を行ったりする学校医には、内科・耳鼻咽喉科・歯科・眼科等があり、教育委員会から非常勤職員として委嘱されている。（最終改正平成 27 年 6 月 24 日法律等 46 号）

　さらに広い意味で学校園を支えているのが、PTA 組織、地域の民生・児童委

員・保護司の皆さんである。このように、学校園は多くの人達によって支えられているということをまずは確認しておきたい。

3.　教職員としての心構え

（1）　教職員の服務の基本基準

　公立学校に勤務する教職員は、日本国憲法第15条2に「すべて公務員は、**全体の奉仕者**であって、一部の奉仕者ではない」と規定されており、また地方公務員法第30条「すべて職員は、**全体の奉仕者**として公共の利益のために勤務し、且つ、職務の遂行に当たっては、全力を挙げてこれに専念しなければならない」とあり、これらから、教職員は**全体の奉仕者**として公共の利益のために勤務することが要求されている。すなわち、地域住民との間における「信託と奉仕」の関係に基づくものであって、私的利益の追求を目的とする民間企業の社員とは本質的に異なるものである。

　教職員は、教育・学校用務及び給食調理業務を通じて、地域住民全体に奉仕するという使命を自覚し、行政機関の教職員としての職責を遂行することに努めなければならない。

　また、県費負担教職員の服務監督として地方教育行政法第43条①②に、「市町村教育委員会は、県費負担教職員の服務を監督する。県費負担教職員は、その職務を遂行するに当たって、法令、当該市町村の条例及び規則並びに当該市町村委員会の定める教育委員会規則及び規定に従い、かつ、市町村委員会その他の職務上の上司の職務上の命令に忠実に従わなければならない」とある。私立学校の教職員については、**学校法人の就業規則**等に、公務員に準じた規定が置かれているケースが多くみられる。

（2）　教職員の服務の根本基準

　教職員は公務員として、一般市民よりも厳しい社会通念上の自覚を持ち、倫理観、良識等を持ち備えていなければならない。しかし、それだけではなく、教職員として守らなければならない服務上の根本基準として2つある。

　その1つは、職務を遂行するにあたり守らなければならない義務＝職務上の義

務、2つ目は公務員の身分を有するために守らなければならない義務＝身分上の義務である。

① 職務上の義務

［1　服務の宣誓］

　新たに教職員となったものは、辞令交付時又は着任時に、一般の民間企業と雇用関係とは違った規律、例えば公務員としての誇りと自覚、法令の規定に従い、公正・誠実に住民のための服務（＝教職員が守らなければならない義務のこと）に服することを受託（地方公務員法第31条　服務の宣誓）して、その職務に当たらねばならない。宣誓の内容や手続き等は条例で定めるが、細部については、任命権者（教育委員会）の定めによる（職員等の服務の宣誓に関する条例）。

表 4-1　宣誓書の様式（教育公務員）【令3条例9．一部改正】

宣　誓　書
1　主権が国民に存することを認める日本国憲法を尊重し、かつ、擁護すること。 2　地方自治及び教育の本旨を対するとともに公務を民主的かつ能率的に運営すべき　責務を深く自覚し、全体の奉仕者として誠実かつ公正に職務を志向すること。 以上固く誓います。 　　　年　　　月　　　日 　　　　　　　　　　　　　　　　　　　　　　　（氏　　　　名）

【大阪府：職員等の服務の宣誓に関する条例　昭和26年3月22条例第7号（令和4年3月29日施行）】

　もし、服務の宣誓を拒否した場合は、地方公務員法第28条①および同法第29条①により、適格性を欠く行為として分限免職になるか法令違反行為および職務上の義務違反として**懲戒免職**となる。

［2　法令に従う義務］

　教職員が職務を遂行する際には、地方公務員法第32条「職員は、その職務を遂行するに当たって、法令、条例、地方公共団体の規則及び地方公共団体の機関の定める規程に従い、且つ、上司の職務上の命令に忠実に従わなければならない」とある。また地方教育行政法第43条2に「県費負担教職員は、その職務を遂行するに当って、法令、当該市町村の条例及び規則並びに当該市町村教育委員

会の定める教育委員会規則及び規程に従い、且つ、市町村教育委員会その他職務
上の上司の職務上の命令に忠実に従わなければならない」となっている。

　[3 職務専念義務]

　教職員は、地方公務員法第35条により「勤務時間(正規の勤務時間・時間外
勤務・休日勤務の時間までを含む)中は特別な場合を除き職務に専念しなければ
ならない」とされている。また、職務中は知力・体力・精神力など勤務上の注意
力を最大限に発揮して、身体的活動と精神的活動の両面にわたり集中を職務遂行
のために用いなければならない。

　ただし、職務専念義務は、下記の表4-2のように法律または条例による場合
に限って、職務が免除される。これを**「職専免」**と呼んでいる。

表 4-2 「職務専念義務の免除」の具体的事例

地方公務員法	休職	地公法 28 ②
	停職	地公法 29 ①
教育公務員特例法	教育公務員が任命権者の承認を得て教育に関する兼職、兼業に従事する場合	特例法 17 ①
	教員が、所属長の承認を得て勤務場所を離れて研修を行う場合	特例法 22 ②
労働基準法	休憩	労基法 34
	休日	労基法 35
	年次有給休暇	労基法 39
	産前産後	労基法 65
	育児時間	労基法 67
	生理日の修業が著しく困難な女性に対する措置	労基法 68
育児介護休業法	育児休業の申出・介護休業の申出・子の看護休暇の申出・介護休暇の申出	育児介護休業法 5・11・16 の二・五
休暇条例に基づく場合	年次休暇	大阪府条例 13
	病気休暇	大阪府条例 14
	特別休暇	大阪府条例 15
	介護休暇	大阪府条例 16

②身分上の義務

[1　信用失墜行為の禁止…地公法第33条]

　教職員は、「全ての子供に規範を教え、社会人としての基本を徹底する」（教育再生会議・第一報告の提言）立場にあり、教職員としてのふさわしくない行為は児童・生徒・保護者・地域への信用・信頼を傷つけ、個人のみならず職全体の名誉まで傷つけることになる。

　よって教職員としての品位を傷つけないように、職務の内外を問わず、個人的、私的な行為であっても常に日常生活において留意しなければならない。

　しかし、信用失墜行為については地方公務員法（以下、地公法と略す）第33条に「職員は、その職の信用を傷つけ、又は職員の職全体の不名誉となるような行為をしてはならない」と曖昧な表記がなされている。具体的には、飲酒による交通事故、わいせつ行為、覚せい剤の使用、盗撮、援助交際などがあげられる。これらの個々の事情については、筆者の著書である『教育現場に求められるこころと品格』（大学教育出版）のp27～p69を参照してほしい。ただし教職という性格からいっても、厳しい判断が適用されることが多い。

[2　秘密を守る義務（守秘義務）…地公法第34条・第60条]

　教職員は、地公法第34条に「職員は、職務上知りえた秘密を漏らしてはならない。その職を退いた後も、また、同様とする」とある。もし、秘密を洩らした場合の罰則は、地公法第60条に「1年以下の懲役又は50万円以下の罰金に処する」とある。

　教職員以外にもの義務が課せられている職種に、弁護士・医師・薬剤師・助産師などがあげられる。彼らの場合は、刑法第134条（秘密漏示）に「その業務上取り扱ったことについて知り得た人の秘密を洩らした時には、6月以下又は10万円以下の罰金に処する」とある。

　学校には、児童・生徒の指導上の必要性から作成される指導要録・健康診断カルテ・などをはじめ、児童・生徒の個人や家庭の情報が記録されたり、保存されたりしている。

　最近、持ち出してはならないのに、学外に持ち出しが一番多いのがUSBメモリー（個人の成績などが含まれる）の紛失による個人情報の流失である。教職員には、定期的に教員研修や所在確認を実施することで、個人情報の徹底的な管理

及び遺漏のないように図らねばならない。

　[3　政治的行為の制限…地公法第36条]

　地公法第36条に「職員は、政党その他の政治的団体の結成に関与し、若しくはこれらの団体の役員となってはならず、又はこれらの団体の構成員となるように、若しくはならないように勧誘運動をしてはならない」とされている。

　また、教育上の地位を利用しての選挙運動をすることは禁止されている。具体的な行為としては、家庭訪問の際に保護者宅に政党機関紙を購読勧誘の一環として置いてくることや、終わりの会・終礼で選挙ビラを児童・生徒に配布したりすることである。

　[4　争議行為の禁止…地公法第37条]

　教職員が、争議行為（**ストライキ**［同盟罷業］・**サボタージュ**［怠業]）を目的の如何を問わず行うこと（業務の正常な運営を阻害すること）は地公法第37条で厳に禁止されている。

　ここでいう争議行為におけるストライキとは、労働条件の維持・向上その他の目的に実現するために、労働者が集団的に業務を停止したり放棄したりすることであり、サボタージュとは、労働者が仕事に従事しながら、仕事を停滞させたり能率を落としたりして、企業主に損害を与えて、紛争の解決を迫ることである。

　[5　営利企業等の従事等の制限と兼職及び他の事業等の従事

　　　　　　　　　　　　　　　　　　　…地公法第38条・教特法第17条]

　教職員は、全体の奉仕者という立場から営利企業等を経営及び従事したりすることは、地公法第38条・教特法第17条により禁止されている。ただし、任命権者の許可を得た場合のみ従事することができる。例えば、『北海道公立学校教職員の服務ハンドブック』によれば、教職員に係る営利企業などの従事の許可については次の場合である。

　ア　職務の遂行に支障を及ぼす恐れのある場合
　イ　職員の職と従事しようとする事業・事務に特別な利害関係があり、またはその
　　発生の恐れがある場合。
　ウ　身分上ふさわしくない性質をもつ場合
上記を除き、かつ、法の精神に反しないと認めるときに限っている。
【具体的な許可事例】
　・日本プロサッカーリーグ【Ｊリーグ】の審判
　・家庭裁判所の家事調停委員

　具体的な許可事例として、前記の2つを挙げているが、また教職を活かした学習塾の講師や家庭教師については許可されない。また、営利企業等の従事許可を受けた場合も、そのことで職務専念義務が免除されるわけではなく、勤務時間外において適法に許可された事業などに従事できるということに留まっている。

　上記のように地方公務員には、原則として兼職や兼業が禁止されているが、教育公務員については特例があり、教育に関する他の職の兼職や教育に関する他の事業、事務に従事する場合には、人事委員会が定める許可の基準による必要はなく、任命権者（県費負担教職員については市町村の教育委員会）の判断で許可できる。しかも一般公務員と違い、給与を受けることもできる。

4. 教職員の「非違行為」による懲戒処分の状況

　「非違行為」を、辞書で引いてみると「法に違う行い」とあり、教職員の「非違行為」の具体的行為を大阪府教育委員会の**「教職員懲戒処分規定」**によれば、飲酒運転・児童生徒等に対するわいせつ行為、公金等の横領・窃盗・搾取、公務外非行（窃盗・児童買春）などが列挙されている。

（1）　分限処分と懲戒処分との相違
　教職員としてふさわしくない場合（適格性を欠く）は分限処分、法を犯すような行為をした場合は懲戒処分としての規定が地公法第27条にある。同じ処分を受けるにしても、分限処分と懲戒処分とでは処分内容に雲泥の差がある。

①　分限処分
　分限とは、国家・地方公務員の身分保障の限界を意味しており、また分限処分とは、勤務実績の不良、心身の故障や職に必要な適格性を欠いたりした場合などから、公務の能率の維持向上の見地から行われるもので、本人の故意または過失によることを要しない。

　分限処分には、免職・休職・降任、降給のほか、失職と定年があるが、ここでは次の事由だけを取り上げる。

②　懲戒処分
　懲戒処分とは、教職員の服務義務違反（不正または不当な行為）に対する制裁

であり、勤務関係において規律を保持するための制度である。

　そして懲戒処分の種類には、地方公務員法第29条第1項に「…懲戒処分として戒告、減給、停職、又は免職の処分を…」と4種類あり、個々の処分内容については以下のとおりである。

---

1. 戒告の事由
   （ア）服務義務違反の責任を確認するとともに、その将来を戒めるものである。
   （イ）履歴に残り、勤勉手当は減額される。
2. 減給の事由
   （ア）6か月の期間、給料の10分の1以下に減額される。
   （イ）履歴に残り、勤勉手当は減額される。
3. 停職の事由
   （ア）1日以上6か月以下の停職期間中は職務に従事させず、いかなる給与も支給されない。
   （イ）履歴に残り、停職期間中は他の職には就けない。
   （ウ）停職期間中は、退職手当の基礎となる期間から除算される。
4. 免職の事由
   （ア）最も重い処分で、教職員としての身分を失い、退職手当は支給されない。
   （イ）教員免許が自動的に失効する。

　なお、上記の懲戒処分を受けることになると、昇給、期末・勤勉手当、および定年で退職する際に、支給される退職手当に大きな損失を受けることになる。免職の場合に至っては、退職手当などは支給されない。

　法令上の懲戒処分は、以上の4種類であるが懲戒処分に至らなくても、行政処置として教職員の行為を戒め、注意を喚起するために行う措置で、次のようなものがある。

---

1. 文書訓告…服務監督権者が、教職員の行為を戒め、その注意を喚起するために文書を交付して行う。
2. 口頭訓告…服務監督権者が、教職員の行為を戒め、その注意を喚起するために口頭で行う。
3. 厳重注意…教職員の行為を戒め、その注意を喚起するために行う注意を言う。

　服務義務違反にかかわる懲戒処分の基準については、筆者（中田）の自著『教育現場に求められるこころと品格』（大学教育出版）の「第3章　教職員の不祥

事防止のための方策」（p71 ～ p98）で、具体的事例を挙げながら取り上げているので、参考にしてほしい。

（2）　教職員に係る懲戒処分の現状

「教職員に係る懲戒処分の現状」については、第一法規株式会社『教育委員会月報』で調査結果を掲載していたが、同誌が令和3年3月で廃刊となった。しかし、文部科学省でのウエブ（初等中等教育局初等中等教育企画課）で、毎年の調査結果を閲覧することができる。

それらの資料（表4-3・表4-4）によると平成27年度から令和2年度までの6年間に懲戒処分を受けた教職員は、一般的に年次を追って減少傾向にある。令和2年度（710人）の内訳は、交通違反・交通事故（157人）体罰（104人）性犯罪・性暴力等（178人）の三つで全体の約62％を占めている。その中の交通違反・交通事故では北海道（25人）青森県（13人）、体罰では兵庫県（22人）東京都（13人）、性犯罪・性暴力等では東京都（14人）千葉県（13人）兵庫県（11人）と3つの処分理由では、東京都と兵庫県が問題を抱えているようである。また訓告等の懲戒処分を受けたのは4,100人で、その内訳は交通事故（2,132人）体罰（393人）性犯罪・性暴力等（200人）が全体の58％を占めている。都道府県別及び政令指定都市別にみると交通事故では、三重県（173人）兵庫県（166人）、体罰では兵庫県（51人）大阪市（29人）、性犯罪・性暴力等では東京都・千葉県（14人）が同数である。

表4-3　懲戒処分を受けた教職員数の動向

年　　度	当事者責任
平成27年度	943人
平成28年度	923人
平成29年度	777人
平成30年度	898人
令和元年度	830人
令和2年度	710人

（懲戒処分とは、免職・停職・減給・戒告である）

表 4-4　訓告など諭旨免職までを含めた
懲戒処分を受けた教職員数の動向

年　　度	当事者責任
平成 27 年度	6,320 人
平成 28 年度	8,038 人
平成 29 年度	5,109 人
平成 30 年度	6,045 人
令和元年度	4,676 人
令和 2 年度	4,100 人

（表の全ては、『教育委員会月報』等より著者作成）

（3）　懲戒処分の事由とその動向

　次に懲戒処分を事由別にみてみることにする。

　文部科学省は、懲戒処分の状況を下記の 4 種に分類している。その 4 種とは、①交通事故、②体罰、③性犯罪・性暴力等、④その他の服務違反等に係るものがあげられる。

　①　交通事故に係る懲戒処分の状況

　下記の表 4-5 は、交通事故に係る懲戒処分等の推移（平成 27 年度～令和 2 年度）を集約したものである。その表 4-5 から見えてくることは、交通事故で懲戒処分を受けた教職員が平成 27 年度～令和 2 年度までは、年々減少傾向にあり、令和 2 年度には 150 人台へと大幅に減少している。

　交通事故に係る懲戒処分の状況を詳細に見てみると、交通事故（人身事故等を

表 4-5　交通事故に係る超過処分等の推移

年　　度	交通事故に係る懲戒処分数	飲酒運転に係る懲戒処分数	交通事故に係る訓告等数
平成 27 年度	255 人	59 人	3,028 人
平成 28 年度	266 人	63 人	2,739 人
平成 29 年度	217 人	50 人	2,746 人
平成 30 年度	240 人	55 人	2,521 人
令和元年度	204 人	56 人	2,283 人
令和 2 年度	157 人	42 人	1,975 人

伴わない交通違反も含む）により当事者責任として懲戒処分を受けた者のうち、飲酒運転（酒酔い運転及び酒気帯び運転をいう）を原因とする者で平成 27 年度は 59 人で、その後は、平成 28 年度は 63 人、平成 29 年度は 50 人と減少し、さらに、令和 2 年度には、42 人と大幅に減少した。

　このことから、飲酒運転をした教職員は原則 "免職" とし、同乗者及び運転者に酒を勧めたりした教職員も同様に "免職" とすべきである。飲酒運転については、各都道府県市町村とも厳しい態度で臨む教育委員会が出てきている。

　教職員の社会にも、一般社会と同様に待遇改善によるマイカー通勤は当たり前になっている。それに伴い交通事故・交通違反が一向に減少せず、年々懲戒処分（飲酒運転も含む）及び訓告等を含めると、2,000 人台前後を行き来しつつ傾向にある。

　筆者の校長時代にも、同僚の教職員が加害者・被害者の立場にかかわらず市教育委員会教職員課へ多い年で数回「事故報告書」を作成、送付した経験がある。また、教職員の起こした事故に対して校長としての監督責任を感じ、被害者宅を訪問し、加害者教員とともに謝罪をしたこともあった。

　ただ問題なのは、教職員が交通事故の加害者であれば、まずは優先されることは被害者を病院で手当てを受けさせ、同時に最寄りの警察と勤務校の校長に連絡を取ることである。交通事故やスピード違反・駐車禁止違反など軽微な場合に自己だけで判断して、管理職への報告（報告義務を怠ると、のちに教員という立場上不利になるケースも生じてくる可能性がある）が未報告なケースが多々あるものと推定される。

　筆者の経験では、近隣校の教員が交通検問の飲酒運転で数回検挙されていたにもかかわらず、校長に全て未報告のため、酒気帯び運転で逮捕され悪質であるとのことで、最終的には懲戒免職となった。

　教育職に従事している場合、警察官・消防官などの公務員と同様に市民の模範的立場にあり、交通違反や交通事故を起こせば勤務時間の内外を問わず、厳しく処分される職務であることを十分に自覚すべきである。特に、管理職（校長・教頭など）の立場にあるものは、一般教職員と異なり厳しい処分があることを再認識すべきである。

② 体罰に係る懲戒処分の状況

表4-6は、体罰に係る懲戒処分の状況（平成27年度～令和2年度）をまとめたものである。教職員であれば教育上の必要性からの懲戒行為といえども体罰が、学校教育法第11条「校長及び教員は、教育上必要があると認めるときは、文部科学大臣の定めるところにより、児童、生徒及び学生に懲戒を加えることができる、ただし、体罰を加えることはできない」で、体罰の禁止をうたっていることは百も承知のことである。

しかし、何が体罰にあたるのか、具体的な記述はない。長い間、判断規準だったのが1948（昭和23）年の法務庁（法務省と内閣法制局の前身）の見解である。体罰の例として「身体に対する侵害」「被罰者に肉体的苦痛を与えるような懲戒」などを挙げる一方で、「機械的に制定できない」「あらかじめ一般的な標準を立てることは困難」などとしている。こうした中、文部科学省は2007（平成19）年に出した通知で一歩踏み出した。「体罰はいかなる場合も行ってはならない」としながらも、物理的な力の行使について「その一切が体罰として許されないというものではない」とした。

この文部省の考えと同様の判断が2002（平成14）年に最高裁で、「先生を蹴って逃げた小2の児童を覆いかけ、児童の胸元をつかんで壁に押し当てる行為を行った」講師の行為を巡り、最高裁は体罰にあたるとした一・二審を覆し、「教育的指導の範囲内」と判断した。この判決結果により、体罰に肯定的な雰囲気が学校現場に出てこないか、当時筆者としては不安を感じている。

最近、この体罰が減少するどころか、増加傾向と陰湿な体罰が教育現場で横行

表4-6 体罰に係る懲戒処分等の推移

年　度	体罰に係る 懲戒処分数	体罰に係る 訓告等数	総　計
平成27年度	174人	547人	721人
平成28年度	161人	492人	653人
平成29年度	121人	464人	585人
平成30年度	141人	437人	578人
令和元年度	142人	408人	550人
令和2年度	104人	289人	393人

表4-7　体罰に該当する例、該当しない例

体罰に該当する行為	許容範囲とされる指導
＊殴る・ける ＊長時間、正座させたり立たせたりする ＊児童生徒がトイレに行きたがっているのに教室から出ることを許さない ＊給食時間を過ぎても嫌いなものを食べるまで席に座らせておく	＊放課後、教室に残す ＊授業中に教室内に起立させる ＊宿題や掃除をさせる ＊授業中に勝手に立って歩くことが多い子どもを叱って席につかせる （いずれも肉体的苦痛を与えない場合のみ）
体罰ではないが、認められない指導 ＊遅刻したり怠けたりした児童生徒を教室の外に出したまま放っておく	＊教員や他の児童生徒への暴力行為があった際、防衛や制止のための力の行使

（文部科学省通知より抜粋）

し始めている。その折に、平成24年12月に大阪市立桜宮高校バスケット部教員による体罰で、部員（主将）の自殺事案が発生した。改めて、平成25年1月23日に初等中等局長等による「体罰禁止の徹底及び体罰に係る実態把握において」、体罰禁止の徹底がなされた。

　そのうえで、教職員が児童・生徒に体罰を課した場合、刑事事件として刑法第204条の傷害罪や同法208条の暴行罪で罰せられるとともに、民事事件訴訟として被害者から賠償請求がなされることを覚悟しておくべきである。

　以下、学校で発生する体罰の状況を、詳細に令和2年度の資料で見ていくことにする。

表4-8　体罰時の発生する場面と場所（令和2年度）
（小・中・高・中等・特別支援学校等の統計）

発生する場面		発生する場所	
授業中	185人	運動場・体育館	88人
部活中	58人	教室	214人
休み時間	51人	廊下・階段	43人
放課後	29人	生徒指導室	1人
学校行事	11人	職員室	7人
ホームルーム	11人	その他	40人
その他	45人		

　体罰時の状況として"発生する場面（表 4-8）では、授業中 185 人（47%）で 1/2 弱を占めている。次いで部活中の 58 人（14.7%）は部活動中に起こっており、休み時間 51 人（12%）、その他 45 人（11.4%）、放課後 29 人（13.6%）、ホームルーム 14 人（3.6%）、学校行事 11 人（2.8%）が続いている。

　次に体罰の状況として、"発生する場所"（表 4-8）で見ていくと、教室 214 人（54.4%）が 2 分の 1 弱を占めており、運動場・体育館 88 人（22.4%）が約 1/4 を占めており、この傾向は偏った見方かもしれないが体育の時間及び体育的行事など全体集会の時間に多く発生している。次いで廊下・階段 43 人（10.9%）、その他 40 人（10%）、職員室 7 人（0.2%）、生徒指導室 1 人（0.02%）である。この結果から気になる点として、廊下・階段及びその他で体罰が発生していることである。

　前者の"廊下・階段"は、授業が始まる前に教室に速やかに入室していない状況、また授業中に何らかの問題が生じて授業が終了し廊下へ出てきた時に、恐らく体罰が発生しているのではないかと推測することができる。後者の"その他"については、学校の建物および敷地内で体罰が発生している。ここで発生場所を筆者が推測すれば、校門か、屋上か、自転車置き場かぐらいしか思いつかないが、調査する以上は、文科省が詳細に調査すべきであろう。

　続いて、体罰による被害の状況（表 4-9）である。起こってはならないことであるが、傷害なし 313 人（79.6%）が約 8 割を占めていることに、約 40 年間児童・生徒に関わってきた筆者には、正直なところ少しホッとしているのが率直な

表 4-9　体罰による被害の状況

傷害なし	313 人
打撲（頭・顔・足等）	33 人
外傷	25 人
鼓膜損傷	0 人
骨折・捻挫	6 人
鼻血	1 人
髪を切られる	3 人
その他	12 人

表 4-10　体罰の態様

素手で殴る・叩く	182 人
つねる・ひっかく	15 人
蹴る・踏みつける	46 人
棒などで殴る・叩く	27 人
物をぶつける・投げつける	14 人
投げる・突き飛ばす・転倒させる	29 人
教室等に長時間留め置く	1 人
正座等一定の姿勢を長時間保持	7 人
その他	72 人

気持ちである。しかし、資料から読み取ることはできないが、児童・生徒の心に傷を負っているのではないかという点が気にかかるところである。

　以下、打撲33人（8.4%）、外傷25人（6.4%）、その他12人（3%）、骨折・捻挫6人（1.5%）、鼻血1人（0.2%）と続いている。最後に、“髪を切られる”が3人（0.8%）いたことに、非常な驚きである。このような体罰を受けた生徒には、心に大きな大きな傷を負わせたのではないだろうか。

　次は、体罰の態様（表4-10）であるが、素手で殴る182人（46%）が1/2弱を占めている。このことは、教職員の一時の感情に支配されて、安易な判断のもとで体罰が行われたのではないだろうか。次いで、蹴る・踏みつける46人（11.7%）、投げる・突き飛ばす・転倒させる29人（7.3%）、棒などで殴る・叩く27人（6.9%）、モノをぶつける・投げつける14人（3.6%）、つねる・ひっかく15人（3.8%）、その他は72人（17.6%）である。

　新たな回答として、一つは正座など一定の姿勢を長時間保持させる7人（1.8%）で、その内訳は小学校が3人で、中学校で2人である。二つ目は教室等に長時間留め置くが1人（0.2%）で、その内訳が小学校で1人ある。中でも“殴る・蹴る”や“棒などのもので殴る”に至っては、教育現場における指導の領域をはるかに超えた暴力や暴行と言わざるを得ない。被害者の中には、教職員から受けた体罰のショックにより通学ができなくなったり、「心的外傷後ストレス」（PTSD）の診断をうけた児童・生徒もいる。

　2012（平成23）年に、大阪市立桜宮高校バスケット部で指導者による厳しい叱責と体罰により、キャプテンが自殺をするという痛ましい事件が生起している。この事件以来、教育界（スポーツ界にも）には体罰問題について議論がなされ、教職員間にも体罰問題を真剣にとらえる風潮が生まれてきたことは喜ばしいことである、しかし、一方体罰はできなくなったので、言葉の暴力が横行し始めていること、特に特別支援学校や特別支援学級での体罰の生起に対して、特に弱者に対する体罰に危惧しているのは筆者のみであろうか。そのような中で、2017（平成29）年福井県池田町立中学校で、指導を逸脱した教員によるいじめ問題により、中学2年生が校舎から転落自殺を図るという問題が発生した。

　また、体罰事案の報告に関して、校長から教育委員会への未報告も相次いで発生していることは、管理職が体罰問題を一過性のものとしてとらえているのでは

ないだろうか。管理職こそが、「**体罰は絶対許されることではない**」という人権感覚を保持しなければ、教育界から体罰は無くならないのではないだろうか。

③　性犯罪・性暴力等に係る懲戒処分の状況

　下記の表（4-11）は、性犯罪・性暴力等に係る懲戒処分の変化をまとめたものである。教職員による性犯罪・性暴力等を平成27年度と令和2年度を比較すると少しづつではあるが増加している。

　ここでいうところの「**性犯罪・性暴力等**」とは、性犯罪・性暴力行為及びセクシュアルハラスメントをいう。「**性犯罪・性暴力**」とは、強制性交等、強制わいせつ（13歳以上の者への暴行・脅迫によるわいせつ行為及び13歳未満の者へのわいせつ行為）、児童ポルノ法第5条から第8条までに当たる行為、公然わいせつ、わいせつ物頒布等、買春、痴漢、のぞき、陰部等の露出、青少年保護条例等違反、不適切な裸体・下着姿等の撮影（隠し撮り等を含む。）、わいせつ目的をもって体に触れること等をいう。また、「**セクシュアルハラスメント**」とは、他の教職員、児童生徒等を不快にさせる性的な言動等をいう。

表 4-11　性犯罪・性暴力等に係る懲戒処分等の推移（令和2年度）

年　　度	性犯罪・性暴力等に係る懲戒処分数	性犯罪・性暴力等に係る訓告等数	総　　計
平成27年度	152人	23人	175人
平成28年度	197人	29人	226人
平成29年度	187人	23人	210人
平成30年度	245人	37人	282人
令和元年度	228人	45人	273人
令和2年度	178人	22人	200人

　令和2年度の資料（表4-12）によると、処分事案の相手（被害者）は教え子の生徒65人（32%）と児童13人（6%）を合わせると約40%を占め、児童・生徒を性犯罪から守るべき教師の背信行為と言わざるを得ない。管理職は、児童・生徒が被害を訴えたら、内容の軽重にかかわらず管轄の教育委員会に迅速に報告すべきである。

　次いで、18歳未満の者39人（19%）、その他一般人32人（16%）、自校の教

表 4-12　性犯罪・性暴力等の相手の属性（被害者）

性犯罪・性暴力等の相手方	人数	割合
自校の生徒	65 人	32%
自校の児童	13 人	6%
18 歳未満の者	39 人	19%
その他	32 人	16%
自校の教職員	35 人	18%
自校の卒業生	2 人	1%
他校の教職員	1 人	1%
教育実習生	2 人	1%

職員 35 人（18%）、他校の教職員 1 人（1%）自校の卒業生 2 人（1%）が被害を受けている。また、教育実習生が 2 人（1%）が被害を受けているようであるが、教職課程担当教員からすれば、教育実習に送り出す際に担当する教員に注意するように話をするということは、誠に情けない話である。

　公立学校の教職員が、児童・生徒にわいせつ行為をした場合、平成 13 年 9 月の都道府県・指定都市教育委員会教育長会議で文部科学省初等中等教育局長は、原則として懲戒免職とするよう各党道府県教育委員会に要請した。

　④　その他の服務違反等に係る懲戒処分の状況

　（その他の処分理由では、一般服務に関する i 公費の不正執行又は手当等の不正受給、ii 国旗掲揚、国歌斉唱に係る職務命令違反、iii 個人情報の不適切な取扱いに係るものを取り上げることにする）

　i　公費の不正執行又は手当等の不正受給

　表 4-13 は、公費の不正執行又は、手当等の不正受給に関わる懲戒処分の状況を平成 28 年度から令和 2 年度までをまとめたものである。

　ここ 5 年間では、懲戒処分を受けたものが 30 人台から 50 人台で推移している。また、訓告等を含めた懲戒処分等を受けた教育職員は、平成 28 年度から令和 2 年度までは 60 人前後で推移していたが、令和 2 年度には 145 人と一挙に増加しているのには驚かされた。

　これらの行為については、公金や学校徴収金（PTA 会費、給食費、児童・生徒会費、同窓会費、修学旅行積立金など）を取り扱う担当者の事犯（着服）が一

表 4-13 公費の不正執行または手当等の不正受給に係る懲戒処分等の推移

年　度	公費の不正執行または手当等の不正受給に係る懲戒処分	公費の不正執行または不正受給に係る訓告等	総計
平成 28 年度	40 人	12 人	52 人
平成 29 年度	35 人	35 人	70 人
平成 30 年度	37 人	21 人	58 人
令和元年度	42 人	20 人	62 人
令和 2 年度	59 人	86 人	145 人

般的に見受けられる。

　処分理由を詳細にみると、公金・学校徴収金の不適切な処理や私的流用のほかに、扶養・住宅・通勤手当などの 3 手当の中でも通勤手当の不正受給が最も多く見受けられる。

　前述の 3 手当の認定に関わっては校長の職務内容であり、不正受給の多い通勤手当については、管理職が教職員の通勤経路を正確に把握しておれば、不正受給などが生じてくることはない。当然のことであるが、公共交通機関を利用している教職員には、月初めに義務として定期券・回数券のコピーを校長に提出させるのも、不正をなくす方法ではないだろうか。

　これらの事犯が公【不正受給や横領・着服】になれば、管理監督責任が管理職に問われることは言うまでもないことである。

ⅱ　国旗掲揚・国歌斉唱の取り扱いに係る懲戒処分の状況

　表 4-14 は、国旗掲揚・国歌斉唱の取り扱いに係る懲戒処分等の状況（平成 28 年度～令和 2）年度）をまとめたものである。広島県立世羅高校校長の自殺によ

表 4-14 国旗掲揚、国歌斉唱の取り扱いに係る懲戒処分等の推移

年　度	国旗掲揚、国歌斉唱の取り扱いに係る懲戒処分	国旗掲揚、国歌斉唱の取り扱いに係る訓告等	総計
平成 28 年度	2 人	0 人	2 人
平成 29 年度	6 人	1 人	7 人
平成 30 年度	4 人	0 人	4 人
令和元年度	1 人	2 人	3 人
令和 2 年度	2 人	2 人	4 人

り、平成 11 年 8 月には「国旗及び国歌に関する法律」（＝国旗・国歌法）が制定
された影響もあって、平成 12 年度（265 人）、平成 15 年度（200 人）は処分者
が突出していた。しかし、その後は「国旗及び国歌に関する法律」の浸透により、
平成 28 年度の 2 人を最後に、令和 2 年度まで 1 ケタ台を推移している。

　平成 18 年 9 月 21 日に東京地裁が言い渡した「日の丸・君が代訴訟」の判決
理由に、「入学式・卒業式で国旗を掲げ、国歌を斉唱することは有意義というこ
とができる。しかし、起立、斉唱、伴奏をしたくない教職員がいることもまた現
実である。このような教職員に対して……行き過ぎた措置だ」と述べ、判決の終
末には「国旗・国歌は、自然のうちに国民の間に定着させるというのが国旗・国
歌法の制度主旨であり、……通達と職務命令は違法だと判断した」〔判決要旨か
ら〕とある。

　筆者も市・府教委の指導主事時代と校長時代を振り返ってみると、指導主事
として担当校の入学式・卒業式などの式典に招かれたが、実際は児童・生徒・保
護者の様子よりも、校門・屋上・体育館内の式場・運動場の国旗掲揚台に国旗が
掲揚されているか、国歌斉唱が教職員によるピアノによる伴奏かレコードによる
伴奏か、教職員の起立状態のチェックを、市教委における上司の指示により行っ
た。校長時代は、入学及び卒業式典が無事に終了し、校長室で式の余韻に浸って
いると、市教委より「国旗を掲揚した場所はどこか」「国歌斉唱はピアノ伴奏か、
レコードか」などのチェックが必ず入り、非常に不愉快な思いをしたものだ。

　iii　個人情報の不適切な取り扱いに係る懲戒処分の状況

　表 4-15 は、個人情報の不適切な取り扱いに係る懲戒処分等の状況（平成 28
年度～令和 2 年度）をまとめたものである。

表 4-15　個人情報の不適切な取り扱いに係る懲戒処分等の推移

年　度	個人情報の不適切な取り扱いに係る懲戒処分	個人情報の不適切な取り扱いに係る訓告等	総計
平成 28 年度	23 人	329 人	348 人
平成 29 年度	29 人	297 人	326 人
平成 30 年度	40 人	287 人	327 人
令和元年度	16 人	297 人	313 人
令和 2 年度	15 人	260 人	275 人

　平成24年度からは、「国旗掲揚、国歌斉唱の取り扱いに係る懲戒処分」や「公費の不正執行又は手当等の不正受給に係る懲戒処分」等については、「その他の服務違反等に係る懲戒処分等の状況一覧」に挿入されている。これらに代わって詳細に、状況一覧が掲載されているものが「個人情報の不適切な取り扱いにかかわる懲戒処分等の状況一覧」である。

　全国の懲戒処分等件数はほぼ横ばい状態の状態であったが、平成26年度に大きく増加した。これは、大分県において学級名簿を職員団体活動に利用したとして525人が厳重注意を受けたためである。

　個人情報の不適切な取り扱いに関して状況分析をしてみると、問題を起こした教職員は、勤務状況に問題がなく、むしろ児童生徒の指導に熱心である者がほとんどである。学校の勤務時間内に仕事が終わらずに、自宅で仕事を継続するために持ち出して紛失するケースが大半である。

　と言ってもUSBメモリ等を無断で学外に持ち出すことは、「校内情報管理規定」に違反しており、必要のない情報までUSBメモリ等に保存したりしているケースも多々見受けられる。公用USBメモリの校外への無断持ち出しは、信用失墜行為を理由に処分を受けるのは当然であろう。

5.「非違行為」による教職員の責任

（1） 教職員が負うべき責任

　教職員は、教育に携わる者としての事故の職責の重要性について十分に自覚すべきことについては、くどいほど前述してきた。しかしながら、「非違行為」があった場合、当該の教職員は、次のような責任が問われることになる。

　① 刑事責任【刑事上の責任】

　一定の「非違行為」が、犯罪と認められた場合には、刑法や法令に基づき各種の刑罰に処せられる。

　例えば、教職員が児童・生徒に対して体罰を加えけがをさせた場合、刑法上の傷害罪（**刑法第204条**）・暴行罪（**刑法第208条**）が構成され、有罪となるケースが増えてきている。

　また、教育活動中における学校事故の場合、事故がたとえ過失であっても刑事

責任が問われ、「業務上過失致死傷罪」が適用されることもある。

　具体的には、H県K市立中学校のラグビー部員が1997年7月、練習中に熱中症で死亡した事故で、当時の顧問教諭が業務所過失致死罪で略式起訴をされた事例がある。

　そこで、禁固（刑務所に拘置されるだけで定役には服さない刑）以上の刑に処せられた場合、（執行猶予も含む）、地方公務員法第28条により、たとえ執行猶予がついても失職となり、さらに、**教育職員免許法**第10条から第11条に基づき、教育職員免許上の**失効及び取り上げられる処分**を受けることで、その後の"教職の道"が閉ざされることにもなる。

　②　民事裁判【民事上の責任】

　例えば、「非違行為」である体罰を加えた教職員は、被害者側の児童・生徒に対して治療費・慰謝料などの損害賠償責任（**民法**第709条から第710条）を負わなければならない。また国及び地方公共団体が弁償した場合でも、のちに教職意に故意または重大な過失があった時、国または地方公共団体はその教職員に対して賠償または求償をもとめることができると、**国家賠償法**第1条①にある。

　このような「非違行為」による訴訟から、教職員が被告及び証人として出廷したり、弁護士を選任したりすること、それらによる多大な費用・労力・時間などを費やすことになる。最近の傾向として、裁判所の判決内容から、損害賠償額の高額化現象も見受けられるので、最新の注意を払うべきである。

　③　懲戒（行政）責任【身分上の責任】

　免職・停職・減給・戒告などの懲戒（行政）責任については、「4　教職員の「非違行為」による懲戒処分の状況　(1)　分限処分と懲戒処分の相違」において詳細に述べているので、ここでは省略する。

　④　道義的責任【社会的制裁】

　教職員が「非違行為」を行った場合、前述の刑事・民事・行政等の責任を取ることはもちろんのこと、それらによって派生してくる保護者や児童・生徒への影響として、教育への信頼失墜が一番大きい。特に地道に努力している教職員同士の人間関係や信頼関係を破壊したり、地域社会への信頼・信用の喪失による学校への批判、被害者・加害者ともに、家族の苦しみなど計り知れない社会的影響も考えられる。

（3） 教職員の懲戒処分による負うべき損失

　懲戒処分を受けた場合、履歴事項・免許状・処分の公表・給与等に大きな影響を与える。

　履歴事項については、懲戒処分が事項として記載される。免許状の場合、懲戒免職となれば教員免許状は失効される。懲戒処分の結果は、原則として不祥事の概要と氏名を含めて報道機関に公表される。給与等については、昇給、期末・勤勉手当、退職手当の全てに影響を及ぼし、懲戒免職の場合は退職金は支給されない。

　以下、懲戒処分を受けた場合の影響について、具体的に述べていくことにする。

　① 「懲戒処分に対する基準」と「懲戒処分公表基準」策定の影響

　アンケート調査「教職員の不祥事問題資質向上について」（実施者＝中田正浩）に関しての調査結果（42都道府県・政令指定都市教育委員会の回答）から、大半の教育委員会では、教職員の「非違行為」に対して「懲戒処分に対する基準」と「懲戒処分公表基準」を設定して、マスコミ等に公表している実態が判明した。

　教職員の不祥事問題について、連日新聞やテレビなどのマスコミ報道は、これらの「懲戒処分に対する基準」と「懲戒処分公表基準」によるものである。

　大阪府教育委員会は、教職員の不祥事の未然防止のための冊子を作成し、平成17年度内に府内公立学校教職員に配布した。配布された冊子『不祥事に向けて、自己点検《チェックリスト・例》』は、p25の中で「大阪府教育委員会では、教職員が懲戒処分を受けた場合は、公表を行います」と明確に謳っている。

　近年、この「懲戒処分に対する基準」と「懲戒処分公表基準」が各教育委員会で策定されたことにより、教職員の不祥事の隠ぺいがなくなり、教育行政の説明責任の一環として公表されるに至ったことは、この2つの基準が大きな役割を果たしている。

　② 懲戒処分による経済的損失

　教職員が不祥事を起こし、懲戒処分を受けると、昇給、期末・勤勉手当、退職手当の全てに影響を与える。ここでは、懲戒処分を受けることで経済的影響に重きを置いて述べることにする。

　筆者が収集している各都道府県・政令指定都市教育委員会の不祥事防止に向けた啓発冊子の中で、懲戒処分を受けた場合の経済的影響について記述されているのは、大阪府・大分県・千葉県・岡山県を挙げることができる。

　各教育委員会が、新任研修や 10 年経験者研修などで実施される服務規律に関する研修で、不祥事の事例とそれに関連する法規ばかりを研修材料とせずに、経済的損失を次の表 4-16・表 4-17 の事例に基づき、具体的に進めるのも効果が上がるのではないか。

表 4-16　懲戒処分による給与・各種手当の不支給

懲戒の種類	懲戒処分による給与・各種手当の不支給
1.　免職処分	＊給料・退職手当は支給されない。
2.　停職処分	＊停職期間中の給料は支給されない。 ＊期末手当は、在職期間の算定上停職の期間を除算 ＊勤勉手当は、勤務期間の算定上停職の勤務しなかった期間とみなす〔ただし、基準日《6 月 1 日、12 月 1 日》において停職中の場合は、期末・勤勉手当の支給はなし〕、成績率を減率 ＊退職手当は、在職期間から停職期間の 1／2 を除算
3.　減給処分	＊期間中の給料・調整手当は減額 ＊勤勉手当は、成績率を減率
4.　戒告処分	＊勤勉手当は、成績率を減率

表 4-17 懲戒処分を受けた場合の影響

（岡山県教育委員会の事例）

懲戒処分を受けた場合には、次のような影響があります。

1 履歴事項……懲戒処分については、**履歴事項**として記載される。

2 免許状……懲戒免職の場合には、**教員免許状が失効**する。

3 処分の公表……懲戒処分の結果は、原則として、その概要が氏名を含め報道機関に公表される。

4 給与等……懲戒処分は、昇給、期末・勤勉手当、退職手当等に影響し、免職の場合には、退職手当は支給されない。戒告・減給・停職の場合には、勤務実績が良好であると認められないとして、昇給の号給数が減じられる。

「懲戒処分を受けると一生涯の給与に影響します！」

◆45歳の教諭が平成24年4月に懲戒免職になると、給与と退職手当を含めて1億3,700万円以上の損失となります。

　平成23年4月の時点で、45歳教諭が、平成24年4月に懲戒処分を受けた場合の試算

＊定年で退職するまでの給与の損失額

戒　　告	約16万円
減　給 1/10	約42万円
停　職 6月	約380万円
免　　職	以後の給与・退職手当は支給されない

＊平成24年3月末に懲戒免職になった場合の給与、退職手当の損失額（試算）

　（定年まで勤務した場合との比較）

給　　与	約1億1,1000万円
退職手当	約2,000万円

＊平成24年3月末に懲戒免職となった場合の年金の受給額の差（試算）

　（現在の年金制度で、懲戒免職後は国民年金に加入した都市、定年まで勤務した場合との比較）

65〜80歳までの年金受給額の差	約1,600万円

●●● 学習課題 ●●●

1. 教職員の「非違行為」について、まとめてみよう。

2. 「分限処分」と「懲戒処分の」の相違について述べなさい。

3. 「懲戒処分」の種類を 4 つ挙げなさい。

4. その 4 つの処分を具体的に述べなさい。

5. 教職員が「非違行為」による負うべき責任について、述べなさい。

【引用文献】

中田正浩『教育現場に求められるこころと品格』大学教育出版　2008

文部科学省『教育委員会月報』第一法規　平成 19 年 12 月号～平成 24 年 1 月号

大阪府教育委員会『不祥事予防に向けて』　2010

岡山県教育委員会『教職員の服務規律確保のために』　2004

大分県教育委員会『教職員の信頼回復のための "緊急アピール"』　2002

千葉県教育委員会『信頼される教職員 ― 不祥事防止のために ―　2004

===== ミニ教育用語事典⑩「PTA活動」 =====

　PTAとは、「Parennt（親）Teacher（教師）Association（組織）」の略である。昭和21年、終戦後の民主化のために派遣された米国使節団が父母と教員が協力して団体活動を行うことを勧める報告書を発表し、文部省（現文部科学省）の指導で全国各地につくられた。昭和27年に全国組織「日本PTA」が発足し、後に公益社団法人「日本PTA全国協議会」（以後、日Pと称す）に改編された。

　その「PTA活動」にも、設立以来半世紀以上が経過し、その活動にも大きな歪が生じてきた。最近、特に注目を集めているのが全国組織加入にメリットが見いだせないとして、京都市PTA連絡協議会（以後、京都市P連と称す）の全国組織の日Pからの離脱する動きも出ている。その日Pとは、「国内最大の社会教育団体」をうたい、都道府県・指定都市のPTA協議会や連合会を会員に持つ団体【表1】である。小中学校のPTAから集めた会費は、上部団体を経て児童一人当たり10円が日Pに入り、その資金約8千万円などで調査研究や研修、全国大会等を行ってきた。その大会の開催地は持ち回りで、開催地となると企画や会員の動員など、大きな負担が保護者らにかかってくるのが実情である。

　前述のような状況下において京都市P連が全国組織の日Pから退会することを検討した。その理由は、一つは「財政的支援」、二つ目は「活動の負担が重いこと」、三つ目は「現場の声が届いていない」ことをあげている。京都市P連は、令和4年5月11日に日Pからの退会についての是非を問う採決を理事会で行い、その結果、日Pに留まることになった。しかし、京都の事例は、日Pのあり方を考える問題定義になったのではないだろうか。

　過去には、都道府県単位の組織から退会し、日Pの傘下から外れた団体もある。岡山市PTA協議会は、2009年に政令指定都市に移行した際に、日Pに加盟しなかった。また奈良市PTA連合会は、2019年に奈良県組織から退会をしている。退会や加入しなかっの理由として挙げているのは、「活動の意義が見いだせず、路線の相違」や「日Pの大会への参加費や旅費が浮いた分、独自に講演会を開いたりして、身の丈に合った活動ができている」としている。

　令和4年11月3日付けの産経新聞には、次のような見出しとして「変わるPTA業務外注」の次に「保護者の負担軽減参加しやすく」とあった。共働きの増加などで保護者に敬遠されがちなPTA業務を外注する動きが広がっている。その外注先は、PTA支援サービス「PTA,s（ピータス）」と近畿日本ツーリストを傘下に持つKNT-CTホールディングス（東京）で、PTA業務のアウトソーシングサービスに乗り出した。具体的には広報紙の印刷や発送、PTA専用ウエブサイトの開設などを請け負っている。

第5章

教育実習・教育実習事前事後指導・教職実践演習

ここでは、教育実習の意義及教育実習にかかわる組織の役割、実習のための手続きについて説明する。また、教育実習ではどのような成果が期待されているのか、成果を高めて有意義な実習を行うために必要なものは何かについても理解を深める。

1. 教育実習の意義

教育実習は、学校現場での教育実践を通じて、学生自らが教職への適性や進路を考える貴重な機会である。この実習は、各大学が実施している教員養成の教職課程に沿って行われるものであるが、大学内で履修する他の単位と違い、教育現場の中に入って、実際の児童・生徒を前に教師の立場に立つ実践的な体験であるという点に特段の注意を払わなくてはならない。教師という仕事は、ほかの職業とは違い、採用後すぐに児童・生徒の前にたち学習指導・生徒指導を行う。その瞬間から教師としての責任を負わなければならない。新任教員もベテラン教員も、責任は同じなのである。

教育実習についても、児童・生徒、学校、担当の指導教員に対しての責任が伴う立場となり、相当の覚悟を持って臨むべきである。実習生にとっては限られた期間で終わってしまう実習でも、児童・生徒にとってはその学校のカリキュラムに位置付けられたかけがえのない学習であり、その貴重な時間を担当させてもらうという責任を忘れてはならない。実習中は児童・生徒からは「先生」とよばれ、地域の方からは「学校の関係者」として見られることになる。これを踏ま

ると、実習生は「教員」に準じる行動や意識が求められると考えなければならない。参考のため、公立学校教員が地方公務員法によって守ることを義務付けられている「職務上の義務」と「身分上の義務」について、以下に示す。

服務の根本基準（地方公務員法第 30 条）
職務上の義務　＊服務の宣誓（同法第 31 条）
　　　　　　　＊法令等及び城址の職務上の命令に従う義務（同法第 32 条）
　　　　　　　＊職務に専念する義務（同法第 35 条）
身分上の義務　＊信用失墜行為の禁止（同法第 33 条）
　　　　　　　＊秘密を守る義務（同法第 34 条）
　　　　　　　＊政治的行為の制限（同法第 36 条）
　　　　　　　＊争議行為等の禁止（同法第 37 条）
　　　　　　　＊営利企業等の従事制限（同法第 38 条）
＊なお、「政治的行為の制限」「営利企業等の従事制限」について、教育公務員特例
　法においてその制限範囲が示されている。

　いずれも教員をめざす上では基本となる法規であり、教育実習が始まる前には学んでおいてほしい。

　教師の仕事は、大学で学んだ理論や文献で示された理論を児童・生徒に当てはめれば全て、うまく結果が出るという仕事ではない。現実の児童・生徒たちの、生活背景、今もっている知識や技能、関心等の実態を把握し、そこから状況に即した理論を生み出し、専門家としての自己を育てていく仕事である。よって、学生が教師になるために、また教師がより質の高い教師になるためには、児童・生徒の前に立ち教育活動を行うしかない。教師にとしての第一歩が教育実習と考え、全身全霊で児童・生徒に向かっていく必要がある。

　実習前の教育実習に対する期待や予測と、実習後における教育実習の感想を比較することによって教育実習による実習観の変化を比較した今栄国晴＆清水秀美

表 5-1 「教育実習中の生活は」についての実習前と実習後の比較

教育実習前		教育実習後	
楽しいだろう	75.4%	だいたい楽しかった	92.6%
元気で過ごせるだろう	17.2%	だいたい元気だった	63.9%
意欲的に過ごせるだろう	63.9%	だいたい意欲的だった	87.7%

（1994）によると、「教育実習中の生活は」という質問に対して、肯定的な選択肢を選んだ人数比は、表5-1 のようになった。

　結果を見ると、実際の教育実習生活が、実習前の予測よりはるかに楽しく、元気で、意欲的に過ごせたことがわかる。

　また、教職観を設定する尺度として「教員生活は」という質問に対して、各項目の肯定的な選択肢を選んだ人数比は、表5-2 のようになった。

表 5-2　「教員生活は」についての実習前と実習後の比較

項　　　　目	教育実習前	教育実習後
教員生活は、魅力的だと思う	68.9%	85.2%
教員の生活は、やりがいを感じる	82.5%	95.0%

　結果として、教育実習を行うことにより、教職観がより積極的になったと思われる。教育実習は、教師の仕事の一部を体験することであるが、子どもたちと接したことで、心を揺さぶられ「感動」「勇気」等の前向きな思いに至らせてくれると共に、その後の進路に影響を与えるものでもある。

2.　教育実習の心得

（1）　実習前の準備（教育実習事前指導）

　準備は「しすぎる」ということはない。各大学では、教育実習事前指導として、教育実習を前に実習生に、実習の意義、実習の概要、指導案作成の留意点、模擬授業、授業協議会の進め方、社会人としてのマナー等の指導を行い、教育実習に臨む心構えを指導する。この指導を受け、十分に準備しておくことが、実習の成果を決定づけることにつながると考えられる。

　実習前に、実施しておくとスムーズに実習をスタートできることを紹介しておく。

　○実習校の下調べ

　事前に、通勤経路、時間、運賃などの情報を調べておくこと必要である。アルバイトをしながら大学に通学している学生も多い。意外と実習には経費がかかる

可能性があるため、事前の下調べはしておこう。また、学校の校区、規模、学校目標、重点目標、地域性などはインターネットを利用すると、各校のHPから調べることができる。そして、時間の余裕がある場合は、校区を歩いてみたい。実際に歩ことで、登下校の安全面の確認、街の雰囲気などを感じ取ることができる。事前に知っていることで、児童・生徒とも精神的な距離が縮まるかもしれない。

　○実習中の予定の確認

　実習中は、大学での授業、アルバイトには参加できない。予定を確認し、実習を第一にした生活ができるように、事前に調整しておくことが必要になる。特に、大学の授業における期日のある提出物、アルバイトのシフトなどには、特に注意を払いたい。

　○事前の教材研究や模擬授業及び話題の収集

　実習では、事前に担当する学年クラスが判明していることが多い。そこで、実習校が使用している教科書の出版社を調べ、大学の図書館等で教科書を閲覧し、教材研究を開始しておくことを勧める。この教材研究については、各大学で実施される教育実習事前指導の中で行われる模擬授業を活用したい。この時の模擬授業では、児童・生徒がいることを前提に、立ち位置、机間巡視の内容と自裁の声の掛け方、支援が必要な児童・生徒への支援、声の大きさ、板書の仕方、漢字の書き順などを確認しておきたい。各大学や各自治体が、示している教材解釈・教材研究、指導技術などの評価項目を活用することも良い方法であると考える。表5-3・表5-4に東京都が示している評価項目を紹介する。また、児童・生徒との会話が弾むよう、社会情勢や一般常識に関わる内容について、情報を得ておくことが必要である。日々、新聞の閲覧、読書などの習慣化をしていく努力もしては

表5-3　東京都が示す教材解釈・教材開発

教材解釈、教材開発	教科等の専門的知識を深めている。
	日頃から教材に関連する幅広い情報を収集している。
	学習のねらいを明確に把握して教材解釈や教材開発をしている。
	児童・生徒の実態を考慮して教材解釈や教材開発をしている。
	学校・地域の特色を考慮して教材解釈や教材開発をしている。
	生活との関連を意識して教材解釈や教材開発をしている。
	児童・生徒に興味・関心をもたせるための教材解釈や教材開発をしている。

表5-4　指導技術の評価項目

指導技術	児童・生徒に学習の準備について的確に指示している。
	授業の始めに学習のねらいを児童・生徒に明確に示している。
	個に応じた指導を行っている。
	児童・生徒の主体的な学習を促す工夫を行っている。
	教材・教具を効果的に活用している。
	発問の工夫をしている。
	児童・生徒の反応を生かしながら授業を構成している。
	分かりやすい説明をしている。
	効果的な板書をしている。
	授業のまとめを工夫している。

（表5-3・5-4 は、東京都教職員先週センター作成の「授業力」自己
診断シート活用資料より抜粋）

しい。

（2）　実習中に心がけたい姿勢

　○教師の仕事に対する「責任感」と「豊かな人間性」をもって積極的に

　実習校では、日々、児童・生徒たちの全人的な成長のために、あらゆる活動
において真摯に教育活動が実施されている。これらの教育活動に「教育実習だか
ら、この内容と質でよい」といった活動はない。実習生は、そのことを十分に理
解し責任感をもって、積極的に取り組むことが求められる。この責任感を持つに
は、児童・生徒に対する愛情がなければならない。

　児童・生徒にしっかりと向き合い、一人ひとりの喜びや悲しみを感じ取り、共
に学び、遊び、考えていく、豊かな人間性を発揮しなくてはならない。例えば、
指導教員から雑務に思われる業務を行うようにと指示があるかもしれない。この
ような場合、学校の業務全てが間接的であろうと児童・生徒の成長に必要な教育
活動の一環であると理解し、意欲を持って丁寧に取り組むことが必要である。ま
た、清掃指導、給食指導、登下校指導などにおいて、授業ではないからと考え適
当に対応することは、人間性を疑われることになる。清掃活動であれば良い見本
を示し、給食指導では、安全確認と楽しい会食の雰囲気をつくり出し、登下校指

導では、防犯・安全の確認をしつつ、児童・生徒と何気ない会話から個性を見取っていく努力をして欲しいものである。間違っても「指示待ち」や「単位を取得するため」といった姿勢は厳に慎むべきことである。

　〇授業準備は徹底的に

　授業を成功させるために教師の仕事は、授業の計画をたて（Plan）、授業を行い（do）、そして評価する（see）という作業に分けて考えられるが、実際の授業は、事前に計画をそのまま授業として実施できるとは限らない。換言すると、教師の仕事は、計画した通りに児童・生徒を操作し動かすことではない。では、準備とは何をすればいいのであろうか。前提として、授業を構成しているものは、「学習者」（主人公である児童・生徒）、「教師」（理解をしていくことを助ける発問をし、発話を促し、応答の関係をつくりだす）、「目標」（全ての児童・生徒が到達することがめざされる能力・資質）、「教材」（児童・生徒の知的好奇心を揺さぶる内容）、「教師の願い」（○○な授業をしたい、○○な姿を期待している）、これらの5つの事柄を関連させながら授業の構想をしていく。どんな教師であっても、授業準備には、膨大な時間と知識と根気が必要になる。ましてや、実習生は経験もなく、何から手をつければいいのかわからないことばかりであろう。そこで、授業準備において、**学習テーマの設定、主体的・対話的で深い学びの授業**、の2点を重視していくことをお勧めする。

　〇学習テーマの設定について

　「何を」「どのように」教えるかというときに、児童・生徒の実態を踏まえ、教材を十分吟味して学習指導案を作成し、資料等を準備することになる。この一連の作業に深まりや広がりをもたせるのが、何といっても教師自身の知識と創造力だ。

　この根底になる資料が、学習指導要領である。学習指導要領は学校教育法施行規則第52条に定められた、教育課程の基準となるもので、法的拘束力をもつ。公教育を担う教師をめざす者は、その内容を十分理解しておく必要がある。ただし、これはあくまでも基準であり、そのままでは、実際の授業には使えない。全体を通して、学校教育がめざす姿や指導の在り方を、具体的にイメージしながら読めるようになることが大切であろう。そうすることで、教育課程や年間指導計画、学習指導案との関連が明確になり、何を教えるのかということが定まってく

る。加えて、児童・生徒の実態として、既有の知識、学習経験、学習への意欲を見取り、さらに、地域の実態としての人材条件（授業でのゲストティーチャーとしての授業参画等）・物理的条件（図書館、博物館、郷土資料館、公園等）などを複合的に捉え学習のテーマを決定していくのである。

　近年、「簡単　○○　実習生のための指導案」という内容の指導案を掲載した書籍を見かける。「見るな！」とは言わないまでも、それらの指導案はあくまでも参考資料であり教材研究の一環として見るのであれば結構である。しかし、掲載された指導案をそのまま使い、授業を実施したのであれば、児童生徒の実態・地域の実態を無視した授業であり児童・生徒への冒涜であると心得てほしい。

　○主体的・対話的で深い学びの授業について

　平成29年3月に示された学習指導要領においては、主体的・対話的な深い学びを視点とした授業改善を求めている。このような学びを実施していくには、児童・生徒が協働的に学び合うことが前提となる。学校組織では、仲間との支え合い、切磋琢磨があってこそ主体的・対話的で深い学びが成立するものである。では、どのように授業改善を図るのかについて、体育科の運動領域で考えていく。

　まずは、主体的な学びの視点からでは、

　①　興味・関心の喚起

「楽しい」「またやりたい」「勝ちたい」という意識を育てたい。そのためには、児童・生徒の実態に適した、易しすぎない課題が必要である。

　②　学習の見通しの提示

　単元全体の見通しを児童・生徒と共有し、今日の授業はなんのために行っているのかを理解できるよう「掲示物などを利用し」見える提示を行いたい。

　③　課題と課題解決の活動の提示

　自分の願いや思いを叶えるためにはどんな課題があるのか、また、どうすれば課題が解決できるのかを児童・生徒の実態に応じて、分かりやすく段階的に提示していくことが大切である。

　④　学習の振り返りの提示

　児童・生徒の活動が、課題解決につながっているかを見取り、助言し、「本時、何を学んだか」「何ができるようになり（分かり）、どんなことが課題となっているのか」を自分で振り返っていく活動を必ず構想しておく。

⑤ 学びの成果の確認

　児童・生徒相互の見合いや教え合いなどの活動の充実を図り、他者評価として褒められる・認められる機会を構想しておく。

○次に、対話的な学びの視点では、

① 必然性のある対話

　対話的な学びは指導の目的ではなく、手段である。児童・生徒同士の意味ある対話が実現できるようにすることが大切なことである。思考・判断や対話のための語彙の源となる運動に関する知識を、学習資料として段階的に提示することが必要ではないだろうか。

② 新たな気づきや意欲の喚起

　児童・生徒相互の見合いや教え合いのポイントを提示したり、チームで相談し合う観点を示したりするなど、思考・判断が促されるようにしたい。また、励まし合いや高揚感を高めるかけ声などの対話活動も重要であろう。

○最後に、深い学びの視点からは、

① 思考の深まり方

　技能だけが「できる」のではなく、知識や「思考・判断・表現力等」「学びに向かう力、人間性等」に関する「わかる」「できる」を実現し、また、運動が苦手な児童・生徒への指導の充実を図ることが必要である。

② 各教科の見方・考え方

　体育科の見方・考え方は、「運動やスポーツをその価値や特性に着目して、楽しさや喜びとともに体力の向上に果たす役割の視点から捉え、自己の適性等に応じた「する・みる・支える・知る」の多様な関わり方と関連付けること」である。このことから、「運動はうまくなければ楽しめない」などの負の見方、考え方を持つことがないよう、児童・生徒の見合いや教え合いの活動から新たな知識の獲得が運動の楽しさや喜びにつながると考え指導計画を立てることである。

（3）　実習中に気をつけること

○挨拶は元気に、言葉遣いは丁寧に

挨拶はコミュニケーションをとり、自分の存在を知ってもらえるチャンスを得る機会である。児童・生徒、先生方、地域の方々へは挨拶で始まるコミュニケーションを心がけ元気な姿で接していこう。また、言葉遣いに気をつけることである。特に、児童・生徒との会話では、正しい日本語を使い、発達段階に応じた語彙を用いて丁寧に接していくことである。また、実習生どうしの会話であっても、学生の会話にならないよう注意しておきたい。

○節度ある立ち居振る舞いと清潔感のある身なり

教員は児童・生徒に与える影響が大きいということを自覚し、児童・生徒と馴れ合いの関係になることがないよう、適切な距離を保ち接していくよう努めることである。また、先生方や地域方に対して失礼がないよう社会人としての常識と礼節のある行動を取ることである。

清潔感のある身なりについては、服装は動きやすく派手ではないものとし、安全性の確保にために必要ない装身具は身につけないこと。頭髪については清潔感のある髪型を心がけ、濃い化粧は避けるべきである。

○登下校（通勤）時は気を抜かない

実習期間中は校外であっても、児童・生徒、その保護者、地域の方が実習生の行動を学校関係者として興味をもって見ている。街中での喫煙、道路の横断の仕方など細かな行動までも、実習生は先生としての規範ある行動を心がけなければならない。

○ホウレンソウを徹底する

報告・連絡・相談（ホウレンソウ）は確実に実施する。休み時間に、児童・生徒同士のトラブルを見かけたり、いじめにつながる言動などを発見したり気になる様子を見かけた場合や何か失敗をした場合には、すぐに、指導教員へ報告・連絡することである。また児童・生徒から相談され、「担任の先生には黙っていてほしい」と言われても一人で抱え込まず、指導教員へ相談することである。

○児童・生徒の安全と人権が第一

いうまでもなく、実習中の最大の配慮は、児童・生徒の安全確保と人権の保護である。事故・災害はいつ起こるかわからない。発生する可能性を考え、避難方

法、避難経路の確認は実習日初日に想定しておくことである。また、児童・生徒への人権侵害はあってはならないことである。暴言・体罰は決して許されることではない。児童・生徒へ愛情をもち、一人ひとりが、かけがえのない命の持ち主であることを十分に認識しておくことである。

　○個人情報の漏洩は厳禁

　実習中に得た、実習校や先生方、児童・生徒についての情報は、実習後も含め絶対に漏らしてはならない。例えば、クラスの児童・生徒と記念撮影した写真を、インターネットのSNSに投稿し、取り返しのつかない事態を招いた事案も発生している。どんな理由であれ、個人情報の漏洩は犯罪であることを認識すべきである。

　○児童生徒の学校・教師批判には同調しない

　実習生は、児童・生徒にとって話しやすいお兄さん・お姉さんという存在になることがある。そのため、児童・生徒からいろいろな相談が待ち込まれることになる。相談には、共感的態度で話を聞くことが必要である。しかし、実習生も学校教員組織の構成員であることを自覚し、学校批判、先生批判の内容には立ち入らないよう心がけることである。

　○健康管理に努める

　実習中は、朝早くから、夜遅くまで学校現場に勤務し、帰宅後も指導案作成に追われる毎日である。よって、ストレスフルとなり身体的に不調な状況に陥ることがある。規則正しい生活、ストレス軽減のための自分なりの取り組みを行い、体調を管理し、児童・生徒と一緒に楽しめるよう努力してほしい。

（4）教育実習の実際 ― 教師の仕事 ―

登校時

※児童・生徒が登校する前に、教室環境を確認する。ゴミは落ちていないか、黒板や机を整頓し、落書きがないか、安全面で気になることはないか等の確認をする。あらかじめチェックポイントを決めておくと良い。窓を開け換気も行う。

※教室や校門で、登校する児童・生徒を笑顔で迎える。児童・生徒たちは、教室に教師がいると安心する。

※朝の挨拶は、自分のクラスだけではなく、学校の全ての児童とコミュニケーションをとるよう積極的に声掛けを行う。

※全校朝会があるときは、集合場所での整列を促す。朝会開始時刻より早く整列できたときは必ず褒める。

朝の会

※児童・生徒の健康観察はとても重要である。朝食は食べているか、服装や髪形はどうか等から、家庭での生活状況も把握する。

※一日の予定を簡単に知らせることで、児童・生徒が見通しをもって行動することや、自ら考えて行動する力を身に付けることにつながる。

授業

※授業の開始時刻、終了時刻は必ず守る。児童・生徒にルールを教える教師自身がルールを守り模範となる。

※前面黒板に提示するものは、授業内容以外の情報は少なくする。授業中の児童の集中力を妨げにつながる。

※教師との空間的な距離が近いほど、児童は授業への集中力を高める45分間の中で、どの位置に座っている児童・生徒も集中できるようにするためには、机間指導を有効に使う。

※「考える時間」を設けて児童・生徒の思考を促す。主体的・対話的で深い学びにつながる。

※教師が沈黙を恐れて話し過ぎたり、説明し過ぎたりすると、かえって児童・生徒の思考を邪魔してしまう。教師は「待ちの姿勢」で。

休み時間

※特に児童は、休み時間に一緒に遊んでくれる教師をとても身近な存在に感じる。次の授業の準備等があり、児童と一緒に遊ぶことはなかなか難しい場合であっても、休み時間の始めだけでも一緒に遊ぶよう心がける。

※休み時間の様子から見える児童・生徒の人間関係は、学級経営上とても貴重な情報である。急に遊ぶ仲間が変わったときは、友達関係の変化などを、注意深く継続的に観察し、予防的措置をとる。

給食時間

※配膳にかかる時間を少しでも短くできるように、みんなで目標をもって協力
　して準備させ、効率よく給食の時間を使う。

※それぞれの食材のもつ栄養がどのように成長や健康維持に役立つかを説明
　し、児童の偏食を防ぐ。

※食物アレルギーなどについては、必ず当該児童・生徒の保護者に詳しく確認
　するとともに、校内の食物アレルギー緊急時対応マニュアル等の内容を十
　分に理解し、救急時に組織的に対応できるようする（指導教員からしっか
　り指導を受ける。安易に、ご飯のおかわりなどをさせない）。

清掃指導

※清掃をする意義を考えさせ、理解させた上で取り組ませる。当然、教師も一
　緒に清掃を行い、清掃の仕方を教えるとともに、児童・生徒の安全を十分
　に確認する必要がある。

放課後

※小学校の場合、児童会活動や委員会活動の指導を行う。中学・高校では、部
　活動の指導を行う。

※放課後には様々な会議がある。課題意識をもって参加する。発言は控える
　が、自分ならどうするという具体的な方策を考えていく。

※宿題の点検、実習ノートの記述等滞ることがないよう、計画的に取り組む。

　教育実習生は、実習を通して、社会に出る責任と教師としての自覚を実感する。
人を指導するという難しさ、喜び、そして、児童・生徒一人ひとりが違うという
ことを、身をもって感じるであろう。それだけに、実習前に行うことを知り、準
備を怠ることなく、そして、実習中は、児童・生徒の話に耳を傾けて、真摯な態
度で接してほしいと願う。

（5）教育実習後（教職実践演習を含む）

　実習を終えると、大学では事後指導の授業がある。これは、自己評価を行い、
自分自身が実習から学んだことを明らかにし、「できるようになったこと」また
は「今後、解決しておかなくてはならないこと」を明らかにする取り組みであ

る。この中では、実習校から実習担当教員からの総括的な講話や、他の実習生の
それぞれの取り組みを発表し情報を交換する場合がある。これらは、全て最終学
年の「教職実践演習」へと繋がっていくものである。

　「教職実践演習」については、平成18年中央教育審議会答申「今後の教員養
成・免許制度の在り方」において、「全学年を通じた『学びの軌跡の集大成』と
して位置づけられるものである。学生はこの科目の履修を通じて将来、教員に
なる上で、自己にとって何が課題であるのかを自覚し、必要に応じて不足してい
る知識や技能を補い、その定着を図ることにより、教職生活をより円滑にスター
トできるようになることが期待される」と提言し、「教職課程の履修を通じて教
員としての最小限必要な資質能力の全体について、確実に身につけさせるととも
に、その資質能力の全体を明示的に確認する」という目的を示した。現在、体系
的な学校教員養成カリキュラムの最終に位置する重要な科目と必置されている。
答申の中では、この科目の趣旨を踏まえ、教員として求められる以下の4つの事
項を含むことが示されている。

　①使命感や責任感、教育的愛情等に関する事項
　②社会性や対人関係能力に関する事項
　③幼児児童生徒理解や学級経営に関する事項
　④教科・保育内容等の指導力に関する事項

　これらの資質・能力を高めるために、教科及び教職に関する科目の知見を総合
的に集結し、学校現場の視点を取り入れながら、その内容が組み立てられている。
教育実習から卒業までの期間に、自己の課題を自覚し、主体的にその解決に取り
組むとともに、実践的な指導力を身につけられるよう、大学での学問的な学びと
現場での実践経験を結びつけ、児童・生徒の人格の完成をめざし教育活動が営ま
れるよう努力し続けることが望まれる。

　最後に教員採用試験に関する具体的な対応について触れておく。平成29年1
月31日公表の「平成28年度公立学校教員採用選考試験の実施状況について（文
部科学省）」によると、競争率（倍率）は、全体で5.2倍であり、前年度の5.4倍
より減少した。試験区分別に見ると次のとおりである。小学校3.6倍（0.3ポイン
ト減）、中学校7.1倍（0.1ポイント減）、高等学校7.0倍（0.2ポイント減）、特
別支援学校3.7倍（0.1ポイント減）、養護教諭7.4倍（0.1ポイント増）、栄養教

論 7.7 倍（1.5 ポイント減）となっているが、採用者数は今後減少に転じると予測されている。試験内容として、「筆記試験」「面接」「小論文」「模擬授業」「実技」等々、校種、科目別により多様な試験が課せられている。教員採用試験に備えて、まずは、情報収集、そして「筆記科目」対策は早目に行うことが必要である。各自治体において内容や方法が異なっている。よって自分が志望する自治体の試験情報を集めることからスタートしなければならない。各自治体の HP、教育雑誌、各大学の教職センターなどを利用し、情報を早時期から集めることが合格への第一歩である。加えて、国の動向、例えば、「特別な教科道徳」「外国語科」「主体的・対話的で深い学び」などの情報や、各自治体が求める教員像などの情報も把握しておく必要がある。そして、常に自分が教員になった時のイメージをもち「こんな時はどうする？ こうしよう」とイメージトレーニングを欠かさず行うことである。そして、自問自答し「教職に就く動機」を確認してことも大事なことである。これらは、面接試験や小論文の対応につながることである。

　教師の仕事は、「児童・生徒の心に火を灯すことである」。そのために、教師自らが学び続け、将来を担う児童・生徒たちのために有意義な教育実践をしていただきたいと願っている。

● ● ● **学習課題** ● ● ●

1. 教育実習の意義とは何か。

2. 教育実習前、実習中、実習後に行うことは何か。また、注意点は何か。

【引用・参考文献】

今栄国晴 & 清水秀美『教育実習が教員志望動機に及ぼす影響：事前・事後測定法による分析』
　日本教育工学雑誌　1994　17(4)　pp.185-195。

東京都教職員先週センター作成の「授業力」自己診断シート活用資料
　www.kyoiku-kensyu.metro.tokyo.jp/08ojt/jyugyo_shindan_sheet/index.htm

今後の教員養成・免許制度の在り方　中央教育審議会　2006

高橋健夫　岡出美則　友添添秀則　岩田靖　新版『体育科教育学入門』大修館書店　2010

中田正浩編著『人間教育を視点にした教職入門』大学教育出版　2014

東京都教育庁指導部指導企画課　小学校教職課程学生ハンドブック　平成29年度版

桶谷守　小林稔　橋本京子　西井薫編『教育実習から教員採用・初任期までに知っておくべき
　こと』教育出版　2016

===== ミニ教育用語事典⑪「学校安全の推進に関する計画」 =====

我が国では、近年、豪雨・台風などが激甚化し、また近い将来に起こる可能性のある南海トラフ巨大地震など予測を超えた自然災害のリスクに直面している。また、学校においては、活動中の事故や登下校中の事件・事故、SNSによる犯罪など児童・生徒の安全を脅かすさまざまなリスクがある。

旧学校保健法の一部改正により、平成21年4月に施行された学校安全保健安全法では、「国は、各学校における安全に係る取組を総合的かつ効果的に推進するため、学校安全の推進に関する計画の策定その他所用の措置を講ずる（第3条第2項）」とされている。

これを受けて、平成24年度からの5年間を計画期間として、「学校安全の推進に関する計画」（第1次計画）、平成29年度からの5年間を計画期間とする「第2次学校安全の推進に関する計画」（第2次計画）を策定した。そして、令和4年には、「第3次学校安全の推進に関する計画」（第3次計画）が策定された。

第1次計画では、東日本大震災の教訓を踏まえ、児童生徒が主体的に行動する態度を育成することの重要性が認識され、自然災害による被害を防ぐために学校施設の整備や防災マニュアルが整備された。また学校活動内における事故防止、不審者侵入等に対応した危機管理マニュアル作成などの対策が推進された。

第2次計画では、児童生徒の安全上の課題に対し、管理職のリーダーシップのもと、学校教育活動全体を通じた取り組みを実施し、その取り組みを評価・検証し、学校安全を推進することとした。また安全教育では、学習指導要領の改訂を踏まえ、カリキュラム・マネジメントの確立を通し、系統的・体系的で実践的な安全教育を推進することとされた。

そして、直近の第3次計画では、すべての児童生徒が、自ら適切に判断し、主体的に行動できるよう、安全に関する資質・能力を身につけることが目指されている。また本計画では、SNSに起因する被害、性犯罪・性暴力対策、生命の安全教育など現代的な課題に関する教育内容について学校安全計画への位置付けの推進やAIやデジタル技術を活用した科学的なアプローチによる事故予防に関する取り組みの推進が策定された。

学校安全を推進するための方策として、まず、児童生徒等が安全に関する資質・能力を教科等横断的な視点で確実に育むことができるよう、自助、共助、公助の視点を適切に取り入れながら、地域の特性や児童生徒等の実情に応じて、各教科等の安全に関する内容のつながりを整理し教育課程を編成することが重要である。

文部科学省サイト　学校安全の推進に関する計画
https://www.mext.go.jp/a_menu/kenko/anzen/1320286.htm

第 6 章

教員採用試験

1. はじめに

　本章を読まれている人は、教員免許状の取得を目指しており、教員採用選考試験を受け、教員になることを目指している人であるとして話を進めていく。

　一般的に大学で必要な教員免許関係の単位を取得できれば、卒業と同時に希望校種の教員免許状を手に入れることができる。多くの人は、教員免許状を取得見込みということで、4 年次の夏に教員採用選考試験を受け、その合否は 10 月前後に明らかになる。

　教員採用選考試験は、教員免許状を有している者（取得見込みも含む）に受験資格が与えられる。教員免許状を取得する方法は、大学に入学して単位を取得する方法の他に、通信教育を受講して単位を取得する方法や文部科学省が行っている資格認定試験に合格する方法もある。

　免許状の取得（取得見込み中）後は、各都道府県・政令指定都市などで行われる筆記試験・面接試験・実技試験を受験して合格すれば採用となる。私立校の場合は、私立校ごとの採用試験に合格する必要がある。また、教員採用選考試験の結果の点数は、本人が請求すれば、成績が開示される場合が多い。もし不合格だった場合は、成績開示を行い、次回の受験に向けての自分の課題を知ることができる。

　2022 年度の全国の教員採用平均倍率は 3.7 倍（文部科学省公立学校教員採用試験の実施状況調査　2022.9.9 公表）で、校種別の倍率は、小学校で 2.5 倍、中学校で 4.7 倍、高等学校で 5.4 倍であった。全国で採用された教員として採用された人数は、小学校 16,152 人、中学校 9,140 人、高等学校 4,479 人、特別支援学

校 3,069 人、養護教諭 1,263 人であった。今後の採用倍率は、しばらくは小学校も、中学校も下がると思われる。このように倍率が下がる原因として、民間企業の人手不足の状態が続いていること、公務員全体の人気が落ちていること、そして学校現場では採用人数が多かった年代の教員が退職する時期を迎えているということ、の３つが関係していると考えられる。現在少子化が進んでいるが、教員の採用数は、まだ急激に落ち込んではいない。しかし、将来的には、少子化の影響を受けて教員の採用数も減少すると予想されている。

　ちなみに、人口規模が日本の 1/6 の隣国の台湾も、人口減少時期に入ってきており、教員の退職年齢が 55 歳から 60 歳に引き上げられたこと、子供の数の減り具合も大きいことなどから、教員になるのは難しくなってきている。また、台湾の場合は、教員養成系の大学でも、大学卒業後半年程度のインターンシップ（教育実習）を学校現場で経た後、国家試験である教員資格試験を受け、それに合格すればやっと教員免許が取得できる。その後合格者は、各自治体の採用試験を受けることになる。現在、小学校教員の倍率は過去最低の 2.5 倍とのことである。台湾にくらべると、日本では、はるかに教師になりやすいといえる。

2. 教員採用選考試験の意味

　公立学校における「教員採用選考試験」とは、各都道府県・政令指定都市教育委員会がそれぞれ設置・運営する学校（公立学校）において、教員採用の「採用候補者名簿」作成のための試験である。「教員採用選考試験」は、他の公務員試験と異なり、各都道府県・政令指定都市教育委員会によって行われ、その採用は選考試験によることが定められている。「採用候補者名簿」は、名前の通り、採用候補予定者を載せる名簿なので、退職者数によっては、載せられても採用されにくい場合がある。内部的には、確実に採用されるＡ採用と、場合によっては採用されるＢ採用、採用は難しいＣ採用などに分けられていることになる。名簿の上位に載った者は必ず採用されるが、下位の者は年度ごとの雇用契約を結ぶ講師となることになる。講師の場合は、産休や育休など教諭の代わりに期限を切って採用される場合の講師（臨時任用講師）と４月から年間で契約する常勤講師などに分けられる。講師は、翌年の教員採用選考試験の勉強をしながら働くこと

になるので強い精神力がもとめられる。もっとも都道府県によっては、1年間講師をすることで、筆記試験が免除になるといった優遇措置があるところもあるので、募集要項を確かめるとよい。

3. 試験日程について

（1） 大まかな試験日程

日程	項目	備考
2-3月	募集要項の発表	Webなどで確認、願書の取り寄せ、ネット出願もある
4-5月	願書の提出	じっくり考えて記述　連休前には提出するほうがよい
7月	1次試験	学力評価、知識評価　実技など　合格者は2次試験へ
8-9月	2次試験	人物評価　面接模擬授業
9-10月	合格発表	複数受験で辞退する場合は早めに連絡 不合格者には講師登録の意志の確認 （教員の需給関係を調整）
1-2月	採用決定	不合格者には講師登録の意志の確認
3月	赴任校決定	
4月	初任者として赴任	

〈ポイント〉

　実は4、5月の願書の記述からが試験が始まっている。願書には、教員になりたい理由や、その自治体を志望する理由などを記述するが、誰にでも書ける内容ではなく、自分の経験を入れ込んだオリジナルの内容に仕上げる必要がある。面接の時はこの願書をもとに質問されるため、質問時に自分がさらに付け加えて説明したい内容も構想して記述する必要がある。部活動の経験や受賞記録などの事実だけを書くのではなく、その経験が今の自分にどうつながっているかという関連も話せるように考えて記載し、とにかく願書を記載する時には、十分に自己分析をして、面接時に聞いて欲しいことも記載する必要がある

（2） 複数受験の可能性

　１次試験は、地域ブロックごとにまとまって行われる場合が多い。しかし、近年受験者数の減少から、複数受験の機会を増やすため近県との受験時期をずらしたり、民間に人を取られないようにさらなる試験時期の前倒しをする傾向にある。以下が 2022 年度の１次試験開始の日程である。

６月３週目	高知、鳥取、北海道
６月４週目	近畿地方、茨城
７月１週目	福井、新潟、長野、静岡、京都、岡山
７月２週目	九州地方、関東地方、山梨、山口、島根
７月３週目	富山、石川、広島、香川、徳島
７月４週目	東北地方、岐阜、愛知、三重、愛媛

〈ポイント〉

　このように１次試験の受験日は１回ではなく複数回存在する。2022 年度の場合は６回チャンスがあったことになる。どの受験生にも本命の都道府県があるわけであるが、本命の試験日前に、他の都道府県も受けて場数を踏むということを勧めたい。試験が１発勝負である場合、心にゆとりがなく、実力を発揮できないことがある。事前に他の都道府県で１回でも本番受験を経験することで本命受験にゆとりが生まれることはよくある。

　複数の都道府県受かれば選択できるメリットもある。ただし、複数の都道府県で１次試験に合格しても、面接などがある２次試験日は、他の自治体の２次試験日と被ることもあるので、１次試験に受かっても不本意ながら２次試験を辞退することになる場合もある。

　また、近年受験倍率の低下から、各委員会は、受験生を確保する上で、大学ごとの推薦枠を設けている場合がある。大学で一定水準の成績をとっており、大学から推薦されれば、１次試験の筆記が免除されるのである。しかし、大学推薦で受験した場合には、合格したら必ずその都道府県で就職することという条件が付いている場合も多いので、その都道府県が第１志望でない場合には悩みどころとなる。いずれにせよ、そのような推薦枠については大学の教職センターなどに聞いてみることをお勧めする。

4. 試 験 内 容

都道府県によって違うが、大まかには以下のような項目の試験がある。
○筆記試験（1次試験）
　1. 一般教養　2. 教職教養　3. 専門科目　4. 論作文
○実技系試験（1、2次試験）
　1. 小学校枠　体育）マット運動、水泳など　音楽）ピアノの伴奏
○面接試験（2次試験）
　1. 模擬授業　2. 個人面接　3. 集団面接　4. 集団討論

（1）　筆記試験
1）　一般教養試験の内容
　一般的な常識や、基本的な学力を問われる問題。受験者数が多いため、マークシート形式を採用する自治体が多い。
・基本的に公務員試験などとも共通する問題である。
・ジャンルとして4つの分野から幅広く出題される。
　　人文分野（国語、英語、音楽、美術、保健体育、家庭）
　　社会分野（歴史、地理、政治、経済、倫理）
　　自然分野（数学、物理、化学、生物、地学）
　　一般時事（国際情勢、政治、経済、社会、情報、科学、環境、文化、スポーツ等）
〈一般教養試験の対策〉
・薄く広く出題される。過去問を解いて各都道府県の傾向を知ること、模擬試験などを受けて自分の弱いところのジャンルをつぶしていくことが必要である。
・一般時事では、日ごろのニュース記事などにアンテナを張っておく必要がある。過去には前年度の日本人のノーベル賞受賞の名前や、日本人宇宙飛行士の名前なども出題されたこともある。

2) 教職教養試験の内容

　教職教養のジャンルは、大きく分けて、「教育原理」「教育法規」「教育史」「教育心理」などがあげられる。これらの科目は教職系の講義名として挙げられているものも多い。その他に「教育時事」「教育方法」「道徳教育」「人権教育」「中央教育審議会答申」「文部科学省通知」などのジャンルからも出題される。いずれも教員になるにあたって基本的な知識を問うものである。教育法規などは一般教員から管理職に昇格する時にも管理職試験で再び必要となってくる知識でもある。

〈教職教養試験の対策〉

　教育に関する総合的な知識が問われる。出題される問題の種類は大体決まっており、過去問に多く当たれば、傾向がわかる。数をこなす中で何度も出てくる問題があり、自然と傾向をつかむことができる。各都道府県の10年分の過去問にあたってみるとその傾向がわかる。

　また試験内容からはその都道府県で求めれられる教師像も見えてくる。例えば、過去に教師による体罰事件が起こった自治体などでは、学校教育法第11条の体罰に関する問題が出題されるなど、体罰を許さない風潮を作りたいという教育委員会の思いが試験問題の内容に反映されることになる。

　過去問を調べることで、「教育法規はいつも出題されるが、教育史は3年に1回しかでない」など傾向がわかることになる。学生のグループ同士で試験対策の勉強会を開き、都道府県ごとの過去問を分析し、出題を予想するのは、1人で勉強するよりもやる気を継続させることができる受験勉強となる。各大学が実施する大学入試では、英語に強い学生を集めたいとも思えば英語の問題の難易度を高くするように、教育委員会も、出題の内容によってその自治体が求める教師像を公開しているのである。教職教養の過去問を解くことで、各教育委員会の求める教師像が伝わってくるので、勉強も俄然おもしろくなっていくはずである。

3) 専門教養科目の内容

　各校種や教科の専門的な知識を問われる。教科としての知識や指導する上での知識を計るもので、教職教養や一般教養の問題よりも配点が高い。

　小学校であれば専門知識は小学校全科目の知識であり、中学校高校であればそれぞれの教科の専門知識となる。小学校の場合は一般教養と重なる場合も出てく

るが、おおむね高校1年までの知識が求められる。中学校・高校の場合は各教科における大学入試レベルの問題が出される。

〈専門教養試験の対策〉

　各教科の問題集を解くと共に、各教科の指導力に関係しては、それぞれの科目の学習指導要領に示されている「教科の目標」「学年の目標」を当然理解しておく必要がある。文部科学省が出している学習指導要領の冊子は安いので早めに購入し、隅々まで読んでおくことをお勧めする。例えばある教科の単元のねらいの文章を見て、それがどの学年のものに当たるかなどを自分なりにまとめておくとよい。また、その単元で学ぶ内容が、1学年下と1学年上ではどのようにつながっているかを理解しておく必要がある。

4）論作文試験

　論作文試験で見られているのは、論理的な思考である。初めに提示されたテーマについてその背景や重要性を示し、その上で現状を述べ、最後には自分がどう取り組んでいくかという方向性を書くことが基本となる。

　受験する自治体の教員採用選考試験で論作文の試験が課されるかどうかは募集要項をみればわかる。過去の出題テーマのチェックをし、文字数や時間制限を確認しておく必要がある。筆記試験の同じ時間内の一部として出題される場合（300字程度）もあるが、逆に論作文単体で行う場合（文字は2,000字程度）もある。文字数や時間制限は、年度によって大きく変更する自治体は少ないので、過去数年分を調べておけば、大体の傾向をつかむことはできる。

〈論作文試験の対策〉

　論作文のテーマは大体4種類に分類できる。

① 　教師像に関わること（教師としての意気込み、いきがい等）
② 　教育課題に関すること（今日的課題、SNS問題、特別支援）
③ 　児童・生徒の指導に関すること（いじめ問題、ケーススタディ）
④ 　抽象的なテーマ
⑤ 　提示された資料から情報を読み取って論じるもの

　まずは、練習で文章を書きなれること、「序論」「本論」「結論」のパターンを身に付けること、教育に関するネタをスクラップブックに整理しておくこと。特に教育課題のテーマは、近年に起こったことを題材とする場合も多いが、作問の

検討は前年度から行われるので試験日の近くに起こったできごとなどについては
あまり扱われない。そのため、論文の基礎情報として新聞記事を集めるのならば、1年以上前から始める必要がある。

　論作文の基本的な構成は、「序論」「本論」「結論」の3部構成にするのが一般的である。

　まず、直接書き出す前に、序論、本論、結論で何を書くかの構想を練る。序論では問題と提起されたことに対しての背景や定義を述べ、自分の基本的な考えを述べる。本論では、自己の考えに対する根拠となるものの理由を述べる。この場合は複数の異なった視点のものを選ぶ方がよく、採点者が見てわかりやすいように小見出しをつけるとよい。結論では再び序論で述べたことに触れ、自己の考えや決意などで結ぶ。

（2）　実技試験

　校種、教科によってさまざまなものがあり、事前に課題として掲示される。実技自体は練習してあればそんなに受験生間で格差がつくものではない。できなければ大きな減点であるが、そこそこできるようにしておくことが重要である。

1）　小学校の実技の例

体育）マット運動、水泳など、球技の実演

音楽）ピアノの伴奏、歌唱、弾き歌い

理科）理科実験（顕微鏡操作など）

2）　中高の実技例

理科）観察・実験操作

英語）リスニング、スピーキング

音楽）ピアノ弾き歌い、他の楽器演奏

体育）水泳、武道、陸上、球技　（復習の種目から選択）

美術）デッサン

（3）　面接試験

1）　模擬授業

授業力を評価する試験。多くの自治体が2次試験で実施しているが、個人面

接と組み合わせるなど、実施方法はざまざまである。本当の児童・生徒を前にして、実際に授業をするわけではなく試験官を児童・生徒とみなして行われる場合が多い。以下は1例である。

〈模擬授業の事例〉

　試験当日、待期室で算数の教科書のコピーを見せられ、その場で10分間展開を考える。その後すぐ、教室に呼ばれ、授業の導入の最初の7分間を3人の試験官相手に行う。子供はもちろんいない。「エアー授業」であり、子供がいると想定して行う1人芝居となる。いろいろな子供がいると想定して、架空の子供に呼びかけ、指示を出したり、ほめたりして進行する。

　授業の導入を行うので、課題を板書できるところまで行きつく必要がある。その途中には、児童をほめたり、大事なことに注目させたりするなどのパフォーマンスが入る。そのあと、残り3分で、誤答指導を行う。児童が間違いそうな場面を自分で設定して、解説するのである。かなりの演技力が必要である、教育実習の経験が生きる場でもある。実際に日々の授業を行っている講師経験者の方が有利ではあるが、児童の意識に沿った授業の展開になっているか、板書の位置、教師の表情などを試験官は見ている。もちろんこの模擬授業での、誤字や課題の書き忘れなどは、減点対象となる。

〈模擬授業の対策〉

　自分の「エアー授業」を録画し何度も自分で見てみること、ある程度自信がついた後、今度は、友達にも見てもらって意見をもらう。ちなみに出題傾向は都道府県によって決まっている。算数はよく出題されるので、受験生にとっても対策を立てやすい。授業の最初には前時の復習から入り、課題提示までが大体求められる。また学年間のつながりなども頭に入れておいて、4年教材なら3年ではどこまで習っているなどの解説を模擬授業の中に入れると持っている知識をアピールできる。

　算数の教科書の各単元の問題ごとに導入を考えておくと自信を持てる。実際に筆者の大学では学生は自主的に勉強グループを作り模擬授業に取り組んでいる。グループ内でアドバイスをし合うので、回数を重ねるごとに、声の大きさ、表情などのパフォーマンス系はどんどんうまくなっていく。

5. 個 人 面 接

　都道府県によって形式はばらばらであるが、おおむね2から3人の試験官の質問に答えることになる。複数の試験官で質問する内容を分けている場合もある。ここでは少し詳しく対策を述べる。

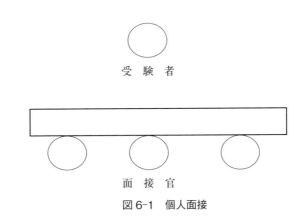

受 験 者

面 接 官

図 6-1　個人面接

〈対策1　話し方〉
　答えるときはあまり長く話さずに最初の答えは30秒以内がよい。長々と話すと話の要点をとらえて話せない人だと思われる。答えは簡潔に、さらに突っ込んだ質問が来れば答えられるように具体例なども考えておく。
　話すときは丸暗記したことを思い出すように話すのではなく、大体話したいことの要旨を決めておいて話す。丸暗記したものをなぞって話しているのではなく、今考えて話しているのだということをアピールしたほうがよい。
　面接練習は事前に友達などと想定問答を決めて何度も練習しておくほうがよい。笑顔を忘れずに。最初に結論を言って、その具体例や理由をあとで述べていく方がよい。時間は限られているので、最後に結論を言おうと思って残しておくと、時間切れになった場合言いたいことが伝わらなくなる。
　民間企業では、ユニークさが重視されることが多いが、教員の場合は「公教育」ということもあり、多様な考えをもった保護者に対しても丁寧な対応がもと

められる。相手を受容し、バランスをとったものの言い方をできる人物像が重視される。個性をあまり際立たせすぎるとマイナスに取られる場合もある。

〈対策2　事前に提出している面接用紙との関係〉

　面接官が受験者の面接用紙を見るのは当日の朝であり、はっきり言って内容をじっくり見ている余裕はあまりない。短時間で面接用紙を見て質問を考える場合が多いので、アピールポイントなどは目につくように書いておくと質問されことも多い。面接官共通の大体の質問などは決まっているが、各々の判断で質問を変える場合もある。面接用紙には面接官がもっと聞いてみたいと思われるような内容について、さわりだけ書いておき、もっと内容を聞いてみたいと思わせるのも作戦である。うまくそこに質問が来れば自分のペースでＰＲできることになる。

〈対策3　自己PRの内容〉

　先生になろうと思った動機は、必ず聞かれる。よくあるパターンとして恩師の影響などを話すことが多い。しかし、悪くはないが他の人と同じになることが多く面接官の印象に残らない。面接官は1日に15人から20人程度面接することになるので、似たような内容の話では印象に残らない。具体的で、アピール度の高い、オリジナリティが高いエピソードが話せると印象に残りやすい。

〈対策4　面接では、人間味を出す〉

　「非の打ちどころのない人間は面白みがない」自分のいいところばかりをアピールしては、本当なのか疑われる。自分の弱みと強みを分析し、自分の弱いところを認識し、それを克服するための努力点をアピールする方がよい。弱みを克服するために努力している姿勢を見せる必要がある。

　また、完璧な人間は逆に面白くないので、人間味をアピールする必要がある。体育の得意な先生は、スポーツがよくでき、意識しなくてもできてきたので、逆にできない子の辛さを十分に分かってあげることができない。体育が苦手で努力してやっとできるようになった教師は、できない子の気持ちがわかり、どうすればできるようになるかを知っている。だから体育を得意でなかった教師のほうが子供の気持ちに寄り添えるという点で、より良い教師になれると考える。

〈対策5　大学時代の経験〉

　自己の専門教科に対しての専門性は当然必要であるが、その他に豊かな人間性、社会性を持っている人はさらに魅力的である。自分の体験から学んだことのエピ

ソードを話せることは重要である。特に、中高では、部活などの指導ができるという点はアピール度が高い。スポーツであれば、自分がそのスポーツをやってきただけでなく、学生時代に小学生や中学生に指導した経験があればかなりのアピールポイントになる。そしてそこで自分がつかんだ、スポーツ以外のことにも共通するような普遍的な考え方を述べられるとさらによい。

　また、他の人があまり経験していないことや、海外留学やボランティアなどもアピールポイントは高い。その経験から自分が学んだことをまとめて話せて、さらにそれを普遍的な道理につなげて話せるようになるとよい。ここでいう普遍的なこととは、「人に感謝することの重要さ」や、「ひとはそれぞれの地で工夫して生きている」「人とのつながりが大事」などで、一般的な真理と自分の体験が結び付けて話せるとよい。

〈対策6　教育実習で感じたことをまとめておく〉

　子供との出会いで、感動したことを自分の表現で述べる。例えば、子供が授業でわかった瞬間の喜びを共有した場面を述べることができれば、教師の感性という意味で好感度は高くなる。ほとんどの面接官は教師の経験があり、自分が教師として感動した体験がある。受験生が自分と共通の思いで感動を体験したとなれば、受験生に対して親しみ感が増し、そのような感性をもつ受験生に教員になってもらいたいと考えるはずである。

　子供とのかかわりのエピソードをいくつかまとめ、失敗談も中に入れて、そのことにどのように対応したかも具体的に話せるように準備しておくとよい

〈対策7　新学習指導要領の改定で新しく変わった内容〉

　令和2年度は小学校において新学習指導要領スタートの年度、令和3年度は中学校、令和4年度は高校で開始となる。特に小学校では、英語教育、プログラミング教育、道徳教育（その前年より）が開始されるので、そのタイミングでそれぞれの内容や指導法を聞かれる場合があるので準備しておくこと。

　3）集団面接

　面接官2、3人、受験生5、6人で行われる。1つの同じ質問について、順番に答えていく場合が多い。毎回順番が同じだと最初に当たる人が時間的に不利になるため、当てる順序を変えたり、意欲を見るために挙手制で当てたりする場合もある。

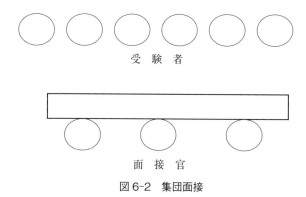

図6-2　集団面接

〈集団面接の対策〉

　集団面接なので１人の発言は長すぎてはいけない。30秒程度が理想である。面接官がもう少し聞きたいと思うぐらいの内容にしておけば、面接官の方で追加質問を出してくる。

　当然発言順番が遅いと前の人と同じ内容になる場合もあるが、急に意見を変えたりせずに「私も○○さんと同意見ですが」などと断って考えていた自分の思いを述べること。

　集団面接といっても、他の受験生に競争意識を持たないほうがよい。他の受験生を論破する姿や自分だけ目立とうとする姿は面接官にはあまりいい印象を与えない。

　受験生が他の人と話をつなげたりできるか、他の人の話を聞いているかも観ているので、他の受験生の話も聞いているというスタンスを崩さないこと

4）集団討論

　集団討論は、面接官２、３人、受験生５、６人ほどで集団面接と同様な規模で行われることが多い。集団面接と異なるのは、与えられた課題についてグループ内で討論する場面を評価されるという点である。ここで求められるのは、出された課題について、討論の中で自分の意見を述べられるかという点と、他の人の意見も尊重してうまく討論の中に位置づけられるかである。

　形式としては、面接官の司会進行で行う場合と、受験生の司会に任せて行う場合とがある。さらに後者の場合でも、あらかじめ司会を指定する場合と、受験生

の中で自主的に司会を決めさせて行う場合がある。

　一見、司会に自ら立候補すると得点が高いように思われるが、その進行がうまくないと逆にマイナスになることもある。また、下手な司会者が話を仕切るとそのグループ全員の評価が下がるときもあるので、そういう場合は、途中で代わりに司会を申し出てもよい。

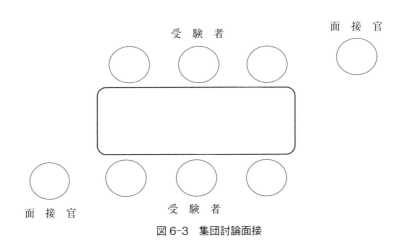

図 6-3　集団討論面接

〈集団討論の対策〉

　時折、集団討論では他の受験生に対して攻撃的な反論になったり、相手をやり込めたりしてしまうケースがある。もし相手の発言が自分と異なっていても相手を傷つけないような表現が求められる。例えば「Aさんの意見に対しては○○の点については賛成できるのですが△△の点については、わたしは××のようにとらえているのですがみなさんはどうでしょう？」などと言うような相手を傷つけないような言い方が望ましい。

　日ごろから友達同士で、討論練習をして相手を尊重したもの言い、相手と自分の意見との相違点を明確にして、相手に考えを尋ねるなどの練習を行うとよい。教員の世界は協働して物事に当たる場合が多く、正論でも言い方によっては集団関係を壊してしまう場合があるので、相手の立場を尊重して「討論」ができるスキルは重要である。

5）場面指導（ロールプレイング）

　学校やクラスで起こりそうな問題を、面接官が児童や生徒役になって演じ、それに対して先生役である受験生の実践的な指導力を評価しようとするもの。

〈場面指導の対策〉

　元来教師は演技力がないと務まらない、想定された場面に対して、教育的な考えをもとに演じる必要がある。練習時には、友達などと役割を決め、恥ずかしがらずに、その気になって演ずる必要がある。演劇的な練習ではなく、問題を提示する役の学生は即興的に教師役の学生に働きかけ、教師役の学生は臨機応変にぶれずに対応することが大切である。

　場面指導のときの重要なポイントは、問題行動を起こす児童・生徒に対しても、相手の言い分を聞き、受け止め、共感するというカウンセリングマインドの立場に立って対応する観点や、学内では他の先生に支援を求めるなどの観点も忘れないようにして演じることが大切である。とにかく具体的な対応策を即時にとることが要求されるので、場面を想定した事前練習はかかせない。

6. 試験時に好印象を与えるために

〈好印象を与える受験生とは？〉

・発言にオリジナリティが感じられる人

　模範解答通りの受け答えでなく、その内容が本人にしか語れない、体験に基づいた言動であること

・教員になったあとにやりたいことを具体的に語れる人

　教員になることがゴールではなく、具体的に教科なり、部活なり、子供とのかかわりなど、教員になった後のビジョンを語れること。合格することが目標ではなくスタートであることを意識しているかどうかである。

・表情が明るく、はつらつとしている。もしくは、模擬授業の演技がうまいなど活力が感じられる人

　教員の身なりや言動は子供に対する影響力が大きいので、アクティブさのオーラが出るとよい。

〈印象があまり良くない受験生とは？〉

・表情が暗く、発音がはっきりしない、覇気がない人

　教師はある意味演技者でもあり、子供から見られていることを意識する必要がある。

・なんとなく教員試験を受けてみたという感じで、教員になるという覚悟が伝わらない人

　試験に対する準備不足が伝わってくる場合、その人の本気度が見えない。

・極端に自信過剰の言動が多く、調子のいいことばっかり言っている人

　話が大きすぎたり、あまりにも調子いいと信頼されない。

7. 最　後　に

　これから教員免許の取得を目指す方は、大学でかなりの時間をかけて教職単位を取って行くことになる。教職教養、専門科目などかなりの単位数になる。これらは教員になる上で必要な知識である。また、教員採用試験時には、試験突破のための知識やテクニックも必要となってくる。教員の免許を取得する上で、また試験を突破する上で様々な知識が必要となってくるのは事実である。これらの知識をハードウェア的知識とするのならば、その知識を通して内実化する教育に対する考え方、教育に対する情熱、自分なりの教育哲学などのソフトウェア的知識を形作っていく必要がある。これらは一朝一夕にできるものではない。小手先のテクニックだけでは、洞察力の鋭い子供たちからすぐ見透かされ、信頼を勝ち取ることはできない。

　あなたが大学生であるのなら、学生時代にいろいろなことを体験し、考え、子供たちに話せる引き出しをたくさん増やしてほしい。子供たちにとって教員が体験し、感じ、考えたことはすべて教材となる。あなたの持つ価値観や言動が、すべて子供たちに影響を与えるのである。

　この本で学んだことを契機として、実践的な力をつけるために社会というフィールドに飛び出し、実践知をつけてほしいと願う。

【引用・参考文献】

2020 年度版　教員採用試験面接試験の攻略ポイント　実務教育出版　2019.3.20

教員教養セミナー 10 月号　時事通信社　2019

教職課程　　　　　10 月号　協同出版　　　2019

教員採用試験パーフェクトガイド　東京都論文・面接 2021 年度　学芸みらい社

======== ミニ教育用語事典⑫「小一プロブレムと中一ギャップ」 ========

　小学校に入学したばかりの子どもが、学校での学習や生活にうまく順応できないことを「小一プロブレム」と呼ぶ。その要因としては、家庭のしつけや児童の自己抑制に関するもの、幼稚園や保育所での比較的自由度の高い幼児教育・保育など複合的である。

　幼児教育では、子どもの知的好奇心、興味や関心を喚起し、「遊び」を通して指導を行う「経験カリキュラム」（遊び中心）に対し、小学校教育では、教科の目標・内容に沿って選択された教材によって教育が展開していく教育カリキュラム（学び中心）に切り替わっていく。このような教育課程の急激な変化により、子どもたちが混乱するのは明白である。

　このような問題を解決するために、文部科学省では、幼稚園・保育所などの幼児教育期から小学校へと子どもを円滑に橋渡しするカリキュラムの作成に取り掛かっている。同省は、5歳児から小学校1年生を「架け橋期」と位置付け、令和4年3月にカリキュラム作りの「手引き」をまとめた。ここでは「架け橋期」を「生涯にわたる学びや生活の基盤を作るために重要な時期」とし、小学校の教育を幼児期に前倒しするのではなく、幼児教育と小学校教育の役割とその関係性を明確にし、それを踏まえた教育方法を実践しながら、考える力などを養い、義務教育との円滑な接続を目指している。

　また、児童が小学校から中学校への進学において、新しい環境での学習や生活へうまく適応できず、いじめや不登校等の問題行動につながっていくことを「中一ギャップ」と呼ぶ。中学校では、学習面や人間関係、部活動、生活環境での変化など小学校に比べて今まで経験したことがない様々な困難に遭遇する。

　このような事態に直面し、小学校から中学校への接続を円滑化する必要性が認識されており、小中連携、一貫教育に取り組み始めたケースが見られる。児童生徒の発達が早まっていることを考慮し、小学校高学年から中学校入学後までの期間に着目し、学校、市町村においてはそれぞれの取り組みにあたっての目的を明確化し、各学校長等の管理職がリーダシップを発揮し、小・中学校教職員のそれぞれが全体の教育活動において自分の果たすべき役割を認識し、一体となって取り組む必要がある。

　超少子化、グローバル化、高度情報化など、児童生徒を取り巻く社会状況が変化し、児童生徒に関する課題も多様化・複雑化している。校種間の枠を超えて、複数の学校段階で連携し問題解決に当たることが求められている。

〈参考資料〉

文部科学省「幼児期の教育と小学校教育の接続について」
　https://www.mext.go.jp/b_menu/shingi/chousa/shotou/070/gijigaiyou/__icsFiles/afield
　file/2010/06/11/1293215_3.pdf

■執筆者一覧及び執筆内容

中田正浩　元環太平洋・奈良学園・宝塚医療大学　教授
　　　　　（まえがき・理論編：第1章・第2章・実践編：第4章）

宮坂政宏　桃山学院教育大学　非常勤講師
　　　　　（理論編：第3章）

森　一弘　奈良学園大学　人間教育学部　学部長　教授
　　　　　（理論編：第4章・実践編：第5章）

長井勘治　武庫川女子大学　健康・スポーツ科学部　教授
　　　　　（理論編：第5章）

住本克彦　奈良学園大学　人間教育学部　教授
　　　　　（理論編：第6章）

中田律子　元堺市公立幼稚園　園長
　　　　　（実践編：第1章第1節・第2章第1節・第3章第1節）

藤田英治　太成学院大学　人間学部　教授
　　　　　（実践編：第1章第2節・第2章第2節・第3章第3節）

山口裕毅　兵庫県立大学　環境人間学部　環境人間学科　講師
　　　　　（実践編：第1章第3節・第2章第3節・第3章第3節）

久田　孝　環太平洋大学　次世代教育学部　教授
　　　　　（実践編：第1章第4節・第2章第4節・第3章第4節）

清水和久　金沢星稜大学　人間科学部　教授
　　　　　（実践編：第6章）

中田浩司　関西福祉大学　教育学部　講師
　　　　　（ミニ教育用語辞典　①〜⑫）

■編著者紹介

中田　正浩　（なかだ　まさひろ）

兵庫教育大学大学院学校教育研究科教科領域教育専攻修士課程修了
1967 年 4 月　堺市立公立中学校　教諭
1988 年 4 月　堺市教育委員会学校指導課　指導主事
1992 年 4 月　大阪府教育委員会泉北教育事務所指導課　指導主事
1996 年 4 月　堺市立公立小・中学校　校長
元環太平洋大学次世代教育学部教育経営学科　教授　学科長・学部長
元奈良学園大学人間教育学部教育経営学科　教授
元宝塚医療大学保健医療学部　教授
キャリア開発センター長・教職課程委員会委員長
現　　　在　四条畷看護専門学校　非常勤講師
専　　　攻　教育学・学校教育学

主著
『教育現場に求められるこころと品格』（単著）大学教育出版　2008
『教職論【第 2 版】教員を志すすべてのひとに』（共著）ミネルヴァ書房　2009
『次世代の教職入門』（編著）大学教育出版　2011
『教育フォーラム 50 〈やる気〉を引き出す・〈やる気〉を育てる』（共著）金子書房　2012
『次世代の教育原理』（共編著）大学教育出版　2012
『人間教育を視点にした教職入門』（編著）大学教育出版　2014
『江戸時代の学び舎探訪』（単著）株式会社 ERP　2022

新しい視点から見た教職入門 第 3 版

2018 年 4 月 20 日　初　版第 1 刷発行
2020 年 4 月 20 日　第 2 版第 1 刷発行
2023 年 4 月 20 日　第 3 版第 1 刷発行

■編　著　者———中田正浩
■発　行　者———佐藤　守
■発　行　所———株式会社 大学教育出版
　　　　　　　　〒700-0953　岡山市南区西市 855-4
　　　　　　　　電話（086）244-1268　FAX（086）246-0294
■印刷製本———モリモト印刷

ISBN978-4-86692-244-7